改革大道行思录

吴敬琏近文选

(2013—2017)

吴敬琏 著

商务印书馆

图书在版编目(CIP)数据

改革大道行思录:吴敬琏近文选 2013—2017/吴敬琏著.—北京:商务印书馆,2017(2018.8 重印)
ISBN 978-7-100-15388-1

Ⅰ.①改… Ⅱ.①吴… Ⅲ.①中国经济—经济改革—文集 Ⅳ.①F12-53

中国版本图书馆 CIP 数据核字(2017)第 231444 号

权利保留,侵权必究

改革大道行思录
吴敬琏近文选(2013—2017)

吴敬琏 著

商 务 印 书 馆 出 版
(北京王府井大街 36 号 邮政编码 100710)
商 务 印 书 馆 发 行
北京新华印刷有限公司印刷
ISBN 978-7-100-15388-1

2017 年 10 月第 1 版　　开本 880×1240　1/32
2018 年 8 月北京第 4 次印刷　印张 14¼
定价:58.00 元

前　　言

　　本书是我从2013年以来的作品中选编成的一本文集。我把它题名为《改革大道行思录》，意在表明它是一份作者在改革大道上且行且思的记录。

　　2013年11月的中共十八届三中全会根据中共十八大的决定，制定了《中共中央关于全面深化改革若干重大问题的决定》，为以完善市场经济制度、推进国家治理体系现代化为总目标的全面改革做出了战略部署和顶层设计。这一《决定》的发布，意味着新一轮改革的正式启动。

　　和其他的人类活动一样，改革要做的不外乎两件事：认知和践行。对于这两件事孰难孰易，前人常有不同的估计，比如《尚书》说"非知之艰，行之惟艰"，而孙中山却相信"知难行易"。其实在我看来，"知"与"行"相互支撑、无法分离，而且不论哪一件都不可能轻而易举地做到。

　　从"知"的角度看，我们首先应当承认，人的理性是有限的。虽然十八届三中全会的《决定》很好地运用了对经济社会认知的成果，凝聚了社会的共识，形成了对今后改革的完整设计，但是这并不意味着事无巨细都完全符合客观实际，也不意味着所有人都对其中每一项具体设计不持异议。事实上，在改革的施行过程中不断深化认识和寻求最大限度的共识，是一项永无竟日的事业。

从"行"的角度看，十八届三中全会《决定》要得到贯彻落实，还需要突破重重障碍。我在本书收录的《在新的历史起点上开启改革新征程》一文中曾经指出，全面深化改革将会遇到的困难和障碍至少包括四个方面：第一，由旧意识形态产生的障碍；第二，来自特殊既得利益的阻力；第三，现代市场体系顺利运作所必需的专业人员素养不足造成的困难；第四，在旧体制和粗放型经济增长模式下积累起来的种种问题。要克服这些困难和障碍，不但需要巨大的政治勇气，还需要高超的群体智慧。

总之，为了把全面深化改革进行到底，我们在"知"和"行"两方面都需要做出持之以恒的努力。

当前，中国经济的增长率仍然在世界范围内名列前茅，而国内和国际环境都具有很大的不确定性。情况千变万化，矛盾层出不穷，许多问题需要解决，改革的执行力也有待加强。经济学家能做的事情，可能就在于"开拓思想市场，研究基本问题，探索中国长期发展的路径"。首先是研究这些具体问题背后的基本问题，只有认识清楚这些基本问题，才能不被五光十色的现象变幻所迷惑，找到中国长期发展的正确方针和道路。也就是说，要在厘清基本问题的基础上，完善我们的改革方案，改进我们的改革方法，推动改革的步步深入。

然而"善未易明，理未易察"，人的认识总是有局限性的。我在这本书中把自己在改革大道上且行且思的一得之见提供出来，目的在于和读者朋友相互切磋，供读者朋友研究批评。希望相关的讨论能够对厘清问题和改进执行有所助益。

收入本书的 58 篇文章分成 5 个部分，它们是：

第一编"开启改革新征程",具有总论的性质,收入的 8 篇文章讨论了从改革总体方案设计到具体执行中值得研讨的种种问题。

第二编"具体改革项目研究",收入的 21 篇文章分别归属于价格改革、产权保护、竞争政策与产业政策、国有企业改革、金融改革、社会保障、环境保护、制度反腐、政府职能转变、社会治理等 10 个子题。

第三编"控制风险,着力改革,提高供给效率",收入的 12 篇文章聚焦于如何标本兼治地应对当前中国面临的现实风险,消除效率低下、债台高筑等造成的隐患。

第四编"探讨中国转型之路",收入的是与瑞典的 T. 佩尔松教授、匈牙利的 J. 科尔奈教授、日本的青木昌彦教授、美国的 N. 拉迪博士等国内外知名学者的 8 篇对话和书序。

第五编"读书·怀人·记事",收入了 9 篇围绕有关主题的散文。

明年即将迎来改革开放 40 周年。改革开放使中国发生了翻天覆地的变化,要解决当前仍然面临的诸多社会经济问题,还要依靠坚持不懈的改革努力。通过改革建设一个富裕、民主、文明、和谐的中国,是几代中国人魂牵梦系的伟大事业。我们应当为实现这一目标贡献自己的一份力量。

资深出版人李昕先生最先提出编辑此书的动议,特约编辑马国川先生承担了繁重的选编工作,我的研究助理张馨文女士和本书的责任编辑蔡长虹女士出色地完成了文稿整理和录入的工作。正是由于他们,本书才有可能在这么短的时间内面世。在此我谨对他们的帮助表示诚挚的谢意。

吴敬琏
2017 年 8 月 26 日

目　　录

第一编　开启改革新征程

中国经济改革的进程、问题和前景（2013年1月）/ 3
建议尽快设立中央直属工作班子，统筹改革总体方案设计
　　（2013年1月）/ 37
为什么要制定改革总体方案，怎样制定改革总体方案（2013年2月）/ 41
市场赋予力量，竞争带来繁荣（2013年2月）/ 44
中国改革的总体方案和当前举措（2013年4月）/ 55
在新的历史起点上开启改革新征程（2013年12月）/ 62
中国经济面临的挑战与选择（2015年11月）/ 77
改革方向已明　关键在于执行（2016年12月）/ 94

第二编　具体改革项目研究

价格改革

价格改革：全面深化改革的关键一步（2015年10月）/ 101

产权保护

把土地经营权还给农民（2015 年 5 月）/ 105

完善产权保护制度的行动纲领（2016 年 11 月）/ 111

竞争政策与产业政策

强化竞争政策刻不容缓（2015 年 11 月）/ 117

确立竞争政策的基础性地位（2016 年 6 月）/ 123

产业政策的研讨需要深化（2016 年 11 月）/ 127

国有企业改革

"管资本"应该成为国有企业管理体制改革的基本方向
　　（2012 年 7 月）/ 137

研究市场化国有资本运营机构的国际经验（2014 年 10 月）/ 140

国企改革：管资本与两类公司试点的几个问题（2015 年 5 月）/ 142

金融改革

明确汇率改革的市场化方向（2013 年 7 月）/ 152

建立存款保险制度，助力金融改革
　　——魏加宁等《存款保险制度与金融安全网研究》序言
　　（2014 年 4 月）/ 156

社会保障

把医疗费用的筹措与医疗服务的提供分开（2013 年 2 月）/ 159

应当重视社会保障基金的建立和市场营运（2013 年 11 月）/ 162

存利去弊，建设适合我国国情的医疗体系
　　——蔡江南主编《医疗卫生体制改革的国际经验》序言
　　（2015年8月）/ 164

环境保护

避免过度使用行政手段治理环境
　　——马骏、李治国等《PM2.5减排的经济政策》序言
　　（2014年6月）/ 167
经济发展转向新常态是绿色经济转型的机遇（2015年8月）/ 171

制度反腐

全面推进改革：反腐的治本之策（2014年8月）/ 175

政府职能转变

更好发挥政府作用，促进产业健康发展（2013年6月）/ 191
向地方下放财权要以正确界定地方政府职能为前提
　　（2013年11月）/ 195
城市化应当由市场主导（2013年11月）/ 198

社会治理

民间商会对国家治理现代化具有重要意义（2014年11月）/ 208

第三编　控制风险，着力改革，提高供给效率

增长减速、发展转型和改革重启（2013年9月）/ 217
应对金融风险的战略与策略（2014年10月）/ 233

锐意改革，才能确立合意的新常态（2014年11月）/ 239
企业家怎样面对经济新常态（2014年12月）/ 246
关于"新常态"的若干思考（2015年2月）/ 250
天下没有不破的泡沫，我只能提醒大家谨慎（2015年4月）/ 254
对当前宏观经济形势的估量和政策建议（2015年9月）/ 259
推进结构性改革，提升供给质量（2016年2月）/ 263
"去杠杆"和"防风险"都要靠改革（2016年6月）/ 268
什么是结构性改革，它为何如此重要？（2016年6月）/ 270
深化结构性改革，完成有效率的调整（2017年2月）/ 289
开拓思想市场，研究基本问题，探索中国长期发展的路径
（2017年4月）/ 292

第四编　探讨中国转型之路

"发展集群"发挥积极作用的体制前提
　　——对T.佩尔松教授论文《国家治理体系、治理能力和经济发展——中国的问题和建议》的评论（2013年12月）/ 305
对话J.科尔奈：中国转型之路（2013年12月）/ 309
直面大转型时代
　　——《直面大转型时代》序言（2014年1月）/ 332
中国改革的脉络和走向
　　——田国强、陈旭东《中国改革：历史、逻辑和未来——振兴中华变革论》序言（2014年4月）/ 339
"新常态"下的机制设计与发展预期
　　——与黄明、马斯金等教授对话（2014年11月）/ 345

中国经济体制和发展模式的转型
　　——中日经济学家之间的交流（2015 年 3 月）／361
中国的市场经济改革仍然任重道远
　　——对 N. 拉迪教授讲演的评论（2015 年 5 月）／382
体制变革和增长转型是必须面对的两个基本问题
　　——《中国改革三部曲》总序（2017 年 3 月）／390

第五编　读书・怀人・记事

一位社会科学家追求真知的历程
　　——J. 科尔奈《思想的力量》中文版序言（2013 年 2 月）／399
学术勇气与社会担当——悼念挚友陆学艺（2013 年 5 月）／403
一位倾心助力中国改革和社会进步的外国友人
　　——怀念青木昌彦教授（2015 年 9 月）／409
路径依赖与中国改革——缅怀诺思教授（2015 年 11 月）／416
一个伟大公司的绿色之路
　　——《台积电的绿色行动》和《台积电的绿色力量》的序言
　　（2014 年 5 月）／423
大家一同走上光明之路
　　——母校琅琊路小学八十周年校庆献词（2014 年 11 月）／428
"学术独立，思想自由，政罗教网无羁绊"（2015 年 10 月）／430
执着专业精神，砥砺理论勇气
　　——钱颖一、许成钢教授获奖贺词（2016 年 12 月）／434
让美好的音乐陪伴我们（2017 年 6 月）／442

第一编

开启改革新征程

中国经济改革的进程、问题和前景 *

（2013 年 1 月）

随着 1953 年中国经济成功地从长期战争的创伤中恢复过来，中国的最高领导人毛泽东发动了向社会主义过渡的社会运动，并于 1956 年完成了"对农业、手工业和资本主义工商业的社会主义改造"，建立了以苏联体制为原型的集中计划经济（命令经济）体制。1958 年，进一步将农业生产合作社改造为"政社合一"、"工农商学兵五位一体"的人民公社。在这种全面国有化的制度基础上，发动了"大跃进"运动。这直接导致了 1960—1962 年的经济灾难和大饥荒。在 1966—1976 年历时十年的"无产阶级文化大革命"中，上亿的官员和平民受到政治迫害[1]。这些极端做法，使中国社会濒临崩溃。

---

* 本文为作者与范世涛合作，收入 Gregory C. Chow（邹至庄）和 Dwight H. Perkins 主编的 *Routledge Handbook of the Chinese Economy*（《中国经济指南》，London：Routledge，2015）一书中。

1 中共领导人叶剑英在 1978 年 12 月 13 日中共中央召开的中央工作会议闭幕式上的讲话指出："（'文化大革命'时期）包括受牵连的在内，受害的有上亿人，占全国人口的九分之一。"（参见叶剑英 [1978]：《在中共中央委员会中央工作会议闭幕式上的讲话》，载《叶剑英选集》，北京：人民出版社，1996 年，第 496—601 页）

1976年9月毛泽东去世后，继任领导人迅速逮捕了江青、张春桥、姚文元、王洪文等激进领导人，果断地终止了"文化大革命"。随后在全国范围内掀起了"解放思想"的启蒙运动。1978年12月，中共十一届三中全会放弃了"以阶级斗争为纲"的路线，宣布工作重点转移到经济建设上来。从那时起，中国改革逐步展开。

本文将对30多年来中国改革的进程、成就和不足做出分析：第一节讨论1978—1983年命令经济仍占优势条件下的局部改革和1984—1988年对全面改革道路的探索；第二节讨论1992—2002年市场经济改革的整体推进；第三节讨论近10年来半统制经济和半市场经济格局的冲突；最后一节对中国改革的前景做简要分析。

第一节 20世纪80年代初期的局部改革和80年代后半期对全面改革道路的探索

改革初期，中国采取了扩大国有企业自主权的局部改革措施。在这项改革受挫后，通过"摸着石头过河"的战略和变通性的制度安排，促进了非国有经济部门的成长。到80年代中后期，中国试图超越局部改革，进行全面改革的探索。

一 "摸着石头过河"和变通性制度安排

20世纪70年代末中国从"文化大革命"的灾难中脱身出来后，人们急切地盼望通过改革来挽救危亡和恢复经济，但是对改革的目标和改革的方法都没有明确的概念。在这种情况下，中国政府派出大量代表团出访东西方各国，寻求可以汲取的经验。仅在 1978 年，中国就派出了 12 位副总理和副委员长以上的领导人先后 20 次访问了 50 多个国家。1978 年邓小平访问朝鲜时对金日成说："最近我们的同志出去看了一下，越看越感到我们落后。什么叫现代化？50 年代一个样，60 年代不一样了，70 年代就更不一样了。"[1]

首先映入中国改革者眼中的，是和中国情况相近，但是在 20 世纪中期就开始改革的东欧社会主义国家。相当一部分党政领导人、国有企业领导干部和学者专家以苏联东欧社会主义国家的市场社会主义[2]体制为自己学习的榜样，把扩大国有企业经营自主权放在改革的中心地位。

20 世纪 70 年代末，四川省率先选择了 6 个国有企业按照这种思想进行"扩大企业自主权试点"。随后国务院决定将这一改革试点进一步扩大到全国范围。1980 年试点企业达到 6600 个，产值占全国预算内工业产值的 60%，利润占全国工业企业利润的 70%。

"扩大企业自主权"改革的内容与 1965 年苏联总理柯西金领导的"完全经济核算制"改革大体类似：一是简化计划指标，放松计划控制；二是扩大资金数额，强化对企业和职工的物质刺激。

在开始的几个月内，"扩权"显著提高了企业职工增产增收的积极性。但是，问题也很快表现出来：严重扭曲的行政性定价体系经常

---

[1] 中共中央文献研究室：《邓小平年谱（1975—1997）》，北京：中央文献出版社，1998 年，第 77 页。

[2] 市场社会主义思潮源于东欧社会主义国家，并对苏联东欧国家改革有重大影响。根据市场社会主义的一位主要倡导者 W. 布鲁斯的定义，它是这样一种经济体制的理论模式，即生产资料归国家或集体所有，而资源配置遵循市场规则。参见 W. Brus. Market Socialism（"市场社会主义"），in John Eatwell et al. eds. *The New Palgrave Dictionary of Economics,* Vol. Ⅲ, Macmillan Press，1987，p.337.

将企业的"积极性"引导到与社会资源有效配置相反的方向;软预算约束导致企业开支增加,财政赤字剧增,通货膨胀压力加大,使改革陷于困境,并引起了80年代初期计划经济思想的回潮。

在那以后,"扩大(国有)企业自主权"仍然不时作为改革的一项措施被提出,但已不再有人把市场社会主义作为中国改革的体制目标了。

在这种情况下,中国领导人提出了被称为"摸着石头过河"[1]的局部改革策略,进行各种改革的试验。试验的要点,是在保持命令经济占统治地位的大格局下,做出一些变通性的制度安排,以便"调动"民间的积极性,使满目疮痍的经济得到恢复和发展。其中最重要的变通性制度安排是以下几项:

1. 在农村土地仍旧属于集体所有的条件下,采用"包产到户"的方式恢复农民的家庭农场。

70年代末"文化大革命"刚一结束,由具有改革思想的领导人担任领导的安徽、四川等地就顺应农民的要求实行"包产到户"。1980年邓小平掌握中共的实际领导权以后,在全国允许农民根据自愿实行家庭承包制。仅仅两年时间,家庭承包制就在全国绝大多数地区取代了人民公社制度,农户在"包"(即租)来的土地上,建立了自己的家庭农场。从此,中国农村经济气象一新。1985年农业总产值较1980年增长61%[2];农村人均可支配收入从1980年的191元增加到

---

[1] 在1980年12月16日的中央工作会议上,中共领导人陈云在报告《经济形势与经验教训》中提出了"摸着石头过河"的改革方针(参见《陈云文选》第二卷,北京:人民出版社,1995年,第152页)。

[2] 国家统计局:《中国统计年鉴(1989)》,北京:中国统计出版社,1989年,第228页。

1985年的398元[1]。

2. 在国有经济继续保持控制地位的条件下，允许非国有企业存在和发展。

中国的命令经济体制与苏联相比更为严酷，是不允许任何私有制经济，包括农民副业存在的。"四人帮"被粉碎后，由于要为城镇积累的几千万失业人员开辟就业门路，在一些经济学家的建议下，中国政府从1980年开始允许个体劳动者私人创业。接着在1981年，个体企业雇工不超过8人也得到了官方政策的允许。当年7月《国务院关于城镇非农业个体经济若干政策性规定》指出：个体经营户必要时"可以请一至两个帮手；技术性较强或者有特殊技艺的，可以带两三个最多不超过五个学徒"。1983年初，许多地方私营企业的雇工人数都大大超过8人，于是争论又起。一些支持旧路线、旧体制的政治家、理论家惊呼，资本主义已经在中国到处发生，要求加以制止和打击。他们从邓小平那里得到的回答是："不争论"，"放两年再看"。这样，私营企业就在"不争论，大胆地试，大胆地闯"[2]的庇护下发展起来。直到1987年的中共十三大，才第一次正式承认私营经济的合法存在。

与此同时，在农业的家庭承包制基础上，农村的乡镇企业也迅速

1　根据国家统计局《中国统计年鉴（1981）》（中国统计出版社，1981年）和《中国统计年鉴（1985）》（中国统计出版社，1985年）计算。

2　邓小平在1984年10月回忆说："前些时候那个雇工问题，相当震动呀，大家担心得不得了。我的意见是放两年再看。"（见邓小平[1984]：《在中央顾问委员会第三次全体会议上的讲话》，载《邓小平文选》第三卷，北京：人民出版社，1993年，第91页）1992年，邓小平在著名的"南方谈话"中说："不搞争论，是我的一个发明。不争论，是为了争取时间干。一争论就复杂了，把时间都争掉了，什么也干不成。不争论，大胆地试，大胆地闯。"（见邓小平[1992]：《在武昌、深圳、珠海、上海等地的谈话要点》，载《邓小平文选》第三卷，第374页）

发展起来。这类企业在中国官方统计中属于集体所有制经济，实际上非常复杂。有些乡镇企业确实是基层政府创办的公有制企业，有些只是私营企业为获得政治保护而设法得到的"红帽子"，还有一些是产权模糊的社区所有制企业。

3. 在全国统一市场（integrated market）尚未形成的条件下，营造"经济特区"的"小气候"，实现与国际市场的对接。

自1978年12月的中共十一届三中全会正式宣布"对外开放"后，1979年中国政府确定对广东、福建两省实行"特殊政策、灵活措施"；1980年，建立了深圳、珠海、汕头、厦门四个经济特区；1985年又决定开放沿海14个港口城市，在沿海、沿江、沿边地区逐步形成有一定纵深的开放地带。

以上这类变通性的制度安排都指向了同一个方向，即在保持公有制经济的统治地位的同时，给予市场取向的非公有制经济生存和成长的空间。由此形成了中国早期的"增量改革"（incremental reform）。这与东欧国家改革国有企业的战略有所不同。

二　双重体制下的市场开拓

实施增量改革战略最重要的成果，是非国有经济（包括集体和私营企业）从下而上成长起来。到80年代中期，非国有经济无论在工业生产中还是在整个国民经济中，都占据了举足轻重的地位，在工业中产出份额达到三分之一以上；在零售商业，非国有成分的份额增长更快。到80年代中期，民营经济在中国国民经济中已经占有约三分之一的份额。于是形成了命令经济与市场经济双重体制并存的态势。

表 1　中国各种经济成分在工业总产值中所占比重（1978—1985）　（%）

类型 \ 年份	1978 年	1980 年	1985 年
国有企业	77.6	76.0	64.9
集体企业	22.4	23.5	32.1
其他*	0.0	0.5	3.0

资料来源：《中国统计年鉴（1980）》、《中国统计年鉴（1985）》。
*"其他"包括私营企业和外资企业。

表 2　中国各种经济成分在零售商业销售额中所占比重（1978—1985）　（%）

类型 \ 年份	1978 年	1980 年	1985 年
国有企业	54.6	51.4	40.4
集体企业	43.3	44.6	37.2
其他*	2.1	4.0	22.4

资料来源：《中国统计年鉴（1980）》、《中国统计年鉴（1985）》。
*"其他"包括私营企业和外资企业。

三　市场经济改革目标的确定

在各项变通性的改革政策取得一定成功以后，以邓小平为首的中国领导人很快就发现，还需要有更明确的体制目标。

1984年10月中共十二届三中全会把中国改革的目标确定为"公有制基础上的有计划的商品经济"[1]，表明中国领导人对中国经济改革的方向有一个原则性的认定，即市场取向。但对"有计划的商品经济"

1　"商品经济"是俄语中对市场经济的称呼。

的基本架构和运行方式,并没有给出清晰界定[1]。

1985年,进一步明确改革的目标模式和基本路径。这一年中发生了四个重要的事件。

1. 第一次由中外合作进行的对中国经济的全面考察。

1984年,根据邓小平本人的提议,世界银行组织了庞大的国际专家团队,在中方工作小组的支持下对中国经济进行了全面的考察,并在1985年写出了题为《中国:长期发展的问题和方案》[2]的长篇考察报告。这份考察报告不但全面分析了中国经济面临的主要问题,而且根据对各国经验的比较研究,提出了解决问题的可选方案。

2. 第一份《经济体制改革总体规划》的产生。

1985年5月,中国社会科学院研究生院郭树清等三位受过现代经济学训练的研究生上书时任国务院总理的赵紫阳,要求制定全面改革的总体规划。在赵的支持下,国家经济体制改革委员会组织了由9位年轻经济学家组成的研究小组(包括楼继伟、郭树清、许美征、王芹、刘吉瑞、李弘、邱树芳、宫著铭、贾和亭),并为国家经济体制改革委员会制定了《经济体制改革总体规划构思(初稿)》。按照这一"总体规划"设想,改革可以分两个阶段进行:第一阶段以实现商品市场的价格改革为中心,配套进行企业改革、财税体制改革、金融体制改革和建立中央银行制度;第二阶段形成完善的要素市场,取消指令性

---

[1] 中共十二届三中全会对于建立"有计划的商品经济"的改革给出了两项基本内容:第一,扩大国有企业的自主权,使之成为"相对独立的""社会主义商品生产者和经营者","增强企业活力是经济体制改革的中心环节";第二,"逐步缩小国家统一定价的范围,适当扩大有一定幅度的浮动价格和自由价格的范围","价格体系的改革是整个经济体制改革成败的关键"。

[2] 世界银行1984年经济考察团:《中国:长期发展的问题和方案》,北京:中国财政经济出版社,1985年。

计划，完成从计划经济到"商品经济"的转型。

3."宏观经济管理国际讨论会"对于中国改革的两个重大问题提出建议。

1985年9月由国家经济体制改革委员会、中国社会科学院和世界银行共同召开的"宏观经济管理国际讨论会"（也称"巴山轮会议"），对于中国改革具有里程碑式的意义。参加这次讨论会的国际知名专家有凯恩斯主义的货币问题大师托宾（James Tobin）、曾任英国政府经济事务部部长的牛津大学教授凯恩克劳斯爵士（Sir Alexander K. Cairncross）、匈牙利经济学家科尔奈（János Kornai）、波兰经济学家布鲁斯（Wlodzimierz Brus）、原联邦德国中央银行行长埃明格尔（Otmar Emminger），中方的参加者有薛暮桥、安志文、马洪、廖季立、项怀诚、高尚全、杨启先等经济官员，刘国光、戴园晨、周叔莲、吴敬琏、张卓元、赵人伟、陈吉元、楼继伟、郭树清、田源等经济学家。

第一，会议对中国改革宜于采取的体制目标进行了热烈的讨论。在讨论中，匈牙利经济学家科尔奈对世界各国经济体制的分类成为议论的中心。科尔奈把各国的宏观经济管理体制分为行政控制（Ⅰ）和市场协调（Ⅱ）两个大类，前者又可以分为直接的行政控制（ⅠA）和间接的行政控制（ⅠB）两个子类，后者可以分为完全自由的市场协调（ⅡA）和有宏观调控的市场协调（ⅡB）两个子类。他指出，社会主义国家的经济改革可以选择间接的行政控制（ⅠB），也可以选择宏观控制下的市场协调（ⅡB）。匈牙利改革之所以没有取得预期的成效，主要就是长期停留在间接行政控制（ⅠB）的阶段，使企业继续处于软预算约束（soft budget constraints）状态，受到国家的行政保护。他认为，其中的ⅡB是一种优势明显的经济体制模式。[1]不但外国经济学家扩展了科尔奈对有宏观调控的市场经济的优点所做的分析,具备现代经济学素养的中国经济学家也都认同科尔奈的分析和选择,把有宏观经济管理的市场协调(ⅡB)看作中国经济改革的首选目标。

第二,会议对于转型期间应当采取什么样的宏观经济政策,也进行了热烈的讨论。在中国80年代早期的讨论中,据称代表"主流经济学"观点的"通货膨胀有益论"曾经占有优势地位。"巴山轮会议"解决了这些争论(并纠正了中国学者对于西方主流经济学思想的理解),参加会议的大多数中国学者和属于不同学派的外国专家一致认为,中国在转轨期间应当采取紧缩性的财政、货币和收入政策,应对经济过热和通货膨胀。

在经济学家、经济官员取得共识的基础上,中国在1985年制定的"七五"(1986—1990年)计划中确立了经济改革"初战阶段"采取稳健的宏观经济政策,以便为经济改革的顺利推进创造有利环境的方针。

4. 中共中央全会接受经济学家的研究成果,确定了中国经济改革的具体目标。

1985年9月末,中共中央在《关于制定国民经济和社会发展第七个五年计划的建议》中,接受了经济学界研究的成果,要求在第七个五年计划期间围绕(1)将国有企业改造为自主经营、自负盈亏的"商品生产者和经营者",(2)发展由商品市场、资本市场、劳动力市场等组成的市场体系和(3)将国家对经济的调控逐步由直接调控为主转

---

[1] 参见中国社会科学院经济研究所发展室:《中国的经济体制改革——巴山轮"宏观经济管理国际讨论会"文集》,北京:中国经济出版社,1987年,第1—4页。

向以间接调控为主等三个方面的改革,配套地搞好整个经济体系的改革,在"七五"计划期间或更长一段时间内,奠定新经济体制的基础。

四 对改革路线图的争论和政府政策的变化

改革目标明确以后,对于达到目标的途径和策略,却有很不相同的意见。争论的焦点在于如何对待双重体制以及价格的双轨制。

在计划经济时代,原材料、设备等生产资料都是按计划调拨的,价格由国家计划规定。20世纪70年代末改革开始以后,部分国有企业获得了按市场价格出售超计划产品的自主权,新产生的非国有企业也需要从市场购买生产资料,于是形成了产品价格的双轨制。[1]

价格双轨制对中国经济的影响利弊兼有[2]。一方面,双重定价体制,特别是民营企业和国有企业之间的价格双轨制,意味着原有的命令经济体制及其僵化的计划价格制度之旁出现了一片市场的新天地,从而给经济生活带来了新的活力。但是,双轨制的存在,又使企业间开展平等竞争的机制难以形成,同时会造成行政权力干预经济交易的寻租环境,导致腐败蔓延。利用权力通过转手倒卖计划调拨物资发财的"官倒"[3]腐败,毒化了市场气氛,招致了大众的严重不满[4]。这样,在80

---

[1] 1984年5月,国务院对国有企业自销的生产资料价格有过不应高于或低于国家定价20%的规定。实际上,这种规定并没有得到严格遵守。从1985年1月1日起,政府正式取消了这一限制。

[2] 吴敬琏、赵人伟(1986):《中国工业中的双重价格体系问题》,载《吴敬琏选集》,太原:山西人民出版社,1989年,第479—494页。

[3] 有权力背景的人将其用低价购买调拨物资的权力卖出,获得高额收益。这种人被民众称为"官倒"。

[4] 《经济社会体制比较》编辑部:《腐败:货币与权力的交换》,北京:中国展望出版社,1989年。

年代中后期,如何规划双重体制的进一步发展,就成为争论的焦点。

大致说来,当时有两种很不相同的意见:一种是尽快放开价格、形成各种竞争性市场,为此,不惜放慢短期经济增长速度,为推进价格改革创造稳定的宏观经济环境;另一种是长期保持双重体制并存的格局,而把国有企业改革放在优先地位,同时用扩张性的宏观经济政策支持经济的短期高速增长,以便为企业创造良好的经营环境[1]。

在80年代中期,中国领导人倾向于采取第一种策略。

1986年初,时任国务院总理兼中央财经领导小组组长的赵紫阳宣布当年的经济工作方针是:"在继续加强和改善宏观控制的条件下改善宏观管理,在抑制需求的条件下改善供应,同时做好准备,使改革能在1987年迈出来决定性的步伐。"[2] 接着,他于3月13日和15日在中央财经领导小组会议和国务院常务会议上发表讲话指出,当时面临的种种问题,都是来自"新旧两种体制胶着对峙、相互摩擦、冲突较多"的状况。他认为,"这种局面不宜久拖,而应当在1987年和1988年采取比较重大的步骤。要在市场体系和宏观经济的间接调控这两个问题上步子迈大一点,为企业能够真正自负盈亏,并在大体平等的条件下展开竞争创造条件,促使新的经济体制能够起主导作用"。"具体说来,明年的改革可以从以下三个方面去设计、去研究:第一是价格,第二是税收,第三是财政。这三个方面的改革是互相联系的。……明后年应当把价格体系的改革摆在第一位。"[3]

---

[1] 关于经济学界对两种不同改革策略的论证,可参看吴敬琏(2010):《当代中国经济改革教程》,上海远东出版社,2016年,第80—81页。

[2] 《在全国经济工作会议上的讲话》,《人民日报》1986年1月13日。

[3] 见赵紫阳1986年3月13日在中央财经领导小组会议上的讲话和3月15日在国务院常务会议上的讲话(打印稿)。

根据国务院和中央财经领导小组的决定，中国政府在宣布 1986 年将做好准备，使改革在 1987 年迈出决定性步伐的同时，成立了以时任国务院副总理的田纪云为首的"经济体制改革方案研讨小组"。这个负责领导经济改革方案设计的小组下设由来自国务院各部门官员和经济学家组成的"方案办"，按照赵紫阳 3 月讲话中指出的价格、税收、财政三个方面设计"七五"前期的经济改革方案。"方案办"在 8 月向国务院和中央财经领导小组提交了以价格、税收、财政、金融、贸易为重点的配套改革方案。这一方案得到中国政府的批准和邓小平本人的支持。

然而，由于经济形势的变化和政府的人事变化，改革的整体推进方案并没有付诸实施，在 1986 年秋天它被中止执行。从 1987 年开始，代之以全面推行国有企业的承包制，同时用扩张性的宏观经济政策来维持 GDP 的高速增长。

这时，第二种观点逐渐占了上风。持这种观点的人强调双轨制的积极作用。他们说，"双轨制"是中国经济体制改革的伟大创造，它提供了一条具有中国特色的价格改革乃至整个改革的道路[1]；"双轨制"增加供给、搞活市场的积极作用正在发挥，没有必要过早地加以改变[2]。

另一部分经济学家则主张放慢增长速度，在创造比较稳定的宏观经济环境下，较快地进行价格改革和形成竞争性市场。其中最具代表性的是中国资深经济学家薛暮桥、全国政协常务委员千家驹和美国经济学家米尔顿·弗里德曼。

千家驹在 1988 年的全国政协全体会议上批评"物价上涨幅度超

---

[1] 华生等：《论具有中国特色的价格改革道路》，《经济研究》1985 年第 2 期。
[2] 华生等：《经济运行模式的转换——试论中国进一步改革的问题和思路》，《经济研究》1986 年第 2 期。

过了工资增长的幅度，引起了部分群众的不满"；而价格双轨制，"不反映市场供求关系"，并造成"贿赂成风"。他建议改革价格体系，放开价格。放开价格是否会造成通货膨胀呢？他指出基建规模投资过大，导致了赤字财政和货币超量发行，"大量压缩基本建设的投资……便可以避免通货膨胀"[1]。

弗里德曼 1988 年 9 月访问中国时，向中国领导人直截了当地提出，价格双轨制"对原材料实行人为的低价不可避免地导致短缺、凭关系配给和贿赂"，是"对腐败和浪费发出的公开邀请"。他建议一方面通过控制货币增长率来制止通货膨胀，另一方面通过快速地全面放开物价和工资控制改变价格双轨制。他还建议，尽快实施汇率自由化，以及用分散的私人控制取代政府的集中控制[2]。

遗憾的是，这种改革战略并未被中国领导人所接受。在改革停顿和货币超发的情况下，80 年代中后期中国社会的矛盾变得相当尖锐，这主要表现在以下两个方面：

第一，用扩张性的货币政策和大规模投资来支撑高速增长，不可避免地造成货币超发和通货膨胀压力剧增。在发现价格改革绕不过去后，1988 年夏又试图在已经出现零星抢购的情况下进行价格改革，结果 8 月份价格和工资改革刚一宣布，就爆发了全国性的抢购风潮。1988 年和 1989 年的居民消费品物价指数高达 18.8% 和 18%。严重的通货膨胀和全面抢购，败坏了改革的名声。

---

[1] 千家驹（1988）：《关于物价、教育、社会风气的几点意见》，载《海外游子声》，香港：天地图书有限公司，1992 年。

[2] Milton Friedman（1988）. Memorandum from Milton Friedman to Zhao Ziyang. Reprinted in Milton and Rose D. Friedman. *Two Lucky People*. University of Chicago Press, 1998, pp.607-609；中译文见米尔顿·弗里德曼：《对中国经济改革的几点意见》，《改革》杂志 1988 年第 6 期。

第二，强大的命令经济与处于从属地位的市场经济"双轨制"，生产资料、利率、汇率"双轨制"，形成了寻租活动的制度基础。根据一位经济学家的估算，1988年，中国普通商品的价差总额在1500亿元以上，国家银行贷款的利差总额在1138.81亿元以上，进口所用牌价外汇的汇差总额在930.43亿元以上，三项合计约占当年国民收入的30%。[1]巨额租金使利用支配资源的行政权力谋私利的腐败行为迅速蔓延。

通货膨胀和腐败滋生引起了大众的极大不满，随后，出现了改革开放"开倒车"的异动。

第二节　经济改革的整体推进

在1988年和1989年之后，中国改革完全陷入停顿，主流媒体把关于计划和市场的争论提升到"姓社姓资"的政治高度，对"市场取向的改革"（market-oriented reforms）展开了大规模的批判。某些在中国政府担任重要职务的"政治家"、"理论家"[2]声称，"市场化"乃是"资本主义和平演变"的一项主要内容。说"坚持资产阶级自由化的人……的经济体制改革，说到底：一个是取消公有制为主体，实现私有化；一个是取消计划经济，实现市场化"[3]。在实际政策方面，

---

[1] 胡和立：《1988年我国租金价值的估算》，《经济社会体制比较》1989年第5期。

[2] 这是邓小平1992年"南方谈话"中的用语，指支持毛泽东时代旧体制和旧路线的某些领导人。见邓小平（1992）：《在武昌、深圳、珠海、上海等地的谈话要点》，载《邓小平文选》第三卷，第375页。

[3] 王忍之：《关于反对资产阶级自由化——1989年12月15日在中共中央党校党建理论研究班的讲话》，《人民日报》1990年2月22日及《求是》1990年第4期。

他们也采取实际步骤,压制民营经济,包括乡镇企业的发展,强化国有大企业的垄断地位。

这不可避免地造成了严重后果,最突出的就是经济增长率的大幅下降和就业的困难。如1989年和1990年,GDP增长速度只有4.1%和3.8%。这对于一个依靠增长速度来支持繁荣甚至正当性(legitimacy)的国家来说,当然是一个严重的问题。正像邓小平所说,"经济能不能避免滑坡",是一个"使我们真正睡不着觉"的问题[1]。

为了避免在经济和政治上出现新的危机,以邓小平为首的中国领导人做出了决定:重启市场经济改革。

一 市场经济目标的重新确立

在1990年12月到1992年1、2月份,邓小平先后讲话,强调计划和市场"都是手段",要"搞点市场经济"。在《邓小平文选》中可以看到,从1990年末到1991年初,邓小平两次发表关于市场经济的重要谈话。一次是1990年12月24日,中共十三届七中全会开会前夕,他在同中共中央负责人江泽民等谈话中说:"我们必须从理论上搞懂,资本主义与社会主义的区分不在于是计划还是市场这样的问题。""不要以为搞点市场经济就是资本主义道路,没有那么回事。计划和市场都得要。""不搞市场,连世界上的信息都不知道,是自甘落后。"[2] 另一次是1991年1月至2月间同中共上海市委书记朱镕

---

[1] 邓小平(1990):《国际形势和经济问题》,载《邓小平文选》第三卷,第355、356页。

[2] 邓小平(1990):《善于利用时机解决发展问题》,载《邓小平文选》第三卷,第364页。

基的谈话,他强调:"不要以为,一说计划经济就是社会主义,一说市场经济就是资本主义,不是那么回事,两者都是手段,市场也可以为社会主义服务。"[1]

与此同时,中共一些支持改革的领导人也开始更加严肃地研究如何重启市场化改革问题。1991年10月到12月,中共中央总书记江泽民主持召开了11次座谈会,和经济学家一起讨论国际和国内的重大问题。其中花了一半的时间讨论"怎样建设有中国特色的社会主义"的问题。在这个问题的讨论中,专家们不约而同地反驳了回归命令经济的主流论调,主张改革的市场化方向。[2]

1992年1月到2月间,邓小平采取了更为积极的行动,到中国南方几个城市视察,直接面对基层领导人发表讲话,重申"社会主义也有市场",强调"改革开放胆子要大一些","大胆地试,大胆地闯"。[3]邓小平的讲话得到广大干部群众的热烈响应。

随后,1992年6月9日江泽民在中共中央党校发表讲话,提出把改革要建立的新经济体制定为"社会主义市场经济体制"。他批评有些人"很少看到市场对激励企业竞争、推动经济发展的积极作用,特别是看不到市场也是一种配置资源的方式,看不到它对优化资源配置所起的促进作用";强调"市场是配置资源和提供激励的有效方式,它通过竞争和价格杠杆把稀缺物资配置到能创造最好效益的环节中

---

[1] 邓小平(1991):《视察上海时的谈话》,载《邓小平文选》第三卷,第367页。

[2] 陈君、洪南编:《江泽民与社会主义市场经济体制的提出——社会主义市场经济20年回顾》,北京:中央文献出版社,2012年。

[3] 邓小平(1992):《在武昌、深圳、珠海、上海等地的谈话要点》,载《邓小平文选》第三卷,第373页。

去,并给企业带来压力和动力"。[1] 江泽民的讲话得到与会高级干部的热烈欢迎。

1992年10月,中共十四大正式决定:"我国经济体制改革的目标是建立社会主义市场经济体制","使市场在社会主义国家宏观调控下对资源配置起基础性作用"。[2] 这标志着中国共产党领导层形成了市场经济的体制改革目标共识。

二 实施新的改革战略:整体推进、重点突破

中共十四大确立市场经济的改革目标以后,改革并没有全面展开,各级政府主要热衷的还是增加投资和上投资项目。1992年全社会固定资产投资较上一年增加40%,1993年进一步增长50%;1993年的居民消费品物价指数(CPI)上涨达14.7%。

在这样的形势下,中国政府一方面拟定一揽子措施抑制经济过热,另一方面组织力量进行市场经济改革的总体方案设计工作。

1993年6月下旬,中共中央、国务院发出《关于当前经济情况和加强宏观调控的意见》("16条"),整顿金融,强化宏观经济调控,成功抑制了过热的经济,为1994年全面改革的出台创造了适宜的宏观经济环境。

为了对改革进行总体规划,1993年5月建立了中共中央直接领导

---

[1] 江泽民(1992):《关于在我国建立社会主义市场经济体制》,载《江泽民文选》第一卷,北京:人民出版社,2006年,第198—205页。

[2] 江泽民(1992):《我国经济体制改革的目标是建立社会主义市场经济体制》,载江泽民:《论社会主义市场经济》,北京:中央文献出版社,2006年,第10—11页。

的文件起草组，负责市场化改革总体规划的起草工作。中央财经领导小组办公室还派出有300多人参加的16个调查组，到各地方、各部门深入调查，写出背景材料供文件起草组参考。

6月中旬，国家经济体制改革委员会、财政部和世界银行在大连召开"中国宏观经济管理国际研讨会"。会议参加者包括诺贝尔经济学奖获得者莫迪利亚尼（Franco Modigliani）、伦敦政治经济学院教授斯特恩（Nicholas Stern）和"台湾经济奇迹重要推手"李国鼎（K. T. Lee）等中外著名学者。这次会议讨论了提高存贷款实际利率至正利率水平、推行信贷额度限制、进行汇率并轨、价格改革等多项中央政府拟议中的改革。

经过150多天的努力，八易其稿，文件起草组向中共中央提交了推进改革的总体方案，即《中共中央关于建立社会主义市场经济体制若干问题的决定（草案）》。

1993年11月中共十四届三中全会通过的《关于建立社会主义市场经济体制若干问题的决定》，既是中共十四大"社会主义市场经济"改革目标的具体展开，也是全面改革的行动纲领。《决定》提出"整体推进和重点突破相结合"的改革战略，要求在市场体系、企业制度、财政税收体系、银行体系、社会保障制度和宏观经济管理等方面进行系统性的改革，以期在20世纪末初步建立社会主义市场经济体制。

按照中共十四届三中全会制定的路线图，全面改革迅速展开。其中，改革进度和实际效果最为突出的，是汇率制度改革。

1993年12月1日，中国人民银行宣布，1994年1月1日开始取消双重汇率制，实行以市场供求为基础的、单一的、有管理的浮动汇率制，人民币汇率由市场供求决定，中央银行只在汇率波动超过一定幅度时通过入市买卖外汇保持人民币汇率的稳定。1994年1月1日的汇率为1美元兑8.72元人民币，低于汇改前调剂市场的低端汇率，比高端的官定汇率1∶5.76贬值51%。从那时起直到1997年10月亚洲金融危机爆发，人民币对美元的汇率有所升值，达到1∶8.28的水平。亚洲金融危机爆发后，中国照顾到亚洲邻国稳定人民币汇率的要求，保持人民币汇率不变。但自此之后，人民币汇率机制实际上变成了钉住美元的固定汇率。直到2005年7月21日进行汇率改革、人民币汇率开始缓慢升值以前，一直维持在1∶8.27上下。

随着汇率改革的成功推进，1994年后中国进出口贸易持续快速扩张，贸易收支也改变了过去逆差年份多于顺差的状况，出现持续顺差的局面（见图1）。特别是2001年11月中国正式获准加入世界贸易组织（WTO）。在历时15年的谈判过程中，中国大幅度降低了关税壁垒，废止了进口配额，贸易保护程度大为降低；加入世界贸易组织

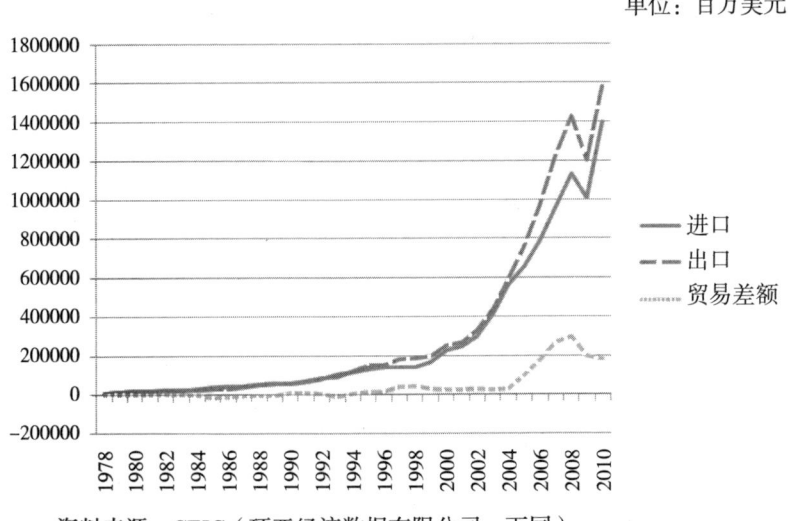

资料来源：CEIC（环亚经济数据有限公司，下同）。

图1　中国的进出口贸易（1978—2010）

以后，中国按照协议，从 2002 年 1 月 1 日起降低了 5300 多个税号商品的进口关税，平均关税由 15.3% 降低至 11.3%，中国经济全面融入国际市场。出口导向政策获得了极大的成功。

除了汇率改革，十四届三中全会规定的其他领域改革也取得了不同程度的进展。经过这一轮改革，统一的（integrated）商品、信贷、外汇等市场初步建立起来了。

三　世纪之交的所有制结构变革

1997 年的中共十五大是整体改革的又一次突破。这次大会在确立社会主义基本经济制度和所有制结构重组上取得了重要进展。

随着 90 年代改革的推进，民营企业在国民经济中的地位日显重要，而国有经济的比重下降。这引起了坚持改革前旧体制和旧路线的"政治家"、"理论家"的极大不满。他们强调，"科学社会主义把全民所有制（即国有制）作为公有制的高级形式和必须追求的目标"，尖锐地批评市场化改革使"私有经济的比重超过了一定的度"，背离了社会主义。[1]

中国市场化改革的支持者给予了正面回应。他们建议，进一步明确社会主义的本质是实现共同富裕，而不在于国有经济的统治地位；公有制有多重形式，不应把国有制作为"公有制的高级形式和必须追求的目标"；而且，从现实情况来看，"有限的国有资本支撑不住过于庞大的国有经济的'盘子'"；因此，"国有经济要收缩范围……

---

[1]《当代思潮》特约评论员：《以公有制为主体的基本标志及怎样才能坚持公有制的主体地位》，《当代思潮》1996 年第 4 期。

从一般的竞争性部门向国家必须掌握的战略部门集中"。[1]

1997年9月的中共十五大对争论给出了收缩国有经济范围的结论[2]。它将"公有制为主体、多种所有制经济共同发展"确定为中国的"基本经济制度";"非公有制经济"则被确定为"我国社会主义市场经济的重要组成部分"。十五大《报告》还要求按照"三个有利于"[3]的判断标准,对中国经济的所有制结构进行调整,国有资本逐步收缩到"关系国民经济命脉的重要行业和关键领域"。1999年中共十五届四中全会进一步把所谓"关系国民经济命脉的重要行业和关键领域"限制在以下范围内,这就是"涉及国家安全的行业,自然垄断的行业,提供重要公共产品和服务的行业,以及支柱产业和高新技术产业中的重要骨干企业"[4]。

1999年,中共十五大的以上决定被写入《中华人民共和国宪法修正案》:"国家在社会主义初级阶段,坚持公有制为主体、多种所有制经济共同发展的基本经济制度";"个体经济、私营经济等非公有制经济,是社会主义市场经济的重要组成部分";"国家保护个体经济、私营经济的合法的权利和利益"。

---

[1] 吴敬琏、张军扩、吕薇、隆国强、张春霖:《实现国有经济的战略性改组——国有企业改革的一种思路》,《改革》杂志1997年第5期。

[2] 江泽民:《高举邓小平理论伟大旗帜,把建设有中国特色社会主义事业全面推向二十一世纪——在中国共产党第十五次全国代表大会上的报告》(1997年9月12日)。

[3] 邓小平在1992年的"南方谈话"中提出判断是非的标准,不在于是社会主义还是资本主义,而在于"是否有利于发展社会主义社会的生产力,是否有利于增强社会主义国家的综合国力,是否有利于提高人民的生活水平"(见《邓小平文选》第三卷,第372页)。

[4] 《中共中央关于国有企业改革和发展若干重大问题的决定》(1999年9月22日中共十五届四中全会通过)。

根据以上规定，世纪之交中国实施了大规模的所有制结构调整。除部分国有大中型企业转制外，绝大多数原来掌握在地方政府手中的数以百万计的乡镇企业几乎悉数转制成私有企业。这样，中国经济从国有经济一家独大的结构转变为多种所有制经济共同发展的格局。除少数垄断行业外，民营经济一般居于主要地位；在就业方面，民营企业成为吸纳就业的主体（见表3）。

表3　中国各种经济成分在GDP中所占比重（1990—2001）　（%）

年份＼类型	国有部门	集体部门	民营部门*
1990年	47.7	18.5	33.8
1995年	42.1	20.2	37.7
1996年	40.4	21.3	38.3
1997年	38.4	22.1	39.5
1998年	38.9	19.3	41.9
1999年	37.4	18.4	44.2
2000年	37.3	16.5	46.2
2001年	37.9	14.6	47.5

资料来源：CEIC。

* 表中的民营部门包括所有非国有和非集体所有的农村与城镇经济实体。

对世界市场开放的市场经济制度框架的初步建立，解放了久为僵化的命令经济制度所约束的生产力：

第一，平民创业获得了一定的空间。随着改革的推进，私营经济获得了活动空间，民间长期被压抑的企业家精神和创业积极性喷薄而出。到20世纪末，中国已经涌现了3000多万户私营企业，成为经济发展最基本的推动力量。

第二，大量原来没有得到充分利用的人力、物力资源得到了更有效的利用。随着市场经济制度的建立和民间创业活动的活跃，生产要素从效率较低的产业向效率较高的产业流动。在改革开放的年代中，全国有高达 2.5 亿左右的低就业状态的农村剩余劳动力转移到城市中从事工商业；同时，也有相当于爱尔兰国土面积的约 7 万平方公里的农用土地转为城市用地。

第三，20 世纪 90 年代，随着出口导向战略的成功实施，利用发达国家储蓄率偏低造成的机会，中国扩大出口，用净出口（net-export）的需求弥补国内需求的不足，从需求方面支持了中国经济的高速增长。

第四，对外开放的另一个重要作用，是通过引进外国的先进装备和先进技术，迅速缩小了中国与先进国家之间在过去 200 多年间积累起来的巨大技术水平差距，使高速度增长得到了技术进步的有力支撑。

在上述力量的推动下，90 年代下半期，中国经济开始呈现出高增长、低通胀的良好态势（见图 2）：

资料来源：CEIC。

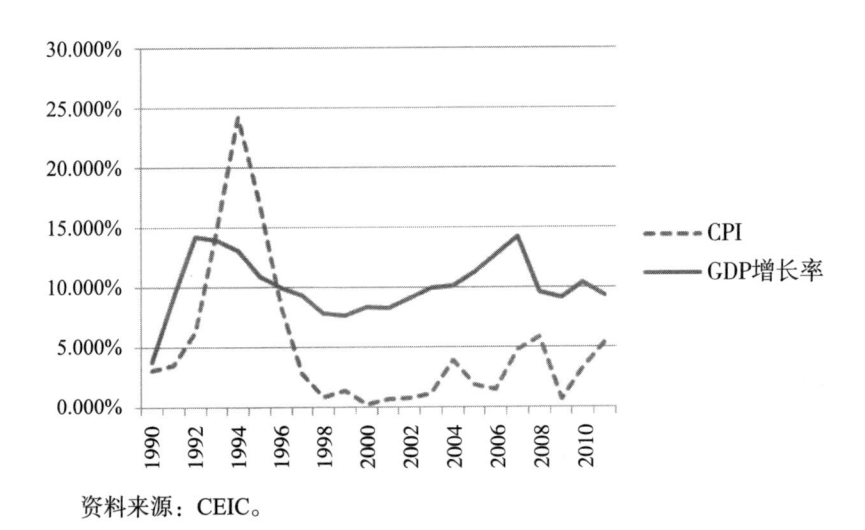

图 2　中国的经济增长（1990—2010）

第三节　三岔路口上的中国经济

20世纪末，中国宣布初步建立起市场经济体制的基本框架。但是，改革并没有取得完全的成功。命令经济的遗产在经济体系中仍然严重存在，国家部门（state sector）在国民经济中仍然占据主导作用。事实上形成的，是一种"半统制、半市场"的制度格局。在这种体制下，经济和社会矛盾日益积累，中国再次面临"向何处去"的历史抉择问题。

一　"半统制、半市场"经济体制和两种可能的发展前途

20世纪80年代中期，中国官、产、学各界人士共同认可的中期改革目标，是建立类似日本等东亚国家"二战"后建立的所谓"政府主导的"市场经济体制，其中政府承担较之欧美自由市场经济更为重要的作用。在新旧世纪之交，中国大体上实现了这一目标。

不过，和东亚其他国家与地区不同，中国经济体制从列宁所说的"国家辛迪加"（The State Syndicate）或东欧学者所说的"党国大公司"（The Party-State Inc.）演变而来。无产阶级专政国家和国有经济掌控国民经济命脉是中国经济的基本特征。在这种背景下，中国政府对经济的干预和控制较之日本、新加坡等国当年的"威权发展主义"（authoritarian developmentalism）要严密得多：

第一，虽然到21世纪初期全国中小型国有企业和包括基层政府拥有的乡镇企业已全面转制，国有经济在国民生产总值中也并不占优

势，但国民经济的"命脉"（commanding heights）[1]仍然由国家牢牢地控制着。在电力、石油、电信、铁道、金融等重要行业，国有企业继续处于垄断地位，而且这些企业的治理结构也保留着命令经济时代的某些基本特征。

第二，各级政府握有支配土地、资金等重要经济资源流向的巨大权力。它们运用手中的巨额资源，通过自己选中的企业营造 GDP 短期高速增长的政绩。

第三，现代市场经济的法治基础尚未建立，对权力运用缺乏有效的约束。各级政府官员有着很大的自由裁量权，他们通过审批投资项目、设置市场准入的行政许可、管制价格等手段，对企业微观经济活动进行频繁的、直接的行政干预。

这种"半统制、半市场"经济体制有两种可能的发展前途：一种前途是政府逐渐淡出对微观经济活动的干预，并加强自己在提供公共产品和进行市场监管等方面的职能，使在规则基础上运营的现代市场经济逐渐成长起来。另一种前途是政府对市场的控制和干预不断强化，国有部门的垄断力量不断扩大，"半统制、半市场"经济蜕变为政府

---

[1] 无产阶级国家在一切条件下都要掌握国民经济"命脉"（Commanding Heights，即能够左右国民经济的关键领域）是列宁主义的一条基本原则。1921 年初，在战时共产主义造成的艰难形势下，俄共不得不开始执行国家资本主义的"新经济政策"，恢复私人贸易，向市场经济退却。俄共内部有一部分人认为这将危及俄国社会主义的前途和俄共的统治地位。列宁在 1922 年 11 月的共产国际第四次代表大会上对这种质疑做出了回答。他说，俄国实行的国家资本主义是一种"特殊的国家资本主义"，即无产阶级专政条件下的国家资本主义。由于无产阶级国家掌握了一切"制高点"，掌握了土地和一切最重要的工业部门，就完全可以保证经济活动仅仅在国家规定的范围内展开，而且国家还可以随时对政策做出改变。因此，这种国家资本主义对俄国的社会主义前途和俄共的统治地位是毫无危险的。《列宁全集》和《列宁选集》中文版将德文 Komandohohen 译为"命脉"。

掌控经济社会发展的国家资本主义经济。而在中国的条件下，国家资本主义难免不进一步蜕变为权贵资本主义。

中国的改革者对于体制缺陷及其对经济运行造成的消极影响知道得十分清楚。正像2003年中共十六届三中全会指出的，现有体制在许多重大方面"还不完善"，经济发展仍然面临"诸多体制性障碍"。为了扫除这些障碍，这次中央全会通过决议，要求进一步推进改革来完善市场经济体制[1]。然而，在经济似乎日趋繁荣的情况下，处于掌权地位的人们很难割舍自己的权力和利益，很难下决心切实推进改革。2003年的中共中央决议并没有真正执行。

改革放慢的另一个原因，是意识形态方面的。反市场的思潮在中国社会始终有着深刻的影响。20世纪后期腐败的蔓延和贫富差别的拉大，使早已被大多数中国人抛弃的"极左"思潮在部分人中重新获得影响力。一些旧路线、旧体制的支持者全面批判1978年以来的改革路线，宣称许多社会问题都是来源于市场化改革，要求重新回到集体化、国有化和毛泽东"无产阶级专政下继续革命"的老路上去，希望用"文化大革命"那样极端的方式来解决当前的中国社会问题。[2]

于是，新旧世纪之交建立的经济体制并没有向进一步完善的方向发展，反而出现了向国家资本主义蜕化的趋向。这突出表现为以"强势政府"为主要特征的"中国模式"在中国的兴起。

---

1 《关于完善社会主义市场经济体制若干问题的决定》（2003年10月14日中共十六届三中全会通过）。

2 2003—2010年，"乌有之乡"等"左派"网站发表了大量批判市场化改革和要求回到"毛主席的革命路线"的言论，并得到一些人的响应。

二 以"强势政府"为主要特征的"中国模式"的兴起

国家主义的强化与进入新世纪后城市化进程加速直接联系在一起。在农村土地属于集体而城市土地属于国家的现行法律规定下,政府可以用极低的价格征购土地。运用这种办法,各级政府取得了数以十万亿元人民币计的资源,大大增强了政府的权力和国有经济的实力。

不仅如此,由于新旧世纪之交的国有企业转制过程缺乏透明的法治框架而是由行政力量主导,这就给了某些有权力背景的人鲸吞公共财产的机会。公众对权贵私有化的不满,本来应当是推动市场化改革和民主法治建设的重要力量,但是在错误的舆论导向下,反倒为鼓动大众反对改革和加强国家控制增添了理由。

2006年12月,国务院国有资产监督管理委员会宣布加强中央国企控制力的新部署[1],随后,国资委负责人提出,国有经济要在包括军工、电网电力、石油石化、电信、煤炭、民用航空、航运等"关系国家安全和国民经济命脉的重要行业和关键领域保持绝对控制力";对包括装备制造、汽车、电子信息、建筑、钢铁、有色金属、化工、勘察设计、科技等九大行业在内的"基础性和支柱产业领域的重要骨干企业保持较强控制力"。随后在一些产业和地区中出现了"国进民退"现象,国有控股或国有独资企业对民营中小企业展开了收购兼并,其地位进一步强化。

随着国有经济和国家干预的强化,与市场化、法治化和民主化改革相反的一种替代方案开始在中国流行。一些支持者把这种替代方案

---

[1] 见国务院办公厅转发的国有资产监督管理委员会文件《关于推进国有资本调整和国有企业重组的指导意见》(2006年12月5日)。

称为"中国模式"。"中国模式"的主要特征,是强势政府"驾驭"市场、国有经济主导国民经济。他们说,"中国模式"的优点,在于能够"集中力量办大事",正确制定和成功执行符合国家利益的战略和政策,因而创造了 2008 年的北京奥运、2010 年的"高铁"开通、重庆市连年高达 15% 左右的 GDP 年增长率等"奇迹",而且能够在全球金融危机的狂潮中屹立不倒,充当世界各国的楷模。

2009—2011 年,"中国模式"的影响力一直在上升,"中国向何处去"的问题尖锐地摆到了中国的领导和大众面前。

从实际情况看,国家资本主义和威权发展模式虽然取得了某些短期经济绩效,却并没有使中国的经济社会状况有所改善,相反,大大加剧了经济和社会矛盾。

从经济层面上说,最突出的就是靠强势政府和海量投资支撑的威权发展主义所造成的微观经济和宏观经济的恶果日益累积。

2003 年以后,各个地方都大规模向资本密集型的产业投资,要求实现产业的"重型化",希望用这种方法来支撑 GDP 的高速度增长。依靠政府强制动员和大量投入社会资源,加上从国外引进技术,确实短期能够维持高速增长,但长期来看这种增长不可持续。近年来这种增长模式造成的资源枯竭、能源短缺、环境破坏等问题愈演愈烈。仅就能源来说,1990—2010 年,中国的年均能源消费增幅为 6.6%,其中 2001—2010 年能源消费年增长率高达 11.6%[1]。2009 年,中国能源消费总量更是超过美国,成为世界能源消费第一大国。

同时,国民经济的投资率居高不下,达到接近 50% 的程度(见图 3),劳动者收入提高缓慢,居民消费占 GDP 比重明显下降(图 4)。为了

---

[1] BP(英国石油):《BP 2030 年世界能源展望》(*BP Energy Outlook 2030*),伦敦:英国石油,2012 年,第 47 页。

固定资本形成总额：% of GDP

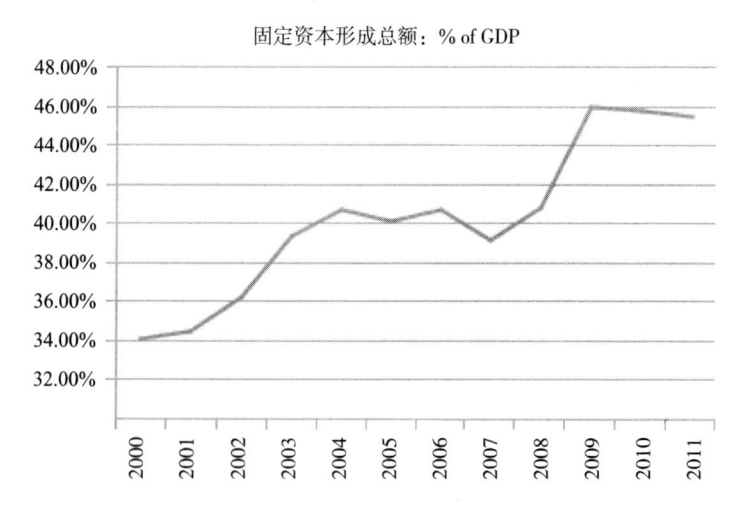

资料来源：CEIC。

图 3　中国的投资率变化（2000—2011）

资料来源：CEIC。

图 4　中国居民消费占 GDP 比重的变化（1978—2011）

创造更多的外部需求，政府在 2005 年前采取了抑制人民币汇率升值的政策；2005 年 7 月开始了爬行式升值。为了控制人民币升值速度，中央银行买入了大量的外汇，同时释放出巨额流动性，M2/GDP 数值迅速攀升（见图 5），造成了以房地产为代表的资产泡沫。

货币供应：货币与准货币(M2): % of GDP

资料来源：CEIC。

图 5　中国的 M2/GDP 变化（2000—2012）

此外，随着农村剩余劳动力无限供应的逐步消失，以及随着中国制造业的技术水平向发达国家接近，为了维持比较高的增长率，中国愈来愈需要依靠自主创新和实现增长模式从投资驱动到效率驱动的转变。如果不能尽快打破体制性的障碍，提高效率和实现经济增长模式的转变，中国经济将不可避免地减速。

从社会政治层面上说，强势政府推动下的增长引发了两个最重要的问题：

第一，由于政府手里掌握愈来愈多的资源配置权力，官员利用权力对经济的直接干预和对价格的管控造成了权力寻租的庞大基础，腐败就以制度化的方式迅速蔓延开来，甚至一些地区和部门买官卖官（买卖寻租权力）成为常规。在错误的舆论导向下，党政机关希望通过加强权力来遏制腐败，结果造成了寻租活动加剧。根据一位经济学家的估计，与 2005 年比，2008 年中国的"灰色收入"[1]扩大近一倍，占 GDP 的比重高达 15% 左右。这些灰色收入主要来源于权力对公共资金和公共资源分配产生的腐败、寻租、侵占公共资金和他人收入等行为，其分布高度集中，严重恶化了收入分配。[2]

第二，由于投资占 GDP 的比重愈来愈高，与之相适应的劳动者收入在国民收入中所占的比重长期下降，各类劳动者收入提高缓慢。这进一步加大了中国居民的贫富差距。根据李实的估计，2003 年中国的基尼系数为 0.45，2007 年则提高到 0.48，校正抽样误差（主要集中在高收入人群）后，这一数字高达 0.52[3]。即使按照国家统计局 2013 年公布的数字，中国 2003 年以来的居民收入基尼系数也始终高于 0.47，民间则广泛认为其数字存在低估的倾向（见表 4）。

于是，由于强势政府干预拉动增长带来的严重经济和社会问题，近些年来中国官民矛盾激化，甚至可能酝酿着社会动荡。如果没有步伐较大的市场化、法治化和民主化改革阻断这一过程，中国可能会锁定在从国家资本主义到权贵资本主义的路径中。

1　灰色收入主要指两类收入：一是法律法规没有明确界定其合法或非法的收入；二是实际上非法，但没有明确证据证明非法的收入。
2　王小鲁：《灰色收入与国民收入分配》，《比较》辑刊 2010 年第 3 辑。
3　李实、岳希明：《中国城乡收入差距调查》，《财经》2004 年第 3 期、第 4 期；李实、罗楚亮：《中国收入差距究竟有多大？》，《经济研究》2011 年第 4 期。

表 4　中国居民收入的基尼系数（1988—2012）

1988	1995	2003	2004	2005	2006	2007	2008	2009	2010	2011	2012
0.39	0.44	0.479	0.473	0.485	0.487	0.484	0.491	0.490	0.481	0.477	0.474

资料来源：1988年和1995年的基尼系数数字来自李实：《中国个人收入分配研究回顾与展望》，载《经济学（季刊）》2003年第2期；2003—2012年的基尼系数数字是国家统计局2013年1月18日公开发布的，见国务院新闻办公室网站，http://www.scio.gov.cn/xwfbh/xwbfbh/wqfbh/2013/0118/index.htm。

第四节　2013年：中国新一轮改革的开始

2011年以后，中国政治和社会态势发生了某种微妙的变化。一方面，随着"中国向何处去"争论的深入，越来越多的人认识到倒退没有出路。另一方面，前几年被掩盖的问题逐渐显露。例如，建设高速铁路造成的巨额贪污和浪费震惊了全国人民。2012年重庆的事件也警示了不受约束的政治权力的危险。这样，2012年春季以来，中国改革气候开始"回暖"，出现了形成新的改革共识的可能性。愈来愈多的人要求重启改革议程，而且许多人认为，下一轮改革不应局限于经济改革，而应当通过市场化的经济体制改革和法治化、民主化的政治体制改革，建立起包容性的经济体制和政治体制。

与此同时，从中央到地方都出现了一些试验性的改革探索。例如，中国人民银行采取灵活措施，逐步走向存贷利率的市场化。中国证监会正在采取措施改变实质性审批为主的监管方式，走向以强制性信息披露为主的合规性监管。上海市正在执行国有资本退出几十个竞争性行业的计划。广东省的一些体制创新也很值得注意，其中包括：（1）从深圳市开始的民间组织无主管设立改革，已经在广东省全省实施。

这为激发社会组织的活力、改进社会治理方式走出了最初的然而十分重要的一步。（2）在国家工商行政管理总局的允许下，广东从今年开始进行宽松商务登记试点。这可能成为"法无禁止即自由"取代"普遍的行政准入制"的开端。

2012年11月召开的中共十八大要求，"以更大的政治勇气和智慧，不失时机深化重要领域改革"：在经济改革方面，要"坚持社会主义市场经济的改革方向"，"处理好政府和市场的关系"，"更大程度更广范围发挥市场在资源配置中的基础性作用"；在政治改革方面，要"加快推进社会主义民主政治制度化"，"实现国家各项工作法治化"。这可能意味着重启中国改革走出了第一步。同年12月召开的中央经济工作会议要求，在2013年"深入研究全面深化体制改革的顶层设计和总体规划，明确提出改革总体方案、路线图、时间表"。

目前，各界人士正在对新一轮改革的总体规划和改革思路进行热烈的讨论。虽然由于"左"的意识形态传统和近些年来凭借权力致富的特殊利益集团的腐败行为日益猖獗，下一步的改革肯定还会遇到重重阻力和障碍，但是踏上新的改革征程，逐步迈向富裕、民主、文明、和谐的现代国家的前景也值得期待。

建议尽快设立中央直属工作班子，统筹改革总体方案设计[*]

（2013年1月）

中共十八大吹响了全面深化改革的进军号角，要求"坚持社会主义市场经济的改革方向"，"以更大的政治勇气和智慧，不失时机深化重要领域改革"。[1] 这一号召得到了广大干部和民众的热烈响应。现在摆在全党面前的任务，就是有效地组织落实代表大会的决定。

落实十八大全面深化改革决定需要做的第一件事，是2012年12月中央经济工作会议提出的"深入研究全面深化体制改革的顶层设计和总体规划，明确提出改革总体方案、路线图、时间表"[2]。

实际上，早在"十二五"（2011—2015年）规划中就提出要"更加重视改革顶层设计和总体规划"，此后许多中央部门和地方部门都

---

[*] 本文是作者2013年1月22日提交给中共中央的一份建议。

[1] 胡锦涛：《坚定不移沿着中国特色社会主义道路前进，为全面建成小康社会而奋斗——在中国共产党第十八次全国代表大会上的报告》（2012年11月8日）。

[2] 《2012年中央经济工作会议公报》，见新华网2012年12月16日，http://www.xinhuanet.com/fortune/cjzthgjj/16.htm。

开始进行本部门改革的"顶层设计"。十八大以后这类工作更是加快了步伐。

但是，如果没有一个超越各个部门之上的权威机构统筹这项工作，恐怕很难有一个既切合国家实际，又能有效实施的总体改革方案，其原因是：

第一，现代市场经济是一个复杂精巧的大系统，没有大系统的顶层设计和改革的总体规划，就无法保证各个子系统的改革在协调配合中推进，也难以保证建成的子系统间相互配合和联动。

第二，深化改革必然对现有的利益格局进行调整，由各个部门自行设计本部门的改革方案，往往会倾向于保持甚至扩大本部门的既有权力和利益，使部门改革偏离整体改革的大目标，从而造成总体改革方案整合上的困难。

第三，目前社会矛盾累积，需要解决的问题很多，改革不能四面出击，分散地使用力量，而必须审时度势，有选择、有重点地推进关键领域的改革。这样，就需要一个能够统筹全局的机构来对各地方、各部门以及基层民众提出的改革动议进行梳理筛选，形成整体性的改革方案。

在如何进行改革总体方案的制定和执行的问题上，我们是有过不少经验和教训的。

我自己参加过20世纪80年代中期"价税财"配套改革方案的制定工作，担任"方案办"的副主任。1986年，根据十二届三中全会建立"公有制基础上的有计划的商品经济"的决定，国务院决定建立方案设计领导小组（田纪云副总理任组长），下辖"方案办"（国家经济体制改革委员会副主任高尚全任主任），负责设计原定从1987年1月开始进行的价格、税收、财政、金融、贸易配套改革。由于这个工作班子只是政府行政系统下属的一个办公室，而且行政级别也不高，在制定方案过程中很难得到其他系统的支持，与各个部门的协调也相当困难。因而在方案制定过程中，改革的要求逐步降级。后来领导人改变了主意，已经降低要求的方案也被完全废弃。[1]

90年代中后期的改革取得了巨大的成功，奠定了中国经济崛起的制度基础。其中，1993年制定了一个好的经济改革总体规划，即《中共中央关于建立社会主义市场经济体制若干问题的决定》，是这轮改革取得成功的重要原因之一。

1992年的十四大确定了社会主义市场经济的改革目标，同时指出，"建立社会主义市场经济体制，涉及我国经济基础和上层建筑的许多领域，需要有一系列相应的体制改革和政策调整，必须抓紧制定总体规划，有计划、有步骤地实施。"[2] 为了执行十四大的这些决定，中共中央在1993年5月组建了以中央书记处书记、中央办公厅主任温家宝为组长，中央财经领导小组办公室主任曾培炎为副组长的25人文件起草组，负责文件起草；与此同时，中央财经领导小组办公室还派出了有300多人参加的16个专题调查组到各地、各部门进行深入的调查研究，写出背景材料供起草组参考。此外，还有许多"编外的"研究机构也向起草组提供了大量材料和建议。在中共中央主要负责人的直接领导和参与下，起草组经过6个月的奋战，八易其稿，提出了《中共中央关于建立社会主义市场经济体制若干问题的决定》的文件草案。最终由十四届三中全会通过的这个决定确定了"整体推进和重点突破"

---

[1] 吴敬琏（2010）：《当代中国经济改革教程》，上海远东出版社，2016年。

[2] 江泽民：《加快改革开放和现代化建设步伐，夺取有中国特色社会主义事业的更大胜利——在中国共产党第十四次全国代表大会上的报告》（1992年10月12日）。

的方针，包含了企业制度、市场体系、财税体系、宏观调控体系和社会保障制度等重点方面的改革要求，既是十四大社会主义市场经济改革目标的具体展开，又是全面改革的行动纲领。从 1994 年开始，按照这一行动纲领以很大的力度推进改革，取得了空前的成功。

考虑到以上情况，我建议中共中央尽快调集精干力量，设立党中央直接领导的专门机构，负责设计全面深化改革的总体方案、路线图和时间表。在经过充分调研和讨论后，在十八届三中全会上做出决定，用以指导我国改革整体性推进的进程。

为什么要制定改革总体方案，怎样制定改革总体方案[*]

（2013年2月）

根据2012年11月中共十八大全面深化改革的决定，12月召开的中央经济工作会议要求在2013年"深入研究全面深化体制改革的顶层设计和总体规划，明确提出改革总体方案、路线图、时间表"。

我想就改革总体方案的研讨和制定工作谈两点想法。

第一点想法，是应当尽快建立一个由中央直接领导的工作班子，来统筹和协调总体方案的研讨和制定工作。

制定市场化改革的总体方案是一项艰巨和复杂的工作。原因在于，市场经济是一个巨大、复杂和精巧的系统，要做许多研究才能弄清楚它所包含的多个子系统各自的运行规律和它们之间的互动关系，从而把各方面改革的方案设计出来。

这一轮改革和20世纪90年代的改革比起来，任务更加艰巨，原

---

[*] 本文是作者2013年2月17日在"中国经济50人论坛2013年年会：改革的重点任务和路径"上所做的主题发言。关于这一发言的新闻，见新华网2013年2月17日和财新网2月18日等的报道。

因是，经过30多年的改革，虽然市场经济的基本框架已经建立起来了，但这还只是初级形态的市场经济。它的许多重要的子系统还没有建立，或者虽然已经初步建立，但还不能正常运转。要确立现代市场经济体系，对于进一步改革和改革方案设计的要求就大大提高了。

那么，总体方案能不能由各级政府和各个部门分头去做，然后汇集起来成为一个总体方案呢？在"十二五"（2011—2015年）规划提出"更加重视改革顶层设计和总体规划"以后，许多部门和地方，甚至很低层次的领导机关，都开始做它们自己的"顶层设计"和"总体规划"。基层组织了解具体情况，做自己熟悉范围的改革规划固然有自己的优势，但各个部门的设计往往会受制于对局部情况的了解并向自己的利益倾斜。市场经济大系统中的许多改革都是"牵一发而动全身"的，如果由各个部门和各个地方按照自己的意图各自进行设计，就会为下一步的改革推进制造许多困难和障碍。而且，由多个子系统拼凑出来的系统也是无法协调运行的。因此，必须由一个超脱于局部利益的权威机构，从符合中国实际的现代市场经济这个"顶层设计"出发，协调各个子系统的改革，做出各项改革实施步骤和配套关系的安排，才能为全面推进改革提供科学的指导。

根据过去的惯例，在党的代表大会做出方针性的决策以后，具体部署往往是在第二年的三中全会上做出的。现在离十八届三中全会只有七八个月时间，面对这样繁重复杂的设计任务，时间已经非常紧迫了。因此，我建议尽快建立一个中央直接领导的工作班子，来动员社会各界广泛参与改革方案的讨论和统筹协调相关的设计工作。

第二点，对于怎样进行总体方案设计的设想。

我认为，总体方案的设计工作首先可以按照两条线索进行。

第一条线索是"问题导向"，明确需要进行哪些改革。这就是说，要从我们当前面临的重大经济社会问题入手,探索造成这些问题的体制性原因,然后有针对性地提出各个方面需要进行的改革项目。

举例而言,我们当前面临的一大问题,是粗放增长模式所造成的恶果日趋显露。虽然从"九五"(1996—2000年)计划开始就要求进行增长模式的转型,但是至今没能取得成效。在制定"十一五"(2006—2010年)规划时,已经对造成这种状况的体制性障碍进行过具体分析,主要是政府资源配置权力过大,抑制了市场在有效配置资源和形成兼容激励机制中发挥作用。因此,要改变转变增长模式举步维艰的状态,就必须在政府职能转变、财税体系调整、市场体系建设等方面进行改革。

第二条线索,是按照不同的体制领域,将第一条线索提出的改革项目归类汇总,形成财税体制、金融体系、国有经济、政府职能、法治体系等领域的改革清单。

经过以上两步工作,我们就能够综合出在今后相当长一个时期需要完成的改革项目的总清单。由于需要解决的问题很多,这个总清单包含的改革项目也必然数量众多。为了避免四面出击分散有限的力量,就要对改革总清单进行梳理和筛选,在把改革划分为若干递进的阶段的同时,要选出每个阶段最为重要和关联性最强的改革项目,组成1993年研制改革总体方案(即《中共中央关于建立社会主义市场经济体制若干问题的决定》)时所说的"最小一揽子"改革方案,集中力量打"歼灭战",使新体制能够较快地运转起来,产生效益。这样,就能使改革和发展相互促进,使社会经济发展进入良性循环。

市场赋予力量，竞争带来繁荣[*]

（2013年2月）

中国改革大关还没有过，我们面前的任务还很艰巨。今天我想谈一个相关的问题，就是怎样构筑竞争性的市场体系，加强市场的竞争性。

自从"十二五"（2011—2015年）规划提出要更加重视顶层设计和总体规划，尤其是去年中央经济工作会议要求在2013年明确提出改革的总体方案、路线图和时间表以来，官方和民间机构都对总体规划应当包含哪些改革项目进行了热烈的讨论。光是今年年初"中国经济50人论坛"的年会，就提出了二三十个改革项目。改革当然不能单兵突进，而是需要配套推进，但是也不能四面出击。现在积累的矛盾和问题非常多，这就需要在诸多改革任务中选择一些最重要的、彼此关联又比较紧密的项目，按照1993年设计改革总体规划时的说法，形成一个"最小一揽子"的改革方案。

用什么办法来制定改革的总体规划和"最小一揽子"改革方案呢？

---

[*] 本文根据作者2013年2月22日在"2013亚布力中国企业家论坛第十三届年会"上的演讲整理而成。

我建议分三步来进行：首先，采用问题导向的方法，分析现在存在的主要社会经济问题，找出产生这些问题的体制性原因；然后，确定为解决问题需要进行哪些改革；最后，再从改革项目总清单中筛选出彼此关联比较紧密的重要项目，形成一个"最小一揽子"改革方案。1993年就是这样做的，在那年11月的中共十四届三中全会上通过了《中共中央关于建立社会主义市场经济体制若干问题的决定》。从1994年开始按照这个行动纲领进行改革，取得了很大的成果。从一定意义上可以说，我们直到现在还在享受1994—2002年改革的成果。

在讨论过程中，有一个重要问题进入了我们的视野。这就是我们现在的体制还不能够称为一个合格的现代市场经济制度，它存在着三个重要的缺陷，或者叫三块"短板"：第一，市场的产权制度基础模糊不清，某些产权不能够得到法律的有效保护；第二，条块分割，形成割据，国内统一市场没有完全形成；第三，在许多领域中存在着由国家权力支持的地方保护和行业垄断，不能保证建立在规则（法治）基础上的公平竞争，使市场失去了竞争性质。

人们对于前两个问题有普遍共识，认识到建立明晰的、得到法律保护的产权制度的重要性和建立统一市场的必要性，然而第三个问题却往往被人们所忽视，没有认识到市场制度的灵魂在于竞争。

前不久，亚布力论坛的几位朋友去看我，给我送来了论坛编辑的《市场的力量》这本书，要我写几句题词。我就写了这么两句话："市场赋予力量，竞争带来繁荣"。为什么我要写这两句话呢？因为我想起了诺贝尔经济学奖获得者弗里德曼（Milton Friedman）1988年访问中国时讲过的一段话。

那一年弗里德曼在中国有一系列的活动，包括和中国党政领导人进行会谈。我有幸参加了这些活动，聆听了他的许多重要意见。弗里德曼跟当时的中共中央总书记进行了会谈，并向他提交了一份备忘录[1]。这是一份十分精彩的文献。当时《改革》杂志就发表了它的中文译稿。后来弗里德曼夫妇出版的自传《两个幸运的人》[2]也特意将这份备忘录作为附录收进书中，可惜现在人们在回忆这段历史时往往有意或无意地忽略了这份重要文献。

当时中国正在讨论市场经济和私有化的问题。弗里德曼就此评论道："单单利用市场是不够的，单有私有化也是不够的"，"真正需要的是自由的私人市场。在这里，'自由'的含义是从国内和国外两方面放开竞争。"他解释说，他以前当过印度财政部部长的顾问，印度也进行了私有化，可是当时由于没有取消管制和放开竞争，印度的发展非常不理想。

弗里德曼这样的大师是从最基本的经济学原理出发来分析问题的，所以他能够把问题看得很深透。我们现在对市场的基本认识，确实存在一些问题。即使是一些赞成市场化改革的人，对于什么是市场和市场经济制度也常常存在误解。一种常见的认识误区是认为只要商品能够在市场上买卖就可以叫作市场经济，就是市场制度了。其实经济学对于什么叫市场经济说得很清楚。市场交换的本质是自主和自由的交换，市场制度的功能是通过自由竞争形成能够反映资源稀缺程度的价格信号，引导资源配置到效率最高的地方；同时，

1　米尔顿·弗里德曼：《对中国经济改革的几点意见》，《改革》杂志1988年第6期。

2　Milton and Rose D. Friedman. *Two Lucky People*（《两个幸运的人》）. University of Chicago Press,1998, pp.607-609. 很可惜，该书的中文译本略去了这份重要的备忘录。

形成兼容的激励机制，使每一位经济行为者得到的回报与他对社会的贡献相一致。

因此，市场制度的灵魂在于自由竞争。但是不知道从什么年代起，"社会主义市场经济"被有些人阐释为一种在党政领导机关"驾驭"之下的市场制度，以至于出现了诸如"政府控制下的市场经济"之类的矛盾说法。在缺乏竞争、价格信号扭曲的情况下，资源的有效配置不可能实现，兼容的激励机制也不可能形成。"权力控制下的市场经济"，哪里还能叫作市场经济？

在20世纪末期，中国宣布初步建立起社会主义市场经济体制。但是面对着诸多社会经济矛盾和问题，出现了渐趋激烈的争论，一直延续到最近这几年。争论的一方认为，这些矛盾与问题都是市场化改革进行得不彻底、命令经济遗产仍然严重存在、竞争受到压抑产生的。另一方则认为，我国社会上种种消极现象，是由于市场化改革造成的，政府应该加强对市场的控制和干预，"驾驭"市场；企业应当加强对国民经济命脉的控制，以便抑制市场经济的这种"竞争和无政府状态"。后来围绕"国进民退"还是"国退民进"进行的争论，也是在这样的背景下发生的。

改革开放30多年以后还发生这样的争论，让我非常感慨。一次我在和许成钢教授讨论改革形势时指出：没有竞争的市场比没有市场更可怕。许成钢把我的话告诉他的爸爸许良英先生，许先生大为赞赏。我们都知道，许良英先生早年投身革命，一生为自由民主而奋斗，是一个非常严格的人，所以他的称赞让我非常得意。

后来我读了已故经济学家约翰·麦克米兰（John McMillan）教授的力作《市场演进的故事》，书里有一段话说得一针见血，他说："任何在权力之下的交易，比如，一方管辖着另一方，或者双方都受另一个更高权力机构管辖时,所发生的交易都将是其他形式的交易,而绝不是'市场交易'。"[1]我觉得,我的话仍然停留在感性层面上,而麦克米兰说出了事情的本质:在权力支配下失去了竞争性的市场,只是一种貌似市场的"伪市场",或者像张维迎教授在21世纪初讨论中国股市时说的那样,它是一个寻租场,而不是市场。

回到企业家话题上来。中国是一个拥有深厚的官文化历史背景的国家。从现实情况看,政府拥有巨大的干预权力,又掌握了大量的资源,于是许多的企业家被迫地或者自觉地走上了结交官府的寻租道路。这诚然是无奈之举,但是要保证国家能够延续过去30多年的蓬勃发展而不至于衰败下去,企业家作为社会的中坚力量,一定要抵制这种败坏商业文化的恶劣风气。所以,我强烈呼吁我们的企业家不要去寻求特殊的政策优惠,而应当投身到完善市场的改革中去,努力推进改革,争取公正竞争制度环境的建立。

事实上,这些年来,包括企业家在内的社会各界有识之士做了很多努力,来扼制社会衰败的现象。在执政党和政府的一些文件中,也反映出了大家的意见。比如说,中共十五大提出"非公有制经济是我国社会主义市场经济的重要组成部分",要求按照新的阐述"调整和完善所有制结构"。中共十六大有一个新的提法,"毫不动摇地巩固和发展公有制经济","毫不动摇地鼓励、支持和引导非公有制经济发展"。一些坚持要让国有经济保持绝对控制地位的人们常常引用这"两个毫不动摇"来表明"国进民退"是正确的方针。这就引起了一些思想上的疑惑甚至混乱。在中共十七大和十八大主要文件征求意见的过程中,社会各界人士希望能够进一步明确对待

---

[1] [美]约翰·麦克米兰著(2002)、余江译:《市场演进的故事》,北京:中信出版社,2006年,第5—6页。

不同所有制经济的方针。我们看到，十七大报告在"两个毫不动摇"后面增加了"坚持平等保护物权，形成各种所有制经济平等竞争、相互促进新格局"的规定。十八大报告也在"两个毫不动摇"后面加了一句"保证各种所有制经济依法平等使用生产要素、公平参与市场竞争、同等受到法律保护"。需要强调的是，中央文件的这些规定还没有实现，我们大家都需要继续努力。

现在我们面临着改革的新阶段，大家要共同努力，争取把构建竞争性市场体系放到中共十八届三中全会将要制定的改革总体规划的核心地位。在我看来，全面深化改革的核心任务就是要构筑竞争性的市场体系。

答听众提问

中国不应再走威权主义发展的老路

提问一：改革有两个方面：一方面是实行民主法治的政治改革，一方面是市场化的经济改革。中国传统理念重视集体观念，不提倡个人主义精神，在这种情况下，中国推进政治改革和经济改革，如何解决基础理念缺乏的问题？中国改革又会往什么样的方向走？

吴敬琏：这是一个值得深入思考的问题。

我觉得不能笼统地说中国没有民主、自由的传统。鸦片战争以后，自由、民主等观念就开始在一部分知识分子中传播。在五四运动时期，陈独秀为《新青年》杂志写的《本志罪案之答辩书》那篇文章，就高举"拥护德莫克拉西（Democracy）和赛因斯（Science）两位先生"的大旗，认定只有科学和民主，才"可以救治中国政治上道德上学术上思想上一切的黑暗"。[1]

有些人士认为,科学和民主的理念支撑西方国家的现代化,还有一个更深刻的根源,这就是基督教(新教)。在他们看来,由于东方文明和新教理念是冲突的,东方国家很难实现现代化。的确,东方国家由于历史积淀,推进现代化进程有一定的困难。不过"二战"后出现了新的例子,典型就是日本。伦敦政治经济学院(LSE)的森岛通夫(Michio Morishima)教授的《日本为什么"成功"》[2] 一书论证了世俗化的日本式儒教可以支撑现代化。这就是说,东方人也有可能推陈出新,使自己的传统文化适应新时代的需要,做出优良的成绩。

不过,是否因为一些东亚国家迅速实现现代化,我们就说东方文明更优越,甚至排斥西方文明呢?恐怕不能这样说。我们可以看看新加坡,在英国的殖民统治下,他们把西方的法律框架引了进来。所以取得独立后的新加坡,是一个很特别的威权主义的法治国家:一方面有一个强大有力的政府;另一方面法律程序也很完备。威权主义政府在一个国家追赶先进国家的时期常常可以有效地促进经济发展,因为强有力的政府往往具有较高的行政效率,如果善于学习其他国家的成功之道,就能够起到推动经济迅速发展的作用。所以新加坡在二三十年的时间里就实现了经济腾飞,跻身"亚洲四小龙"。

过去李光耀先生常说,亚洲价值观比起美国理念更具有优越性。他似乎更倾向于用儒家思想来治理国家。但是,他在 2000 年参加达

---

[1] 载《新青年》第一卷第一号,1919 年 1 月 15 日。

[2] [日] 森岛通夫著(1982)、胡国成译:《日本为什么"成功"》,成都:四川人民出版社,1986 年。在 2000 年出版的《透视日本:兴与衰的怪圈》(北京:中国财政经济出版社)一书中,森岛通夫对日本兴衰的文化背景做了进一步的分析。

沃斯世界经济论坛期间接受《国际先驱论坛报》记者采访时却表示，在信息时代，儒家价值观已经过时了[1]。这番言论使得许多人感到诧异。后来李光耀先生对自己做出这一判断的理由做了更详细的说明[2]。他指出，在信息时代，最重要的是发扬企业家的创造精神。在这种情况下，"重农抑商"、"学而优则仕"的中国文化和价值观显然就与时代的要求背道而驰了。李光耀先生说，过去新加坡有望成功的人士通常都向往进入政界、行政部门或者军队，很少有人自行创业，成为企业家的人更少。"现在世界已经发生变化，我们也必须改变。"很多人似乎不知道这种情况，还在说应该学习新加坡的威权主义治理的老话。

应该看到，在改革开放的前一段时期，中国向新加坡的治理方式学习的确是一种进步，因为和苏联式的专制体制比较起来，新加坡的威权主义治理模式确实要进步一些。我们在苏州工业园区学习新加坡的治理模式，以至于拓展到整个苏南地区，也起到了很好的作用。但是进入21世纪以后，情况已经发生了变化。发生了什么变化呢？中国已经从一名追赶者变成领跑集团的成员。这时候，只靠引进别人的设备和仿效别人的技术就远远不够了，需要原始性的创新。为了发挥人的创造性和进行原始性创新，就必须解除对个性的束缚。其实早在20世纪90年代，我在新加坡东亚政治经济研究所任理事时就听说过，调查表明，许多专业人士觉得在新加坡思想太受束缚，希望移民海外。李光耀先生敏锐地觉察到儒家思想已经落后于时代，才提出要发挥企

1　转引自任剑涛：《李光耀为何改弦更张——网络时代亚洲的价值重建》，《南风窗》2001年第4期。

2　见李光耀：《新加坡的企业家文化——2002年2月5日在新加坡管理大学"何日华亚洲领袖公开讲座"上的演讲》，http://www.smu.edu.sg/hrh/2012/past-speaker-lee-kuan-yew。

业家精神。

五四运动倡导"德""赛"两位先生的理念在中国的影响深入人心,只不过改革开放前的一些政治运动把民主法治等当作反动观念来批判,搅乱了人们的思想。2012年的中共十八大报告里提出的24个字的"社会主义核心价值观"[1]将民主、自由、平等、公正、法治等重要概念包含在内,可以说具有拨乱反正、正本清源的作用。

一切关心中国未来的人都不要只看到现象,而要深入了解中国的内部机理,包括人们的思想理念的变化。经历了改革开放前的历次运动以后,一些错误观念好像深入了我们的灵魂,所以我们大家都需要启蒙。老一代学者王元化先生等在20世纪80年代末就倡导过"新启蒙运动",最近几年资中筠先生也一再呼吁社会启蒙。

"中国梦"是不断丰富和发展的

提问二:十八大以后,执政党新领导人提出了"中国梦"的概念,将来十年也正是我们80后、90后发展的最重要的十年。我想请问,您对"中国梦",特别是对青少年的"中国梦"是怎样理解的?

吴敬琏:"中国梦"是一个值得我们每一个人努力追求的理想。自从1840年在鸦片战争中的溃败使中国人睁开眼睛看世界以后,先进的人们就开始有了对"中国梦"的追求。"中国梦"的内容是不断丰富和发展的,不过其中也有一些基本的元素。比如说,1945年中

---

[1] 中共第十七届中央委员会对十八大所作的报告要求"倡导富强、民主、文明、和谐,倡导自由、平等、公正、法治,倡导爱国、敬业、诚信、友善,积极培育和践行社会主义核心价值观"。见胡锦涛:《坚定不移沿着中国特色社会主义道路前进,为全面建成小康社会而奋斗》(2012年11月8日)。

共七大提出的建立"独立、自由、民主、统一和富强的新国家"的口号[1]，以及前面讲到的24个字的社会主义核心价值观，就反映了大多数中国人所追求的"中国梦"。

我们这一代中国人都是怀着这样的"中国梦"长大的，1949年以后，"中国梦"的基本元素仍然是大多数人认同的。但是前30年和后30年领导所选择的重点和为实现自己心目中的"中国梦"所选择的路径却不尽相同。前30年主要是依靠强有力的国家，实行高度集权的计划经济，通过所谓"社会主义工业化路线"来实现"中国梦"。为了建立强大、富强、独立的国家，不少东方国家认可所谓威权发展主义道路。中国的威权发展主义有两个特点：一是无节制地运用威权主义的国家强制；二是把经济增长放在优先地位，不惜一切代价谋求国家力量的加强。但是到了"文化大革命"后期，越来越多的人认识到这条道路是走不通的，所以才有了改革开放，也就是选择了新的实现"中国梦"的路径。

经过30多年艰苦的努力，我们向着实现"中国梦"的目标靠近了一步。但与此同时，经济社会矛盾也越来越突出：资源耗竭，环境破坏，腐败蔓延，贫富分化。这些显然都同大多数人所追求的"中国梦"背道而驰。现在人们对问题从何而来存在不同的解释。一种解释认为，根源在于21世纪初以来改革出现了停滞，这使矛盾变得越来越尖锐。也有一种完全相反的解释，认为问题都是由改革造成的。后一种观点有时也会占上风，这时一些领域的改革就会出现停滞甚至倒退。比如说，在一些重要产业中的"国进民退"。此外，法治受到破坏也是一

---

[1] 毛泽东：《论联合政府——1945年4月24日在中国共产党第七次全国代表大会上所作的政治报告》，刊于《解放日报》1945年5月2日，载《毛泽东选集》第三卷，北京：人民出版社，1991年，第1055页。

个重要问题。建立法治国家本来应当按照中共十五大提出的要求逐步推进，但是近年来有些地方的某些行为，例如在重庆"打黑运动"中公检法联合办案、未审先定罪等，都意味着对法治的破坏。

在十八大前的一年左右的时间里，人们热烈地讨论"中国向何处去"的问题。由于辨明了事实真相，愈来愈多的人要求推进改革。中共十八大与民众的要求相呼应，提出要坚持市场改革的方向，在建设法治国家和社会主义民主政治方面也提出了具体要求。这些，都给人以新的希望。至于这种希望能不能得到实现，还要看大家努力的结果。

中国改革的总体方案和当前举措 *

（2013 年 4 月）

自从中国经济增长在 2008 年全球金融危机的冲击下减速，人们就开始讨论，这种减速是周期性的，还是趋势性的。如果是前一种，那么经过一段时间，再配合刺激增长的短期政策，经济增长就可以恢复正常。如果是后一种，则需要针对造成这种经济下行趋势的深层原因采取措施。

现有数据完全可以确定，中国经济出现的是趋势性降速。其实中国经济早在全球金融危机爆发前的 2007 年第三季度，就开始进入下行通道。随后在 2009 年海量投资的刺激下，经济增长有了回升。但在人们欢呼中国经济已经率先实现软着陆以后不久，它又从 2010 年第三季度开始重新降速。2012 年，许多地方大大加强了城建投资的力度，这拉动了当年第四季度 GDP 增长率 0.5 个百分点的微量回升。但是今年第一季度，又重新回到了已经延续好几年的下行通道。

事实上，早就有学者指出，中国 GDP 增长率的升降只是现象层

---

* 本文是作者 2013 年 4 月 20 日提交给"中国经济 50 人论坛"的改革建议。

面的东西，还有更深层的问题需要加以研究和应对。正如温家宝总理在2007年3月的中外记者招待会上指出的，症结在于"中国经济存在着不稳定、不平衡、不协调、不可持续的结构性问题"。五年来，中国经济的上述结构性问题非但没有缓解，相反变得愈来愈严重。深层的结构失衡，已经从一种潜在的威胁变成造成资源短缺、环境破坏，宏观经济政策陷于两难，经济社会矛盾趋于激化和经济发展难以持续的现实推手。

这也就表明，用政府主导的海量投资来扭转中国经济的下行趋势和克服日益尖锐的经济结构问题，是难以奏效的。唯一的出路，是"以更大的政治勇气和智慧，不失时机深化重要领域改革"，消除经济发展的"体制性障碍"，并且在此基础上实现经济发展方式的转型。

以下我们首先讨论全面深化改革的总体方案，然后讨论为推出总体改革需要进行的准备。

一 改革的总体方案

市场经济是一个复杂精巧的巨大系统。进行系统化的市场经济改革需要预先进行顶层设计和总体规划。由于单项突进的改革措施往往效果很差，各方面的改革需要配套进行，而另一方面，目前面临的问题很多，需要进行的改革千头万绪，绝不能事无巨细，四面出击，所以，必须通过认真研究筛选出一组既关系密切又具有关键性的改革项目，形成所谓"最小一揽子"的总体改革方案。

这里提出一个由一项核心改革和四项配套改革组成的"最小一揽子"总体改革方案：

(一)核心改革:建设竞争性市场体系

市场在资源配置中的基础性作用,是通过在竞争中形成的、能够反映市场供求(即资源相对稀缺程度)的价格实现的。当前我国经济体制的最主要的缺陷,在于政府过多地行政干预和深度介入微观经济活动,使市场失去了竞争性质,难以发挥其有效配置资源和建立兼容激励机制的作用。过多的行政干预压制了企业作为市场主体、技术创新主体的主动性和创造性。为了建设竞争性市场体系,使商品、服务、土地、资本、劳动和技术等市场都建立在规则的基础上,进行平等有序的竞争,需要进行以下方面的改革:

• 明晰市场经济的产权制度基础。例如,要改变各级政府垄断征地的体制,在土地确权和赋权的基础上,建设全国统一的土地流转市场。

• 对现行法律、法规进行清理,确保"不同所有制主体的财产权利得到平等保护,不同所有制企业能够平等地使用生产要素"。

• 放开商品和要素价格(垄断行业的价格和服务标准则要由社会定价机构规定)。

• 完善反垄断立法,严格执法,消除目前严重妨碍市场有效运作的行政性垄断。

• 按照"市场能办的,多放给市场;社会可以做好的,就交给社会"的原则,划定政府职能边界,理顺政府、市场、社会之间的关系。禁止各级政府介入营利性经营活动。打破地方和部门保护主义。

• 全国法院系统归属全国人民代表大会领导。确保法官独立行使审判权。克服司法地方化的倾向。

• 改进宏观经济管理,禁止以"宏观调控"的名义对微观经济活动进行干预。市场监管实行"宽进严管"的方针,由事前监管转向事中事后监管，由实质性审批转向合规性监管。

（二）配套改革项目

1. 财政改革

· 划清公共部门与私人部门的边界，改变目前"经济建设支出"仍占各级财政支出很大比重的状况，各级政府预算回归公共财政的本来性质。

· 调整政府间财政关系，增加地方财政的本级收入和中央财政的支出责任；减少专项转移支付，建立计算公式基础上规范的转移支付制度。

· 提高预算的透明度，加强各级人民代表大会和公众对预算制定和执行情况的监督。

2. 金融体制改革

· 继续推进利率市场化和汇率市场化。

· 在银行间债券市场发展的基础上，发展全国统一的企业债券市场。

· 加快资本项下人民币可兑换的进程，放宽对企业和个人海外投资的限制。

· 继续推进人民币国际化。

3. 社会保障体系建设

· 回到1993年十四届三中全会《关于建立社会主义市场经济体制若干问题的决定》提出的"三支柱"养老保险体制。完善企业年金制度。

· 划拨部分国有股权和国有资产收益，充实个人社保账户。

· 总结过去三年的医疗改革经验，存利去弊，使医疗保障具有可持续性。

· 改善社会保障基金投资体制，实现养老保险基金的行政管理与投资管理分开。

• 提高社会保险的统筹层次，逐步实现全国统筹。

4. 国有经济改革

• 实现国有资产管理机构由管理企业到管理资本的转变。

• 继续推进国有资本布局有进有退的调整，开列竞争性行业名单，逐步实现国有资本从竞争性行业退出。

• 建立和完善公司治理机制。

二 为明年推出总体改革做好准备

进行总体改革是一项重大的战略行动。为了保证改革的顺利出台，除了精心设计总体方案和路线图，还需要做好一系列准备工作，其中包括：

（一）为聚集人气而进行的先期改革

为了提高政府政策的可信度和聚集改革的"人气"，一些学者提出应当在今年率先进行一些可以较快取得成效并且结果具有"可观察性"的改革。作为改革的突破口，这类改革要符合以下条件：与改革的总体目标相一致；能够快速启动；改革的实效明显，而且容易为大众观察到。可选项目包括：

1. 重启和推进过去停顿或放慢了的改革项目

• 按照 2002 年国务院 5 号文件批准的《电力体制改革方案》，推进电力部门的市场化改革。

• 重启 2003 年以后中断的铁路部门改革。

• 完成电信行业的市场化改革。限期实现电信网、广电网和互联网"三网合一"。强化运营商之间的竞争，以改进服务，降低资费，消解消费者的不满。

2.保质保量地实现国务院机构改革和职能转变已经启动的改革，并且随时向公众报告工作进度

• 清理和减少行政许可和行政审批项目，取消不符合行政法规和国务院规定的"达标"、评比、评估和相关检查活动。

• 简化和放宽工商登记条件，将实缴资本登记制改为认缴资本登记制。

• 现有行业协会、商会与行政机关脱钩，今后实行行业协会商会、科技、公益慈善、城乡社区服务等社会组织在民政部门直接登记的制度。

• 加快国有企业董事会改革进程和公司治理制度建设。

3.启动一批大众热切期待的改革项目

• 将空气质量、全体居民平均受教育年限、平均预期寿命、低收入阶层住房状况等大众反映强烈的指标列入对各级政府的考核要求。

• 提高国有企业利润上交国库的比例。

• 允许地方政府按照一定审批程序动用从竞争性行业退出的地方国有资本补充社会保障基金、公租房基金等公共基金的不足。

（二）创造和维护较为宽松的宏观经济环境

系统性改革的实施需要总需求和总供给比较协调的宏观经济环境的配合。如果出现经济过热、通货膨胀压力增大的情况，推出系统化的改革就会遇到很大的困难。因此，必须十分注意保护宏观经济环境不因信用膨胀、货币超发和流动性泛滥而遭到破坏。

• 中共中央、国务院率先垂范，践行"勤俭办一切事业"的原则。表彰用提高效率、创造良好的创新和创业环境、发挥小企业积极性等办法"稳增长"的先进典型。批评用上项目、加投资的办法拉升增长

速度的不良做法。

• 制止正在一些地区兴起的用大量投资"造城"来拉动经济增长的潮流，防止因此出现信用膨胀和货币超发。

• 对地方政府融资平台、信托贷款、城投债等进行清理和整顿，实现社会融资的规范化、透明化，防止出现大量不良资产和债务危机。

在新的历史起点上开启改革新征程[*]

（2013年12月）

中共十八届三中全会通过的《中共中央关于全面深化改革若干重大问题的决定》（以下简称《决定》），是中国下一轮改革的行动纲领和路线图。它在新的历史起点上，对以完善和发展中国特色社会主义制度、推进国家治理体系和治理能力现代化为总目标的全面改革做出了重要战略部署。

《决定》要求，以经济体制改革为重点全面深化改革。经济体制改革的总体要求，是"紧紧围绕使市场在资源配置中起决定性作用深化经济体制改革"，而"建设统一开放、竞争有序的市场体系，是使市场在资源配置中起决定性作用的基础"。这是整个《决定》的总纲。紧紧抓住这个总纲，"发挥经济体制改革牵引作用，推动生产关系同生产力、上层建筑同经济基础相适应"，将引领中国改革开放进一步深入，一个更加成熟的市场经济体制构架将建立起来，这对实现中华民族的腾飞具有伟大的历史意义。

---

[*] 本文根据作者在《前线》杂志2013年第12期上发表的文章《在新的历史起点上全面深化改革》改写而成。

十八届三中全会《决定》的历史背景

十八届三中全会《决定》是在总结过去30多年改革开放历史经验的基础上做出的新部署，也是针对现有体制缺陷所提出的改革开放新要求。

要深刻理解《决定》，有必要了解中国改革开放所取得的成就和遇到的主要问题。

中国现有的社会主义市场经济体制，是通过改革开放突破计划经济的原有框架，在20世纪末期建立起来的。

1992年1月到2月间，邓小平到南方视察，直接面对群众发表讲话，明确指出"计划多一点还是市场多一点，不是社会主义与资本主义的本质区别"。"南方谈话"发表后，广大干部群众热烈响应，改革得以再次启动。1992年6月9日，江泽民总书记在中央党校省部级干部进修班上发表重要讲话，指出"市场是配置资源和提供激励的有效方式，它通过竞争和价格杠杆把稀缺物资配置到能创造最好效益的环节中去，并给企业带来压力和动力"。所以，在当时理论界对改革目标的几种提法中，他明确表示倾向于使用"社会主义市场经济体制"。1992年10月召开的中共十四大正式决定："我国经济体制改革的目标是建立社会主义市场经济体制"，并且对社会主义市场经济体制做出了科学界定："社会主义市场经济体制，就是要使市场在社会主义国家宏观调控下对资源配置起基础性作用"。

在改革目标模式确定后，经过一年多的研究准备，1993年11月中共十四届三中全会通过的《中共中央关于建立社会主义市场经济体制若干问题的决定》，按照整体推进、重点突破的改革战略，对市场经济各个子系统（包括财税体系、金融体系、外贸体系和外汇制度、社会保障体系、国有经济等子系统）的改革，各个子系统改革之间的配合关系和时间顺序，做了比较细致的安排。从 1994 年开始，政府按照十四届三中全会的改革规划进行了财税体制、银行体制、外汇管理体制、国有经济体制、社会保障体制等多方面的改革。

其后，1997 年的中共十五大又做出决定，进一步界定国有经济、公有制经济和私有经济在我国社会主义市场经济中的地位和作用，要求调整和完善我国所有制结构，以期确立"公有制为主体、多种所有制经济共同发展"的基本经济制度。

正是根据十四大和十四届三中全会的总体设计和行动纲领进行的全面改革，使我们在 20 世纪末、21 世纪初初步建立起社会主义市场经济的基本框架。

社会主义市场经济体制改革目标和基本框架的确立，解放了计划经济体制所束缚的生产力：中国人民的创新精神和创业能力释放了出来，大量原来没有充分发挥作用的人力、物力资源得到了更有效的利用，通过引进国外的先进装备和吸收国外的先进技术，中国与发达国家之间在过去 200 多年间积累起来的巨大技术水平差距迅速缩小，出口的持续快速扩张弥补了内需不足的缺陷。这些力量共同造就了 20 世纪 90 年代以来中国经济持续的高速增长，中国也从低收入国家进入中等收入国家行列。

但是，在 20 世纪末、21 世纪初建立起来的市场经济制度还只是初步的、不完善的，整个经济体制还背负着沉重的命令经济体制遗产，是一种"半统制、半市场"经济体制。这一体制的不完善性主要表现为，政府和国有部门在资源配置中仍然发挥着主导作用：首先，国有经济仍然控制着国民经济命脉，国有企业在石油、电信、铁道、金融等重要行业中继续处于行政性垄断地位；其次，各级政府握有支配土地、资金等重要经济资源流向的巨大权力；第三，现代市场经济不可或缺的法治基础尚未建立，各级政府的官员有很大的自由裁量权，通过直接审批投资项目、设置市场准入的行政许可、管制价格等手段对企业的微观经济活动进行频繁的直接干预。

体制的不完善造成了一系列消极的经济社会后果。首先，1953—1957年第一个五年计划时期从苏联引进的粗放增长方式造成的种种弊病，如资源过度消耗、劳动者收入提高缓慢、通货膨胀反复出现等，一直困扰着中国经济。其次，双重体制并存造成寻租的庞大基础，腐败以制度化的方式迅速蔓延。

面对这种情况，是继续深化改革，克服妨碍我国经济社会发展的"体制性障碍"，建设更加成熟完善的市场经济体制，还是强化从旧体制继承来的遗产，回归命令经济的老路，就成为各界人士关注的焦点。在这个"中国向何处去"的问题上，形成了截然不同的两种思路：

一种观点认为，近年来发生的种种问题，都是缘于市场化的改革方向，因此，解决的办法，就是建立以国有经济主导国民经济、强势政府"驾驭"市场为主要特征的体制模式。这种体制模式能够正确制定和成功执行符合国家利益的战略和政策，体现"集中力量办大事"的优势。它不但创造了30年高速增长的奇迹，而且能够在全球金融危机的狂潮中屹立不倒，为发达国家所艳羡，可以充当世界的楷模。

另一种观点针锋相对，指出中国过去30年高速增长的奇迹来源于市场化改革解放了人们的创业精神，而开改革的倒车，强化政府的管控和抑制市场的作用，不但不能维持经济持续增长，而且早晚会造成严重的经济社会后果。所以，唯一的出路在于坚持改革开放的路线，全面深化经济社会政治体制改革，完善社会主义市场经济体制。

在十八大前相当长的一段时间,双方争论非常激烈,前一种声音的力量非常强大,并在很多领域影响了政策。从经济上说,与强势政府控制整个社会体制相适应的粗放型增长方式造成的资源枯竭、环境破坏、居民生活水平提高缓慢等问题愈演愈烈,宏观经济领域出现了货币超发、资产泡沫生成和国家资产负债表加速恶化等病象。如果不能尽快打破体制性的障碍,实现经济发展方式的转变,铲除权力寻租的基础,经济和社会的灾难将不可避免。从政治上说,各级政府日益强化的资源配置的权力和对经济活动的干预,使腐败迅速蔓延,贫富差距日益扩大,官民矛盾激化,甚至可能酿成社会动荡。

去年春季以后,形势的发展使社会舆论发生了积极的变化。所谓威权发展主义造成的恶果变得愈来愈明显。愈来愈多的人意识到,邓小平1992年"南方谈话"时说过的话依然适用,就是:不改革开放,只能是死路一条。

《决定》对大争论给出了明确的回答

十八届三中全会《决定》不负众望,对强调市场在资源配置中的作用还是强调政府"驾驭"和管控市场这样一个过去几年激烈争论的根本方向性问题,给出了明确的回答。《决定》指出:"经济体制改革是全面深化改革的重点,核心问题是处理好政府和市场的关系,使市场在资源配置中起决定性作用和更好发挥政府作用。"

《决定》要求"紧紧围绕使市场在资源配置中起决定性作用深化经济体制改革",明显继承和发展了十四大以来关于社会主义市场经济的提法。过去中共中央的提法是要使市场在资源配置中"起基础性作用"。在我看来,现在把"基础性作用"改为"决定性作用"的重要意义在于，它表明了中共中央坚定、明确的态度。这样，就给全面深化改革规定了正确方向。

在如何处理好政府和市场关系的问题上，《决定》也指出了问题的另外一个基本方面，这就是"更好发挥政府作用"。

这里的关键问题是，在社会主义市场经济中，怎样才能更好地发挥政府的作用。多年来，各级领导机关管了许多自己不该管也管不好的事情。广泛的行政干预和直接介入，以及国有大企业的行政垄断，压制了企业作为市场主体、技术创新主体的主动性和创造性。这使市场难以发挥其有效配置资源和建立兼容激励机制的作用。所以，要更好地发挥政府的作用，首要的事情，就是界定政府的职能，改变原有体制下政府简直无所不管的状况，将其改造为宪法和法律约束下的有限政府和有效政府。

《决定》正是这样做的。它对政府的职能做出了界定，指出政府的职责和作用主要是"保持宏观经济稳定，加强和优化公共服务，保障公平竞争，加强市场监管，维护市场秩序，推动可持续发展，促进共同富裕，弥补市场失灵"。其中"弥补市场失灵"是总括性质的，"保持宏观经济稳定"、"加强和优化公共服务，保障公平竞争，加强市场监管，维护市场秩序"是最基本的方面，"推动可持续发展，促进共同富裕"是要努力实现的社会目标。

首先，维护宏观经济稳定是政府的基本职责。中国宏观调控体系由计划经济体系演化而来，还带有明显的过渡性特征。这特别表现在很多人将运用行政手段对企业和产业的微观经济活动进行干预也误认为"宏观调控"。一谈稳定价格水平，就去管制个别产品的价格。这样一来，不但物价总水平没有从源头上管住，反而破坏了市场通过相对价格变化有效配置资源的基本机制。《决定》正本清源，明确指出：

宏观调控，就是以财政政策和货币政策为主要手段，保持经济总量平衡，促进重大经济结构协调和生产力布局优化，减缓经济周期波动影响，防范区域性、系统性风险，稳定市场预期。这与现代市场经济的宏观经济管理理念相一致。按照这样的原则进行宏观经济管理，就可以避免政府在宏观调控方面的错位和越位行为，加强宏观稳定政策的针对性和有效性。

其次，加强和优化公共服务是政府的另一项基本职责。在各种政府必须提供的公共服务中，为市场的有效运行建立一个良好的制度环境又是重中之重。《决定》一方面要求"最大限度减少中央政府对微观事务的管理，市场机制能有效调节的经济活动，一律取消审批"；一方面要求"保障公平竞争，加强市场监管，维护市场秩序"，"建立公平开放透明的市场规则"。这都体现了进一步强化这一方面职能的要求。

正因为《决定》系统回应了多年来关于改革目标和改革方向的主要争论，也明确了以怎样的方式解决现实经济体制的突出问题，我们说"使市场在资源配置中起决定性作用"，实质上是中国下一步经济体制改革的灵魂和纲领，也是新一轮改革的基本原则和检验标尺。

进一步明确市场经济体制的基本框架

十八届三中全会《决定》的另一个重要提法是："建设统一开放、竞争有序的市场体系，是使市场在资源配置中起决定性作用的基础。"这一提法之所以重要，是因为如果没有一定的体制基础，市场在资源配置中的决定性作用是无从发挥的。过去我们虽然也提出过"要使市场在资源配置中起基础性作用"，甚至要求"充分发挥市场在资源配置中的基础性作用",但是由于能够使市场发挥作用的体制基础没能建立或受到侵蚀,这种作用并没有能够得到应有的发挥。

我国现有市场经济体制存在的突出问题,主要表现在以下五个方面:一是"条块分割"、市场碎片化;二是对不同的市场主体存在歧视,而不是平等开放;三是政府行政干预过多,使市场失去了不可或缺的竞争性质;四是市场无序,而不是在规则(法治)的基础上有序竞争;五是各类市场的发展程度参差不齐,商品市场发展也许还可以说差强人意,要素市场就发育程度低下。

十八届三中全会《决定》关于建设统一开放、竞争有序的市场体系的要求切中时弊,为存利去弊、达成改革的目标设定了基本方向。

由此可以得出结论,建设统一开放、竞争有序的市场体系,是经济体制改革的核心内容。它旨在使商品、服务、土地、资本、劳动力和技术等市场都建立在规则的基础上,进行平等有序的竞争,从而形成能够反映资源稀缺程度的价格,实现有效配置资源和建立兼容激励机制的功能。

过去几年,官产学各界从现存问题入手,研究如何完善我国市场经济制度的时候,对于如何建设竞争性市场体系,提出了多项改革的建议。我曾经把最必须的改革归纳为以下7项:1.明晰市场经济的产权制度基础,并保证不同所有制主体的财产权利都得到平等的保护;2.不但实现商品、服务价格的市场化,还要实现利率、汇率等要素价格的市场化;3.按照"市场能办的,多放给市场;社会可以做好的,就交给社会"的原则划分政府的职能边界,禁止政府以"宏观调控"名义对微观经济活动进行干预;4.完善反垄断立法,严格执法,消除目前严重妨碍市场运作的行业垄断和地区保护;5.确保宪法所规定的公民权利不受侵犯和法官独立行使审判权;6.实行"法无禁止,即可进入"的原则,简化工商登记手续,亲商利民;7.改进市场监管办法,实行"宽进严管"的方针,由事前监管为主转向事中和事后监管为主,由实质性审批转向合规性监管。

现在,几乎所有这些改革的要求和建议,都在十八届三中全会《决定》中得到了程度不同的体现。

首先,关于确立市场的产权制度基础,《决定》明确指出:"公有制经济和非公有制经济都是社会主义市场经济的重要组成部分,都是我国经济社会发展的重要基础";"公有制经济财产权不可侵犯,非公有制经济财产权同样不可侵犯";"国家保护各种所有制经济产权和合法利益,保证各种所有制经济依法平等使用生产要素、公开公平公正参与市场竞争、同等受到法律保护";"坚持权利平等、机会平等、规则平等,废除对非公有制经济各种形式的不合理规定,消除各种隐性壁垒,制定非公有制企业进入特许经营领域具体办法"。目前土地产权制度存在很大的缺陷,它既使农民的财产权利受到限制,也不利于新型城市化的推进。《决定》要求:"建立城乡统一的建设用地市场。在符合规划和用途管制前提下,允许农村集体经营性建设用地出让、租赁、入股,实行与国有土地同等入市、同权同价。""建立兼顾国家、集体、个人的土地增值收益分配机制,合理提高个人收益。"

第二,关于实现价格市场化。《决定》要求,"凡是能由市场形成价格的都交给市场,政府不进行不当干预"。具体来说,要完善人民币汇率市场化形成机制,加快推进利率市场化;推进水、石油、天然气、电力、交通、电信等领域价格改革,放开竞争性环节价格;政府定价范围主要限定在重要公用事业、公益性服务、网络型自然垄断环节,提高透明度,接受社会监督。

第三,划分政府的职能边界。《决定》要求,进一步简政放权,深化行政审批制度改革，最大限度减少中央政府对微观事务的管理，市场机制能有效调节的经济活动，一律取消审批，对保留的行政审批事项要规范管理、提高效率；直接面向基层、量大面广、由地方管理更方便有效的经济社会事项，一律下放地方和基层管理。

第四，关于反对垄断和实施竞争政策。《决定》明确反对垄断和不正当竞争。《决定》还指出："防止地方保护和部门利益法制化"，要求进一步破除各种形式的行政垄断。对于国有资本继续控股经营的自然垄断行业，"实行以政企分开、政资分开、特许经营、政府监管为主要内容的改革，根据不同行业特点实行网运分开、放开竞争性业务，推进公共资源配置市场化"。按照这一要求，现行的《反垄断法》关于行政垄断的规定显然需要进行修订，还需要设立强有力的反垄断执法机构，授予法院监督政府的行政行为、纠正不当行为的权力，要改变目前行政诉讼中只有具体行政行为可诉的规定，将可诉性扩及违反上位法规定的行政法规。

第五，关于建设法治国家。《决定》明确提出"建设法治中国"目标，"坚持依法治国、依法执政、依法行政共同推进，坚持法治国家、法治政府、法治社会一体建设"；强调"维护宪法法律权威"，"要进一步健全宪法实施监督机制和程序，把全面贯彻实施宪法提高到一个新水平"；"建立健全全社会忠于、遵守、维护、运用宪法法律的制度"，"坚持法律面前人人平等，任何组织或者个人都不得有超越宪法法律的特权，一切违反宪法法律的行为都必须予以追究"；实现司法公正，"确保依法独立公正行使审判权检察权"；"建立公平开放透明的市场规则"；"建设法治化营商环境"；深化司法体制改革和行政执法体制改革，"保证国家法律统一正确实施"。

第六，关于实行"非禁即行"的法治原则。《决定》规定："在制定负面清单基础上，各类市场主体可依法平等进入清单之外领域。探索对外商投资实行准入前国民待遇加负面清单的管理模式。推进工商注册制度便利化，削减资质认定项目，由先证后照改为先照后证，把注册资本实缴登记制逐步改为认缴登记制。"在金融领域，《决定》要求："扩大金融业对内对外开放，在加强监管前提下，允许具备条件的民间资本依法发起设立中小型银行等金融机构。"

第七，关于改进市场监管。《决定》要求："改革市场监管体系，实行统一的市场监管，清理和废除妨碍全国统一市场和公平竞争的各种规定和做法，严禁和惩处各类违法实行优惠政策行为"，"健全多层次资本市场体系，推进股票发行注册制改革，多渠道推动股权融资，发展并规范债券市场，提高直接融资比重。"

总之，建设统一开放、竞争有序的市场体系，要按照《决定》所指出的："必须加快形成企业自主经营、公平竞争，消费者自由选择、自主消费，商品和要素自由流动、平等交换的现代市场体系，着力清除市场壁垒，提高资源配置效率和公平性。"

打好全面深化改革攻坚战

十八届三中全会《决定》明确规定了全面深化改革的目标、重点和主要举措，为建设市场经济体制制定了一个很好的总体方案。现在的任务，就是努力使《决定》做出的各项部署落到实处。

我们必须清醒地认识到，贯彻执行《决定》会遇到各种阻力和障碍，在新的改革征程上是充满着艰难险阻的。所谓的艰难险阻，大体上是指四方面的困难和阻力：

第一，是从旧意识形态产生的障碍。因为中华人民共和国成立之初，引进的是苏联的一套政治经济体制，反映这一模式的思想和理论有着深远的影响。我们这代人基本上是中华人民共和国成立以后上大学的。1952年"院系调整"以后，经济学科的教材就全部从苏联引进，老师也到中国人民大学接受苏联专家培训两年后再回来教我们。我们之后的几代人也许比我们好一点，但是也好不了多少。邓小平早就指出，"照搬苏联搞社会主义的模式，带来很多问题。我们很早就发现了，但没有解决好。"[1] 由于没有经过认真的清理，这套思想和理论至今仍然保持着一定的迷惑力。所以就像邓小平所说："'左'已经形成了一种习惯势力。现在中国反对改革的人不多，但在制定和实行具体政策的时候，总容易出现有一点留恋过去的情况，习惯的东西就起作用，就冒出来了。"[2] 邓小平倡导中国特色的社会主义，他的针对性是十分清楚的，就是这种社会主义必须有别于苏联模式的社会主义。现在有些人虽然嘴里也讲建设中国特色社会主义，可内容还是苏联那一套。另外值得注意的是，一些在旧体制中有特殊既得利益的人也会打着"左"的旗帜反对十八大和十八届三中全会所要求的改革。

最主要的是第二类，就是来自特殊既得利益的阻力。应该说改革30多年来，绝大多数中国人都得到了利益，因此可以说，他们都是改革的既得利益者。有些人认为，过去30多年的改革只使少数人得益，多数人并没有获得利益。我不这么看。如果你有认识的农民或"农民工"，你不妨和他们聊一聊他们过去的生活和现在的生活。千千万万的人在新的体制下靠自身的努力，不管是靠勤于劳动还是靠善于经营，

---

[1] 邓小平（1988）：《解放思想，独立思考》，载《邓小平文选》第三卷，北京：人民出版社，1993年，第261页。

[2] 邓小平（1987）：《吸取历史经验，防止错误倾向》，载《邓小平文选》第三卷，第229页。

得到了经济地位和物质生活的改善。这也是一种既得利益。这种既得利益并不会导致他们反对进一步改革。另外还有一种既得利益，说到底，是从改革停滞倒退得到的既得利益，这就是靠权力寻租取得的利益，我把它叫作特殊的既得利益，以便和大众从改革中得到的利益相区隔。这种靠权力发财致富的特殊既得利益者，肯定会形成我们进一步改革的障碍。由于政府在资源配置中起主导作用的行政权力是特殊既得利益者发财致富的制度基础，他们是不会轻易放弃的。而且21世纪以来，由于寻租活动的蔓延和猖獗，代表这种特殊既得利益的贪腐势力也变得相当强大，所以，这种势力必然成为全面深化改革的阻力和障碍，我们切不可掉以轻心。

第三个方面的困难，是现代市场体系的建设对每一个参与其中的人提出了很高的要求，我们的学养和能力很难满足这样的要求。我们现在的改革跟以前的改革不一样，不管是20世纪80年代还是90年代，整个中国经济还处在比较低的水平上，只要采取一点放开搞活的措施就能够马上取得解放人们的创造力、提高人们的积极性的效果。我们现在所要建设的，是现代市场经济体系。这是一个极其巨大又无比精巧的系统。改革所面临的问题还非常复杂。拿我自己来说，常常感到过去在学校里学习和后来自学的经济学不能应付现在需要完成的任务。比如说怎样进一步发展我们的资本市场，就不断有新的东西需要学习。

第四个问题，就是贯彻落实《决定》还有实际工作提出的挑战。旧体制虽然有很大的运作困难，但经过长时期的磨合，它的各个环节是大体能够相互衔接和配合的。一旦其中某些环节发生了改变，即使这种改变是进步性的，也有可能发生整个系统的运转困难。比如，当土地市场的运转"赋予农民更多财产权利"、"保障农民公平分享土地增值收益"，过去一些地方政府赖以实施大规模城建投资的"土地财政"就可能难以维持，有些地方甚至发生偿还债务困难。《决定》允许地方政府通过发债等多种方式拓宽城市建设融资渠道，这又是一个很复杂的工程，地方政府在什么情况下可以发债？谁对债务进行负责？怎么监督？地方债市场怎么监管？这些问题需要一整套的解决方案。

此外，为了打好这场全面改革的攻坚战，还需要注意维持一个比较宽松的宏观经济环境，防止由于国家资产负债表中杠杆率[1]过高引起系统性风险。

根据过去的改革经验，在一个总需求大于总供给、各方面绷得很紧的经济环境下，全面深化改革的措施很难推出，即使推出，风险也比较大。鉴于国家资产负债表杠杆率过高的实际情况，不宜继续使用放松信贷和大规模投资等刺激手段拉升短期增长率。对于短期宏观经济波动，除了注意灵活运用宏观政策措施来应对，还要用对负债率过高和资不抵债的企业进行债务重组、盘活资产存量、实施银行资产证券化、偿还社会保障和公租房或有负债等措施，降低国家资产负债表的杠杆率，防止出现系统性风险。《决定》要求编制全国和地方资产负债表，建立全社会房产、信用等基础数据统一平台，这也是保障宏观经济稳定和支持全面改革顺利出台的必要措施。

总之，贯彻落实《决定》，要求各级党政领导以更大的政治勇气和智慧，打破障碍，克服困难，推进全面改革。所谓以更大的政治勇气推进全面改革，就是要有坚决捍卫改革开放伟大旗帜的政治决心，克服来自旧意识形态和来自特殊既得利益的阻力和障碍。所谓以更大

---

[1] 杠杆率指负债对GDP的比率，负债率则是指负债对资产总量的比率。

的智慧推进全面改革，就是要以很高的专业素养和运作艺术去规避风险和解决体制转轨过程中必然发生的种种困难。各级官员一定要有自我革新的勇气和胸怀，跳出条条框框限制，克服部门利益掣肘，以积极主动精神研究和提出改革举措。每一位共和国公民也有权利有义务来参与正在展开的改革，共同推动全面改革走向深化。

中国经济面临的挑战与选择[*]

（2015 年 11 月）

中国经济面临的挑战与选择，是当前我国各级政府和民间大众普遍关心的问题。这个问题内容复杂，我们有必要首先对问题的症结做出梳理，然后讨论不同的应对方案选择。

"三期叠加"的挑战

中国经济目前面临着复杂的形势：一方面，经过 30 多年的改革，中国的经济实力和国际地位都有了很大的提升，而且有着良好的发展前景；另一方面，中国又面临许多严峻的挑战。对于这种状况，刚刚闭幕的十八届五中全会做出了一个精练的总结："我国发展仍处于可以大有作为的重要战略机遇期，也面临着诸多矛盾叠加、风险隐患增多的严峻挑战。"

那么，"面临着诸多矛盾叠加"，是哪些矛盾叠加；"风险隐患

---

[*] 本文根据作者 2015 年 11 月 12 日在浙江大学的讲演整理而成，发表于《中共浙江省委党校学报》2016 年第 1 期，发表时有增删。

增多",是哪些隐患增多?在这些矛盾、隐患、挑战中,最重要的又是什么呢?我以为,2013年中共中央提出的"三期叠加",正是这些矛盾、隐患和挑战的集中概括。

第一个"期",是"经济增长速度换挡期"。简而言之,也就是经济增长速度下行。

第二个"期",是"结构调整阵痛期"。在1995年制定第九个五年计划(1996—2000年)的时候,有关方面就提出了我国经济增长方式缺乏效率和经济结构失衡的问题。遗憾的是,"九五"特别是"十五"期间经济增长方式没有转变过来,到了2006年制定"十一五"规划的时候,就发现存在明显的"经济结构失衡"。产业结构的失衡主要表现为"重重轻轻"、服务业严重落后。内部经济结构失衡主要表现为投资率畸高和消费率过低。外部失衡则主要表现为外汇结余的大幅度增加,造成了货币超发和资产市场泡沫生成。从那时到现在,实现结构优化变得越来越迫切了。实现经济结构再平衡需要付出的代价、忍受的痛苦成为今日的负担。

第三个"期",是"前期刺激政策消化期"。长期以来,人们总是偏好于用增加投资的刺激政策来保持高增长率。近年来,刺激政策的副作用变得愈来愈明显。其中最突出的表现是资产负债表中的负债迅速积累。为了避免债务积累导致局部性乃至系统性风险,必须动用资源加以消化。

在上述这些矛盾、隐患和挑战中,大家最尖锐地感觉到的是经济增长速度的下降。由于过去许多经济问题和社会矛盾都是靠数量扩张来"摆平"的,一旦经济增长减速,这些问题和矛盾就显露出来了。因此,在最近一段时间,增长减速和与之相关的问题受到了官、产、学各界人士最大的关注和热烈的讨论。

基于两种不同的分析方法提出的不同应对策略

各界人士在讨论中国经济面对的问题和可选的应对策略时，采取了多种多样的分析方法，提出了各种各样的对策建议。这些分析和建议大体上可以分为两类[1]。

第一种分析方法，可以叫作需求侧因素分析法。这是 2008 年全球金融危机发生以来在中国最为流行的一种分析方法。根据这种分析方法，经济增长速度下降的原因是消费、投资、净出口这"三驾马车"力量不足，拉不动中国经济这辆大车。要"保增长"，就得振作这"三驾马车"的力量，叫作"扩需求、保增长"。

在我看来，这种分析方法和应对策略，不论在理论上还是在实际上都是有很大问题的。

从理论上说，这种分析方法是凯恩斯主义短期分析框架的变形。

$$Y = C + I + (Ex － Im) + (G － T)$$

凯恩斯主义经济学认为，一个经济体的产出（供给）总量（Y）受到需求总量的约束，而需求总量则是由消费（C）、投资（I）、净出口（Ex － Im）、财政赤字（G － T）构成的。发生经济衰退的原因

---

[1] 对于中国经济下行的根本原因是需求不足还是供给动力缺失，一直存在着争论。本书作者和钱颖一、余永定等教授多次就这个问题发表过自己的意见。已故经济学家青木昌彦在提供给 2015 年 3 月 21 日在北京举行的"中国发展高层论坛"的论文《对中国经济新常态的比较经济学观察》中，把这两种不同的分析方法分别命名为"需求侧因素分析"和"供给侧因素分析"。他指出："要探索新常态下持续增长的可能性，较之着眼于需求侧的因素（比如说'三驾马车'），要更加注重对供给侧的因素的审视。"（参见《比较》辑刊 2015 年第 2 辑发表的该论文的中文译稿）

是需求不足，因此在出现经济衰退时，要由政府运用扩张性的宏观经济政策创造需求来加以救助。

"三驾马车"分析法在需求侧的四个因素中选取了其中前三项作为讨论中国经济长期发展趋势的依据。

需要注意的是，凯恩斯主义的理论和政策所针对的是经济学所说的短期问题。凯恩斯对这一点说得很清楚。他在回应自由主义经济学家关于市场能够自动出清而无须政策干预的批评时承认，从长期来说市场的确能够使它恢复平衡，但是他说："从长期看，我们都死了。（In the long run, we are all dead.）"这就是说，尽管从长期看市场经济会经过波动自动实现再平衡，但如果不采取救助措施，就会在短期内造成难以补救的损失。所以，且不说经济学界对于凯恩斯主义的宏观经济理论是否合乎实际存在争论，即使认为凯恩斯主义的宏观经济理论完全正确，用凯恩斯主义的短期分析框架去分析中国的长期经济发展趋势，也是一种误用。[1]

从实际效果上看，中国在相当长时期内采取凯恩斯式的刺激政策来拉动增长，带来了两个问题：第一，经济学所说投资回报递减规律的作用已经充分显现出来。

从图6可以看到：2009年实施4万亿投资和10万亿贷款的强刺

---

[1] 对于这个问题，清华大学的钱颖一教授在2015年3月的一次访谈中做过清楚的说明。他指出，现在的问题不是周期性的、短期的，而是趋势性的、进入中等收入阶段后的增速下滑和结构调整。这些问题不是需求端的短期刺激政策所能应对的，现在人们太注重投资、消费、净出口等"三驾马车"的短期拉动，必须转向供给端的政策和改革。民间要靠创新创业。政府要转变职能，成为服务型政府，主要是提供公共服务"软件"，而不是直接投资和建立科技园"硬件"（见王力为：《我们的问题不是短期问题——专访钱颖一》，《中国改革》2015年第4期）。

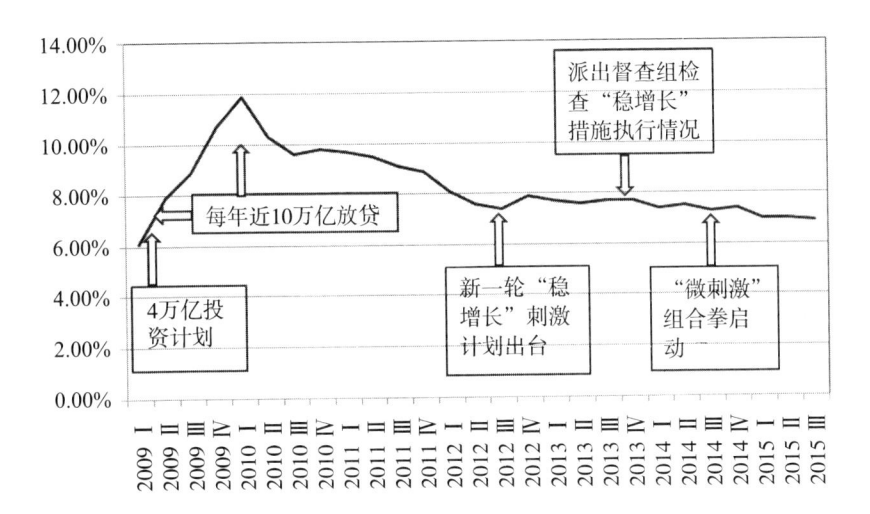

图中标注文字：
- 派出督查组检查"稳增长"措施执行情况
- 每年近10万亿放贷
- 4万亿投资计划
- 新一轮"稳增长"刺激计划出台
- "微刺激"组合拳启动

数据来源：国家统计局网站、新华网。

图6　GDP 季度同比增长率（2009—2015）

激以后，很快就把 GDP 增长率拉升了 3—4 个百分点；从 2009 年第四季度到 2010 年第二季度甚至连续 3 个季度达到 10% 以上，然后就开始掉头向下。近几年来，几乎每年都会出台一些保增长的刺激措施，刺激的力度也并不弱，但是效果却每况愈下，回升的时效愈来愈短。最近一年甚至完全看不到它的提升作用，GDP 增长率仍然一路下行。从 2011 年到 2014 年的 4 年中，GDP 增长率分别是 9.2%、7.8%、7.7%、7.4%。今年上半年降到 7.0%，第三季度进一步降到 6.9%。

第二，债务的过度增加和杠杆率的迅速升高，使风险加速积累。投资刺激意味着投入更多的资源，但如果没有足够的资源，那么只能靠发行货币和用其他方式借债。这就使我国的国民经济中的负债积累起来，国民资产负债表的杠杆率（负债总额对一年 GDP 总额的比率）上升得很快。

国民资产负债表由居民负债表、企业负债表和各级政府负债表三个部分组成。

2012年，中国社会科学院、中国银行和复旦大学分别做了国家资产负债表（或称国民资产负债表）。三家统计的结果相差不大，总的说来负债率偏高，但还在可控的范围之内。但是到了2013年，三家研究团队都发现，国民资产负债表的杠杆率提高得很快。去年和今年，有更多国内外机构加入了这一研究，它们认为中国的杠杆率已经超出了警戒线。一般来说，总的杠杆率达到200%以上就要引起注意了。各家计算的结果存在少量差异，在这里，我们选用了麦肯锡全球研究院的研究。

从图7可以看到，从2000年到2007年，中国国民资产负债表的杠杆率虽然有所上升，但是速度并不是很快。之后却猛然加速。到了2014年，总的杠杆率已经超出了公认的警戒线，达到了283%的高位。过高的杠杆率，意味着发生系统性风险的可能性增大。而系统性风险如果爆发，对国民经济造成的破坏将是非常严重的。为了避免我国经济出现系统性风险，我们一定不要再走靠盲目投资拉动增长的老路。

也有论者认为，中国国民资产负债表的杠杆率远没有达到日本400%的高度，不存在发生系统性风险的可能。这些论者可能没有看到这样的情况：日本国民资产负债表的债务率虽高，但主要集中在政府的资产负债表中，企业的现金流仍然充裕，而政府债务是由国家主权信用担保的，一般不易出现偿债危机。而在我国的国民资产负债表中，居于首位的是企业债务，非金融企业的杠杆率高达125%，远超过欧盟90%的红线，容易出现企业资金链断裂的风潮。

第二种分析方法是对供给侧因素进行分析。

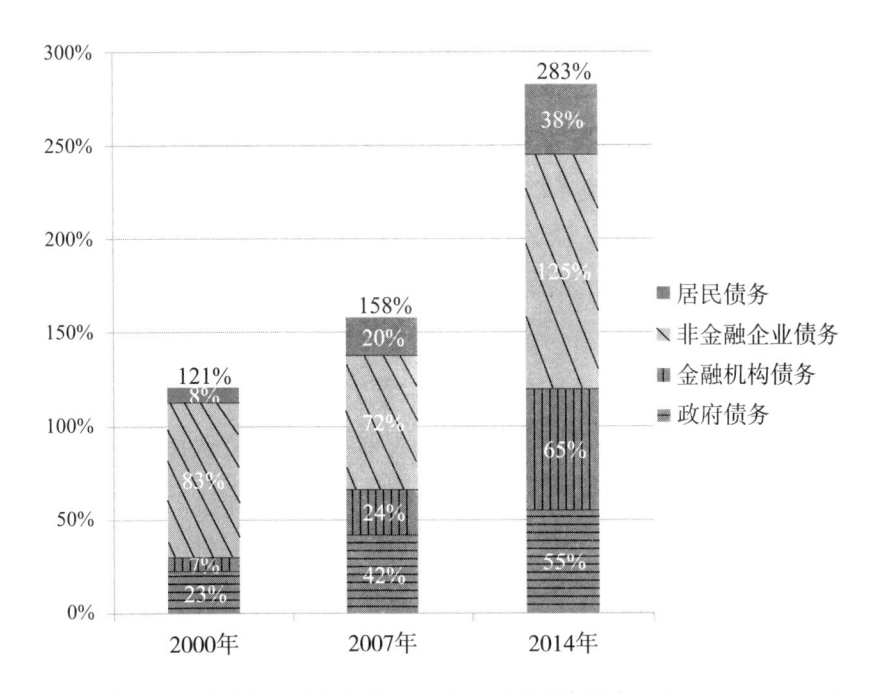

资料来源：麦肯锡全球研究院 2015 年 2 月的研究报告：*Debt and (not much) Deleveraging*。

图 7　杠杆率（债务对 GDP 比率）变化情况（2000—2014）

从供给侧的视角观察，经济活动总量（Y）是由劳动力总量（L）、资本总量（K）和效率水平（A，即 TFP）三个基本因素决定的。也就是说，增长有三个基本的动力：劳动力增量、资本增量（即投资）和全要素生产率（Total Factor Productivity，简称 TFP）的提高。

$$Y = A \cdot K^{\beta} \cdot L^{1-\beta}$$

20 世纪中期以前，在分析供给增长的驱动因素时，通常只归结为新增劳动力和新增资本（投资）这两个因素。人均 GDP 增长的动力就只剩下投资一项了。由这里导出了著名的"哈罗德-多马增长模型"（Harrod-Domar Model）。按照这一增长模型，投资率越高，增长率也越高。这在相当长时期内成为一些发展中国家和国际组织（如世界银行）的信条[1]，认为发展的要诀，就是尽力增加投资来提高它们的 GDP 增长率。但是这个理论本身包含着一个很大的悖论：由于投资报酬递减规律的作用，要保持一定的增长率，就必须不断地提高投资率，而投资率是不可能无限提高的。1956 年，美国经济学家 R. 索洛（Robert Solow）对这个模型提出了质疑。他用美国 20 世纪前 49 年的数据做了回归，发现增长率并未下降，投资率也并未提高。据此，他提出一个假设：推动经济增长的，除新增劳动力和投资外还有一个余值，这就是"索洛余值 A"，也就是我们现在做经济分析时经常用的"全要素生产率"（TFP）。索洛把这个余值的内容界定为技术进步，即运用资源方法的改进。另外两位研究发展经济学的诺贝尔经济学奖获得者库兹涅茨（Simon Kuznets）和舒尔茨（Theodore Schultz）对索洛余值的来源从不同的角度做出了解释。库兹涅茨说，现代经济增长的重要动力，是"基于科学的技术的广泛运用"。第一次产业革命以前的新技术，通常是"熟能生巧"，从经验中获得的，但在那以后，特别是第二次产业革命以后，突破性新技术通常是在科学研究成果的基础上产生的。这就使得技术进步的广度和深度都大大地提高了。舒尔茨则认为，它得益于人力资本（即劳动者）的知识和技能的提升。舒尔茨说，和物质资本投资报酬递减的情况不同，人力资本投资是回报递增的。尽管他们三人在对现代经济增长中效率提高的源泉做出说明时用语不尽相同，但他们和大多数经济学家一样，认为现代经济增长的

---

1 这也是苏联政治经济学的重要信条。斯大林在他的最后著作《苏联社会主义经济问题》（1952）中，还把"积累（即投资）是扩大再生产（即增长）的唯一源泉"和"生产资料生产的增长占优先地位"并列为"马克思主义再生产理论的基本原理"（参见《斯大林选集》下卷，北京：人民出版社，1979 年，第 600 页）。

主要驱动力量在于技术进步和效率提高。

从投资驱动的增长到效率驱动的增长，用我们现在的党政文件中的话来说，就是"经济增长方式转变"。"经济增长方式转变"这个概念来自苏联。1995年中共中央在制定"九五"（1996—2000年）计划的建议中引进这个概念时，它的含义是清楚的，就是从投资驱动转向效率驱动。如今20年过去了，什么是"经济发展方式转变"反倒变得模糊了。近来报刊上比较流行的说法是从投资驱动转为消费驱动。这样一来，又从供给侧因素的分析转回到需求侧因素的分析去了。

这一理论模型和分析框架对于为什么中国经济在改革开放以后能够长期保持很高的增长速度，以及为什么近年来经济增速持续下降，都有很强的解释力。

过去30多年的高速增长是怎么来的呢？除了继续保持大规模投资以外，还有一些其他的驱动因素。第一个因素是大量新增劳动力投入生产活动之中，也就是人们常说的"人口红利"。第二个因素是效率的提高。改革开放以前，中国经济的效率提高很慢。改革开放对提高效率产生了十分积极的影响。首先，市场化改变了城乡隔绝的状况，大量过去在农村低效利用的劳动力和土地转移到城市。这种结构变化使资源的利用效率得到提高。[1] 其次，开放使中国能够通过引入外国的设备和技术，很快地提高自己的生产技术水平。于是，生产效率提高对经济增长就有了比较大的贡献。

---

[1] 青木昌彦教授在前引论文中，把劳动人口从低生产率的农业地区转移到高生产率的城市地区，称为"库兹涅茨过程"。他指出，"大规模、快速的库兹涅茨过程，是过去25年中国高速增长的重要影响因素"。不过根据他的研究，在2010年前后，劳动人口变化曲线出现了拐点，库兹涅茨过程变得缓慢起来，今后甚至可能面临负人口红利的问题。

到 2005 年前后，以上这些支撑高速增长的因素出现了明显衰减。

首先，随着我国出生率的下降和人口红利的消失，新增劳动力对经济增长的贡献也变得越来越小。中国社会科学院的蔡昉教授在 2006 年就已指出，根据他们此前三年的调查发现，剩余劳动力无限供应的情况正在发生改变，"刘易斯拐点"已经出现，人口红利正在消失。其次，随着城市化进入后期，产业结构变化带来的红利逐渐减少。再次，随着中国一般技术水平跟西方国家相接近，用简单引进外国设备和技术的办法提高自己技术水平的空间已经大大收窄了。在这种情况下，清华大学的白重恩教授、日本一桥大学的伍晓鹰教授和其他一些研究者都得出了大体相同的结论。这就是从 21 世纪初期开始，中国经济增长中全要素生产率的贡献明显降低，并导致中国经济潜在增长率的降低。如果既不能继续用增加投资的办法去维持高增长率，又不能从技术创新和效率提高找到新的增长动力，GDP 增速进入下行通道就成为必然。[1]

从以上分析得出的结论是：中国经济只有实现经济发展方式的转型、优化结构和提高效率，才有可能走出目前"三期叠加"的困境，确立符合我们期望的新常态。

转变经济增长方式需要克服体制性障碍

说到这里，应当说，应对挑战的正确途径已经找到。一句话，就

---

[1] 参见白重恩、张琼：《中国经济减速的生产率解释》，《比较》辑刊 2014 年第 4 辑；伍晓鹰：《"新常态"下看中国经济的生产率问题——中国经济全要素生产率的最新测算和解读》，载中国社会科学院经济学部编：《解读中国经济新常态：速度、结构与动力》，北京：社会科学文献出版社，2015 年。

是实现经济增长方式的转型。问题在于，实现经济增长方式从粗放增长到集约增长的转型是1995年提出的，到现在已经整整20年了，为什么还没有解决呢？

20年的经验告诉我们，这里的关键，是能不能通过改革建立起促进经济发展方式转变的体制和机制。

我们对于转变经济发展方式和改革开放两者之间关系的认识，有一个逐步深化的过程。

"九五"（1996—2000年）计划需要以转变经济发展方式为重点，最先是当时的国家计划委员会提出来的。在总结苏联为什么直到解体也没有实现这一转变的教训时认识到，根本障碍在于苏联的体制。不改变这种体制，就不可能实现经济增长方式的转变。所以十四届五中全会作出的《关于制定国民经济和社会发展"九五"计划和2010年远景目标的建议》中，正式提出必须实现两个"根本性转变"要求：第一个转变是经济体制从传统的计划经济体制向社会主义市场经济体制的转变，另一个转变是经济增长方式从粗放型向集约型的转变[1]；前一转变是后一转变的基础。

由于"九五"期间适逢贯彻执行十四届三中全会决定的改革大潮，所以两个转变都取得了一定的进展。

但是在"十五"（2001—2005年）期间，经济增长方式转变却发生了逆转。这个逆转是由一件好事导致的：从21世纪初开始，我国城市化进程加速。城市化本来是推动工业化和现代化的一支非常重要的力量，因为人口在城市的聚集能够产生工商业的规模效应和新理念、

---

[1] 实现经济增长方式从粗放增长到集约增长的转变，是苏联共产党在20世纪60年代提出的发展方针。它的基本内容是使效率提高成为经济增长的主要驱动力量。

新技术、新制度，但在中国的制度条件下，城市化却发生了扭曲。

和大多数国家的城市是从"市"发展而来，城市化是由市场主导的情况不同，中国的城市是从"城"即政治中心来的，城市化也是由政府主导的。而且我们的城市是有行政级别的，分成正部级城市、副部级城市、地级城市、县级城市等。这在其他国家也是很少见的。由于行政级别与城市的规模有关，规模越大，级别越高，级别越高，掌握"造城"资源的能力就越强，这样就造成了各级政府努力扩大城市规模的冲动，出现了相当普遍的"摊大饼"、"造大城"运动。这使城市化的正面效应，即效率提高，并不彰显，而它的负面效应，如生活费用提高、交通拥堵和污染加剧，却变得更加突出。

另一方面，现有土地制度也为各级政府主导的"造城运动"提供了资金支持和财政基础。征地的规模越大，财政收入就越多。于是在21世纪初期，许多地方掀起了用大量投资进行"形象工程"（主要是房地产开发）和"政绩工程"（主要是制造业，特别是重化工业）的建设热潮，经济增长方式变得更加粗放。

面对着经济增长方式恶化的状况，在2005年研究制定"十一五"（2006—2010年）规划的时候，爆发了一场关于工业化道路和经济增长方式的大争论。许多经济学学者指出，我国的经济增长方式之所以会出现恶化的趋势，是因为如同2003年中共中央《关于完善社会主义市场经济体制若干问题的决定》所说，"生产力发展仍面临诸多体制性障碍"。这些障碍包括政府配置资源的权力过大、把GDP的增长看作政绩的主要表现等。[1]

2005—2006年大讨论的成果，是"十一五"规划重申把转变经济

---

[1] 这场大讨论的基本情况和主要结论，见吴敬琏（2005）：《中国增长模式抉择》，上海远东出版社，2010年。

增长方式作为经济工作的主线,并且要求按照十六届三中全会《关于完善社会主义市场经济体制若干问题的决定》的精神,通过多方面的改革来消除这些障碍。但是由于市场化、法治化的改革没有取得进展,特别在 2004 年出现"经济过热"以后采用行政手段"有保有压"、"有扶有控"地"调结构",结果"经济发展不平衡、不协调、不可持续"的问题变得更加突出了。这样,直到"十一五"末期,经济方式转型仍然未能实现。

十八大做出全面深化改革的决定,使实现经济发展方式转型出现新的转机。十八届三中全会确定建设统一开放、竞争有序市场体系的目标,为实现这一转型提供了可期待的制度基础。

成败的关键在于改革

根据以上分析,当前应当采取的方针,是在稳住大局、保证不出现体制性风险的前提下,把主要的精力放在推进改革上,通过法治基础上市场作用的发挥,实现效率的提高、结构的改善和经济发展方式的转型。

对于依靠改革、市场和法治促进发展方式转型的应对策略,有些论者提出了疑问。他们说,改革是一件长时期才能见效的"慢活","远水救不了近火",我国经济面临严峻的形势,还是应当采取能在短期内见效的行政手段和刺激政策,使经济增长的颓势得以扭转。

关于改革"远水救不了近火"的说法,我们已经听了一二十年。正是在这一理由支持下的延误,才造成了现在的被动状态。"往者不可谏,来者犹可追。"时至今日,已经是痛下决心、锐意改革的时候了。何况近年来的一些行业和地区的实际情况表明,认真进行改革是能够取得优化结构和提高效率的结果的。

最近几年服务业发展的加快,是一个鲜明的例证。

制造业一枝独秀和服务业发展滞后,一直是中国产业结构的一个"痛点"。"十一五"在确定把转变经济增长方式作为经济的主线的同时,把制造业的服务化("向微笑曲线两端延伸")和发展独立的服务业作为优化结构的重要内容。[1] 但是由于市场化改革推进缓慢、采用行政方法"调结构",服务业的发展并没有取得明显的进展。最近几年,服务业发展开始加速,并在2013年超越第二产业成为我国最大的产业。为什么呼吁了好几年而没有取得进展的服务业发展近年来发生了巨大的变化?追根溯源,就在于十八大召开前后我国就已经按照建立竞争性市场体系的方向进行了一些试验性的改革,比如企业注册登记的便利化、营业税改增值税等。这些改革取得的一个明显的成效,就是营商环境的改善和服务业发展的加快。较之第二产业吸纳就业能力更强的第三产业的迅速发展,使我国就业情况在GDP增速下行的情况下得以保持较好的状态。

有的经济学家认为,中国需要用增加投资的办法维持8%以上的增长率,是因为要保就业。保就业当然是必要的,但是把就业情况和GDP增长之间的关系看成是线性的,认为要保就业就必须保增长,从学理上说是难以成立的。因为增长有个结构问题,有的行业增长1%,它的新增就业可能超过1%;有的行业增长1%,它的新增就业却可能不到1%。我们过去大量投资建设的资本密集型产业,雇佣员工的数量就比普通服务业要少得多。所以,由于产业结构的变化,在同样的GDP增长率的条件下,就业的情况却有很大的不同。

---

1 参见吴敬琏(2005):《中国增长模式抉择》,第169—185页。

企业注册登记的便利化、营业税改增值税等改革的牛刀小试尚且能够在结构优化上取得这么好的成果，全面深化改革步伐的加速可以对克服当前面临的困难起更大的作用应当是毋庸置疑的。

除此而外，今年以来，在大多数地区经济不振的同时，一些改革开放较早、政府干预较少、市场较为规范的城市，创新创业和结构调整都出现了比较好的前景。这种情况，也应当加强我们对改革开放的信心。

不过，在坚信改革的推进和法治基础上市场制度的建立能够从根本上解决问题的同时，我们也要考虑到，不是制定了好的决议就可以高枕无忧，全面深化改革还需要努力克服种种阻力和障碍。

全面深化改革至少面临四个方面的阻力和障碍：一是来自旧的意识形态的阻力和障碍；二是来自权力寻租特殊既得利益者的阻力和障碍；三是来自不利的经济环境的限制；四是由于改革是涉及亿万人的利益格局的大调整，它所要建立的现代市场经济是一个复杂而精巧的巨型系统，因而对于专业水平和操作艺术有很高的要求，并且很容易由于这两方面的不足而产生困难。

面对着巨大的阻力和障碍，就必须像十八大以及十八届三中、四中和五中全会所一再重申的那样，以极大的政治勇气和智慧切实推进改革。

十八大做出全面深化改革的决定至今已经三年。在这大转型的历史关头，我们应当认真总结过去三年推进改革的经验，规划未来的工作。

第一，现代市场经济的有效运作，离不开党政官员在创设良好的营商环境和提供公共服务方面的作为。新一届政府上任以来，政府职能改革、简政放权已经取得一些进展。现在需要注意的，一是要防止回潮，二是要继续向纵深发展，制定企业市场准入负面清单和政府职权正面清单，使官员行使职权有章可循，形成厘清政府与市场关系的正式制度，真正做到"法无禁止即可为，法无授权不可为"。

第二，作为金融改革核心的利率市场化和汇率市场化的进展超过原来的预期，但是"两率改革"单兵突进，并不足以发挥金融体系的整体功能。因此，金融系统其他方面的改革，例如金融市场监管体系的改革，亟须跟进。

第三，财政改革有所进展，但是，还有一些基础性的问题，例如以理顺中央、地方关系为重点的中央、地方事权、财权和支出责任划分，以及转移支付的制度化等，有待解决。

第四，中共中央、国务院《关于推进价格机制改革的若干意见》的发出，意味着建立市场化商品价格体系的关键性战役即将全面展开。一些至今仍由政府控制的能源、服务价格有望实现市场化。不过价格改革涉及千家万户的切身利益，历来容易引发社会矛盾，需要既积极坚定，又谨慎稳妥地进行。

第五，虽然国有经济在国民经济中所占份额有所下降，但是国有企业掌握着大量重要资源，并且在许多重要行业中处于支配地位，它们的体制机制如果不能得到改善，就会压缩其他部门的生存空间，并使整个国民经济的效率难以提高。目前有关国有企业改革的1+N个文件正在陆续下达。如何根据十八届三中全会的《决定》，实现国有企业管理从"管人管事管资产"到"管资本"为主的转变，还有一系列认识问题和实际问题需要认真解决。

第六，竞争是市场制度的灵魂。目前仍然存在的大量行政保护、政商勾结以及利用市场垄断地位妨碍竞争的行为，是建设统一开放、竞争有序市场的巨大障碍，必须通过反垄断法律的修订完善和执法体系的加强来加以消除。因为只有通过竞争,才能实现对稀缺资源的有效配置和再配置;也只有通过竞争,才能真正实现企业的优胜劣汰。总之,建立严格准确执行竞争政策的体制机制,是全面深化改革的一场硬仗,必须尽快提上改革的日程,并且必须打好打胜。

第七,民气和民力是我们克服困难、构建繁荣可以依靠的基本力量。因此,党和政府的各项政策,都要根据团结一切可以团结的力量,形成同舟共济、共度时艰的合力的要求进行调整和完善。现在的一个大问题是相当一部分企业家缺乏投资的积极性,因此,亟须采取有力措施,扭转偏向,改善环境,使企业家建立对未来的信心。

最后,中国(上海)自由贸易试验区和其他几个自贸试验区正在进行一项具有全局意义的试验。正如中共中央领导人所明确的,进行这个试验的意义并不在于给予某些地区政策优惠,而在于适应贸易和投资便利化的世界大趋势,营造市场化、国际化、法治化的营商环境。这项试验关系到中国能否真正深度融入世界经济体系,取得进一步开放的红利。各个地方和各个部门都要从大局出发,促成这一试验取得成功。

从总的情况看,十八大以来改革取得了一定的进展。但是,改革已经取得的进展较之实现建设统一开放、竞争有序市场体系的目标,还有相当大的距离。改革开放能否继续向前推进,就成为我们能否成功应对挑战、克服困难的关键。让我们共同努力,促其实现。

改革方向已明　关键在于执行[*]

（2016 年 12 月）

这一届"财新峰会：改革执行力"在它的预告广告上引用了我的一句话，叫作"方向已明，关键在执行"。这是我在议论年末岁首应当讨论什么主题的时候对当前大势做出的判断。

我做出这个判断，针对的是另外一种意见，它认为，现在中国面临着很大的不确定性，因此选定方向就成为一个重要的问题。我不大同意这种意见。我认为什么是正确的方向早就已经明确，无须找寻新的方向，问题的关键在于提高执行力。

我为什么做出这样的判断？

关于我们国家的前进方向，2012 年的中共十八大做出了规定，这就是："以更大的政治勇气和智慧，不失时机深化重要领域改革"；在经济方面是"坚持社会主义市场经济的改革方向"，"处理好政府和市场的关系"，"更大程度更广范围发挥市场在资源配置中的基础性作用"；在政治方面是，"加快推进社会主义民主政治制度化"，"实

---

[*] 本文是作者 2016 年 12 月 3 日在"第七届财新峰会：改革执行力"上的发言。

现国家各项工作法治化"。上述方向的正确性是毋庸置疑的。紧接着，2013年的十八届三中全会按照十八大指出的方向为建设统一开放、竞争有序的市场体系制定了顶层设计、路线图和时间表，并且围绕这一中心任务，安排了三百几十项具体的改革任务。这两年，一些项目的实施方案也陆续下达。

那么，是不是因为情况发生了变化，原定的改革方向、顶层设计和实施方案需要做出原则性的改变呢？我看不出来有这样做的理由。近来有一种议论，认为由于大数据技术的发展，计划经济将会成为较之市场经济更为优越的体制。然而与这种议论相类似的所谓"电子计算机社会主义"的说法，早在30多年前就在苏联等国流行过。不过当一些国家按照这种"蓝图"建立起全国联网的计算机网络后，并没有克服计划经济所固有的信息机制，特别是激励机制的缺陷。直至经济崩溃，它的绩效也毫无起色。尽管近年来网络技术有了进一步的提高，但说计划经济会因此变得优越，恐怕仍然只是一个有待证明的假说，我们大可不必因此而改变原定的经济发展方向和全面改革计划。

应当承认，我国经济发展的实际情况与预定的目标相比较还有一定的距离。例如"三去一降一补"（去产能、去库存、去杠杆、降成本、补短板）中"去杠杆"的任务就完成得不太好。成绩不够理想的原因，并不在于把市场化改革和政府职能改革作为促进经济结构优化的主要动力这一设想有什么差错，或者改革方案的设计有大的纰漏，而在于改革计划的执行情况不尽人意。

比如，最近一年多来，发布了一些方面改革的实施方案。它们设计得很好，提出了一些重要的改革措施，问题只在于如何保证它们能够不折不扣地得到执行。

例如，2015年10月中共中央、国务院发布了《关于推进价格机制改革的若干意见》，要求到2017年竞争性领域和环节价格基本放开，到2020年市场决定价格机制基本完善。《意见》部署的这项改革极其重要。《意见》规定的步骤也完全可行。但是由于涉及一些机构和个人的既有权力和利益，实施起来就会有许多困难和障碍。现在看来，虽然时间紧迫，但进展不快，离原定目标还有相当大的距离。

另一个重要文件，是2016年6月国务院发布的《关于在市场体系建设中建立公平竞争审查制度的意见》。前面讲到的价格机制改革文件里有一句很重要的话，就是要"逐步确立竞争政策的基础性地位"。在过去几十年中，处于经济政策基础性地位或中心地位的，是政府直接介入资源配置的所谓"选择性的产业政策"。要使竞争政策取代产业政策成为基础性的政策，要做的第一件事就是按照6月文件的要求，从2016年7月1日开始对所有新出台的政策预先进行公平竞争审查。如果有违反公平竞争原则的地方，必须进行修改，否则不能出台。接着还要进一步对原有的各种政策和制度进行公平竞争审查。凡是不符合公平竞争原则的，都要改掉。这是一个令人鼓舞的文件，但是细读有关报道，总觉得它的执行措施还不够有力。第一，文件要求从7月1日起按照《意见》规定的公平竞争标准进行审查，然而至今没有公布进行这一审查的实施细则。这就会使审查变得无章可循。第二，反垄断执法长期存在的多部门执法、反垄断委员会作为一个非常设机构权威性不够的问题没有得到解决。第三，为了建立健全公平竞争审查保障机制，中央要求把自我审查和外部监督结合起来，加强社会监督，但由于没有对外部监督和社会监督制度做出具体安排，就面临使审查形同具文的危险。

2016年11月公布的《中共中央国务院关于完善产权保护制度

依法保护产权的意见》涉及的范围更广,其中的许多规定切中重要时弊,因此,完善地执行这个文件意义重大,任务艰巨。例如对全民的普及教育,树立平等保护各种所有制产权的意识,抓紧甄别社会反映强烈的错案冤案,严格遵循法不溯及既往,在新旧法之间"从旧兼从轻"原则等,都是繁重艰巨、涉及立法司法等多个组织和部门的任务。没有很强的执行力,是很难把这些好的改革措施落到实处的。

总之,现在方向已经明确,重要的问题是加强执行力,克服困难和障碍,把正确的方针、好的顶层设计和实施方案落实到位。

第二编 具体改革项目研究

价格改革

价格改革：全面深化改革的关键一步[*]

（2015 年 10 月）

  价格机制是市场经济制度的核心。市场经济有效配置稀缺资源和形成兼容激励机制的两大基本功能，都是通过价格机制实现的。正因如此，早在 1984 年的《中共中央关于经济体制改革的决定》中就已指出，必须改革既不反映成本又不反映市场供求关系变化的计划价格制度，"价格体系的改革是整个经济体制改革成败的关键"。可惜的是，由于某些主观和客观因素的牵制，30 多年后价格改革还没有完全实现。

  十八届三中全会《关于全面深化改革若干重大问题的决定》总结了过去的经验和教训，明确地要求"完善主要由市场决定价格的机制，凡是能由市场形成价格的都交给市场"；"政府定价范围主要限定在重要公用事业、公益性服务、网络型自然垄断环节，提高透明度，接受社会监督"。

  中共中央、国务院发布的《关于推进价格机制改革的若干意见》，

---

[*] 本文发表于《人民日报》2015 年 10 月 19 日。

就是在商品和服务领域贯彻落实十八届三中全会《决定》的纲领性文件。《意见》要求，到 2017 年，竞争性领域和环节价格基本放开；到 2020 年，市场决定价格体制基本完善，价格监管制度和反垄断执法体系基本建立，价格调控机制基本健全。这意味着建立我国市场价格体系的关键性战役即将全面展开。

在我看来，这份文件有以下亮点：

第一，《意见》明确区分了微观经济和宏观经济这两个不同的经济领域，避免宏观经济管理陷入误区。

在经济学的术语中，微观经济和宏观经济是两个不同的经济领域。由变动不居的供求状况决定的个别商品的价格（或称相对价格）属于微观经济范畴。由社会总供给和社会总需求的状况决定的价格总水平则属于宏观经济范畴。市场机制有效运作，既要求各种物品的相对价格能够灵活地反映该物品的供求状况，即相对稀缺程度的变化，又要求能够保持物价总体水平的稳定。

过去我国经济中一种常见的认识误区和政策误区，就是把宏观经济和微观经济、宏观调控和微观干预混为一谈。当宏观经济出了问题，例如由于货币超发引起通货膨胀（即物价总水平持续上升）或资产价格膨胀（如房价股价泡沫生成）时，不是针对它的宏观经济根源采取对策，而是企图用管制物价、限制购房等微观干预手段去平抑价格。这种南其辕而北其辙的做法，自然不能解决价格猛涨问题，相反，相对价格扭曲还会造成资源误配和效率降低，从而使宏观经济进一步陷入泥淖。

《意见》把微观经济上的个别价格问题和宏观经济上的价格总水平问题区分开来，指出：前者要交给市场去处理；后者则靠运用财政、货币、投资等政策手段，加强和改善宏观经济调控来加以解决。这样才能避免过去经常发生的偏差。

第二，《意见》坚持了"凡是能由市场形成价格的都交给市场，政府不进行不当干预"的基本原则。

目前绝大多数人对于一般商业领域价格应由市场决定具有共识，因而改革推进的阻力也较小。但是，"凡是能由市场形成价格的都交给市场"的原则是否适用于供水、电力、轨道交通等带有自然垄断性质的行业，则存在异议。理由是在具有自然垄断性质的领域内不存在竞争，因而价格形成需要由社会管理。于是这些行业的价格改革就特别滞后。其实，"二战"后市场经济国家的经验已经告诉我们，即使是这些行业，其大部分经营环节也并不具有自然垄断的性质。为了实现凡是能由市场形成价格的都让市场去决定的原则，这些竞争性环节的定价机制也应当放开。以电力行业为例，在它的发电、输电、配电、售电等四个经营环节中，只有输电和配电两个环节具有自然垄断性质。因此，前后两端都可以放开，从而实现电价市场化和售电的市场竞争。一些国家实行这项改革，取得了很好的效果。2002年国务院批准的电力改革方案，也计划通过（输配电）网（发电）厂分开、竞价上网、输（电网）配（电网）分开、售电放开实现这项改革。可惜的是，在厂网分开之后改革就停顿了下来，至今没有完全实现。《意见》按照十八届三中全会《决定》，重申水、石油、电力、交通运输等行业，也要"放开竞争性环节价格，充分发挥市场决定价格作用"。按照这一基本原则，这些行业的价格改革就能进一步推进。

由于具有自然垄断性质的环节的价格还是要由政府和社会机构决定，《意见》对于政府定价过程中要建立明晰、规范、公开、透明的工作程序，也做了明确规定。

第三，《意见》既体现了原则上的坚定明确，又强调了具体操作上的谨慎稳妥。

一方面，价格是一个关系到千家万户利益的经济变量。特别是一些民生用品的价格变动，直接影响到大众的生产和生活。因此在进行改革的时候，必须慎重从事。另一方面，价格改革要求有一个总供给和总需求比较协调的所谓"宽松的经济环境"来保证在改革过程中不发生剧烈的价格波动。因此，价格改革要有宏观经济政策的配合。在价格变动对民众生产生活产生较大影响时，要采取适当措施加以弥补。

《意见》对于保证价格改革审慎推进规定了统筹协调、把握节奏、防范风险、确保平稳有序的方针和"保护农民生产"、"兜住民生底线"、"做好舆论引导"等一系列具体措施。加上在改革实施过程中本着稳妥审慎推进精神而采取的补充保障措施，我国价格改革取得成功将是可期的。

这份《意见》只涵盖商品和服务领域的价格改革，而没有涉及要素领域的价格改革，但这两个领域改革的基本原则是相通的。我国各类要素价格改革的进度差别很大。利率（货币价格）、汇率（外汇价格）的市场化改革已经取得长足进步。资本市场还有比较多的行政管制，需要加大改革力度。必须强调的是，不管是哪个领域的改革，都应该比照《意见》的原则和精神加快推进。

产权保护

把土地经营权还给农民[*]

（2015 年 5 月）

自从中共十八届三中全会《关于全面深化改革若干重大问题的决定》确定"坚持农村土地集体所有权"和"维护农民土地承包经营权"（包括"农民对承包地占有、使用、收益、流转及承包经营权抵押、担保权能"等），大家期待已久的农地改革就正式开始了。中国现在半数国民是住在农村的，如果加上一些在城市里"候鸟式"工作的人口，大部分国民都跟农村有关系，农地改革对农村和农民的生产和生活状况关系重大，需要引起各界人士的关注。

去年 11 月，中共中央办公厅和国务院办公厅发布了《关于引导农村土地经营权有序流转发展农业适度规模经营的意见》，这意味着农地改革拉开了帷幕。从文件的标题可以看到改革有两个主题：一个是经营权的有序流转；一个是农业的适度规模经营。前一条是后一条的前提。中国的农业确实已经进入到需要规模化经营的时期了。现代农业一定是规模化的，而不是像原来那样建立在小片土地上的细小农场。

---

[*] 本文根据作者 2015 年 5 月 17 日在"2015 第四届中国国际农商高峰论坛"上的演讲整理而成。

要建立规模化经营的农场，就涉及土地产权的流转问题。没有土地产权（主要是经营权）的流转，就无法形成规模化经营的农场。从这个意义上说，能有序流转的土地产权制度的建立，是农业现代化的基础。

在经营权和适度规模经营这两方面，有很多问题需要研究，我想提三个问题：

第一个问题，怎样理解"三权分置"。

在过去的讨论中，存在几种不同的意见：第一种意见主张把土地所有权归还给农民。他们说，土地改革贯彻了"耕者有其田"的原则，把土地分给农民，土地产权归农民拥有，合作化、公社化以后才变成集体的，现在应当还给他们。另外一种意见认为，集体所有制是社会主义改造的成果，必须坚持。两种不同意见之间有很激烈的争论。其实还有第三种意见。这就是可以仿照江南地区曾长期流行的"田底权"和"田面权"分置的"一田两主"结构，将单一的土地所有权分解为"所有权"和"永久使用权"（"经营权"）两种独立的产权，前者继续归村集体所有，其收益用来支付村自治体的公共费用；后者归农民所有，可以自由转让、抵押、出租和继承。[1]

---

[1] 我在1998年的一本书里提出了"一个需要认真予以考虑的问题"，即仿效我国历史上"把'田底权'（所有权）和'田面权'（使用权）分开的做法"，"以法律的形式确认农民对土地的永久使用权，并允许这种使用权的转让、出租和继承"（见吴敬琏[1998]：《当代中国经济改革：战略与实施》，上海远东出版社，1999年，第132页）。后来我在提供给2001年12月24日中共中央召集的一个座谈会的书面发言中提出建议："将一定时限内的土地承包制度改变为农民拥有永久的土地使用权（在我国江南地区旧时称'田面权'）的产权制度"；"确认农民对土地的永久使用权（'田面权'），可以自由转让、抵押、出租和继承"；"来自土地所有权（'田底权'）的收益应归村集体所有，用以支付村自治体的公共费用，或用以补充村民的社会福利保障资金。"（见吴敬琏[2001]：《解决"三农"问题的中心环节》，载《吴敬琏文集》上册，北京：中央编译出版社，2013年，第490—497页）

把土地经营权还给农民

我认为，目前实施的"三权分置"，如果理解为所有权和经营权分开设置的土地产权制度，同时允许经营权的自由流转，可能成为一种解决争议和达成共识的办法。

这里的一个重要问题是要对"三权分置"给予合理的解释。

在中国的一些发达地区，大约从宋朝开始就出现了后来往往被称为"永佃制"的"一田两主"地权制度的雏形。在永佃制下，租地农民从地主那里获得长期租赁、不能任意夺佃的权利。在初期，永佃权还是有时间限制的，比如说30年或50年；而且在某些情况（例如欠租）下，地主也有权夺佃。在这种情况下，佃权不可能成为一种可以转让的独立权利。不过，随着时间的推移，永佃权成为一种无限期的权利，而且即使在欠租的情况下也不可夺佃成为惯例。于是，这种佃权成为一种可以转让的独立物权，即"田面权"。这样，就形成了明清以后在江南地区普遍流行的将土地产权划分为"田底权"和"田面权"两种独立物权的"一田两主"产权制度。"田底权"和"田面权"的区别，最明显地表现在它们之间收益权的不同内容上。如果用马克思主义经济学的语言来说，所谓"田底权"是获得绝对地租（由所有权垄断产生的超额回报）的权利；"田面权"则是获得级差地租（即由经营权垄断产生的土地投资的超额回报）的权利。

从这个角度看，"三权分置"中的所有权相当于传统土地产权制度里的"田底权"，而经营权则相当于传统土地产权制度中的"田面权"。这两种权利都是独立存在的。[1]

在这样理解下，所有权作为"田底权"继续属于村集体，经营权则类似于"田面权"，成为了有其自身价格、可以自由流转的独立物权。

---

[1] 至于承包权，在我看来它应当是经营权的一部分，但也有人认为它是所有权的一部分，这个问题需要进一步廓清。

以这样的方式把土地经营权归还给农民，也许就可以比较顺利地解决城市化和农业规模化经营所迫切需要解决的土地流转问题。

我之所以强调要明确土地经营权，是因为在城市化和农业现代化的背景下，重要的问题不在于谁有权拿到绝对地租，而在于谁有权拿到级差地租，即投资于土地经营的超额回报。只有落实这一权利，才有人愿意投资。有人说把承包权延长到30年，承包者就可以放心投资了。但是，在有限期的承包的条件下，承包总有到期的时候，越接近于到期时承包者就越不愿意做回收期较长的投资了。

第二个问题，关于"经营权有序流转"。

经营权作为独立的产权形式，应当具备所有的产权权能，包括占有、使用、收益和处置权，通过出租、转让、抵押、继承等多种形式实现产权。其中，产权的顺畅流转是十分重要的。

"三权分置"现在正在做"确权"和颁发承包经营权证书的第一步工作。有了产权证书就可以进入流转的过程了。这时制定产权流转规则来支持有序流转就成为一项需要抓紧完成任务。现在对流转范围等有限制性的规定。我认为这样做是不合理的，因为这实际上使农民的产权残缺不全。最近还发生这样的问题：由于没有明确的合同和履约责任，资本进来两天又退出了，结果土地被撂荒。这也表明，需要及时建立一个有序的土地流转市场。十八届三中全会要求建立一个"统一开放、竞争有序的市场体系"，其中自然包括土地市场。

第三个问题，农业经营方式。

中办和国办发布的上述文件要求发展农业的适度规模经营。这是农地改革要达到的一个重要目标。农业是一个很大的产业，它包括农、林、牧、副、渔以及生产、商业、金融等相关的分支。那么，在这些细分产业中规模经营应当具有什么特点？有些人士认为，发展农业适度规模经营主要靠工商资本进入，促进农业向规模化的现代大农场发展。我的理解有一点不同。

马克思主义的传统观点认为，由于大生产优越于小生产，现代农业生产区别于传统农业生产的特点是后者采取家庭、个体农场的方式来经营，前者则采取大农场的形式。不论资本主义农业还是社会主义农业，都是如此。在资本主义条件下是雇佣农业工人的大农场，在社会主义条件下则是集体所有或国营的大农场。

对于这个问题，在国际社会主义运动中一直存在不同的意见。在中国，重要的农村工作领导人杜润生最先对传统的主流观点提出质疑。他在1982年一篇论证家庭联产承包责任制优越性的文章中指出，农业生产是有生命的物质生产和再生产，需要有人细心地、随机应变地以高度主人翁的责任感来照管它。农业的收益集中在最终产品上，这就要求把生产者的利益和最终经济成果挂上钩。土地是一种特殊的生产资料，要求生产者与土地之间建立稳定的切身利益关系，使生产者从长远利益出发，高度关怀土地。凡此种种，都使家庭经营较之集中经营更适合农业生产。[1] 陈锡文、林毅夫、蔡昉、李周等经济学家也对这一论断做了进一步的论证。[2] 后来党政领导接受了这种观点。1998年中共十五届三中全会通过的《中共中央关于农业和农村工作若干重大问题的决定》突破了这个传统认识，指出家庭经营方式是最适合农业生产的经营方式。家庭经营方式不仅适应以手工劳动为主的传统农

---

[1] 杜润生（1982）：《家庭联产承包制是农村合作经济的新发展》，载《杜润生文集》，太原：山西人民出版社，2008年，第84—102页。

[2] 陈锡文：《中国农村改革：回顾与展望》，天津人民出版社，1993年，第57—60页；林毅夫、蔡昉、李周：《中国的奇迹：发展战略与经济改革》，上海三联书店等，1994年，第123页。

业，也能适应采用先进科学技术和生产手段的现代农业。

现在看来，中共中央上述决定的判断并没有过时，因为农业生产的基本性质并没有改变，农业生产还是要以家庭经营为主。那么，工商金融资本在农业规模化经营上可以做些什么？

在我看来，工商资本直接进入生产领域，建立大规模的农场，实现有效经营恐怕比较困难。不过，可以做的事情还是很多。

在过去苏联式的社会主义经济体系中，农业的各个环节都被纳入一个全国性大机构、一个超大型的企业，各个环节都用计划来进行控制。事实证明，这个办法是行不通的。欧美国家的通行做法是在农业的生产环节保持家庭经营，但是发展出一大批把家庭农场和大市场联系起来的商业、金融业等的中介组织。

一种流行的做法是农民在流通环节自办专业合作社。日本和中国台湾地区的办法是通过农民协会（农协）办专业合作社。中国是否可以采取同样的办法，在改革开放初期有过讨论。由于没有取得共识，农协没能办起来。后来深切地感到这类中介组织的重要性，才在2006年制定了《中华人民共和国农民专业合作社法》。在那以后，专业合作社开始发展起来，并且显示出它对促进农业生产发展的重要意义。

这类中介机构除了农民自己办，其他社会力量也可以大力介入。我参加的北京乐平公益基金会下面有一家叫作富平创源农业发展公司的社会企业。它的任务是组织农民生产无公害蔬菜，然后把这些蔬菜销售给城市居民。为了办好这件事，需要投入不少的资金和人力，把市场组织起来。

在这方面，工商金融资本也是可以大有作为的。

总之，社会资本如何介入农业经营，促进中国农业向现代农业转变，有很多问题值得我们进行深入的研究讨论。

完善产权保护制度的行动纲领[*]

（2016 年 11 月）

近日，中共中央、国务院发布了《关于完善产权保护制度依法保护产权的意见》。这是一个顺应时代潮流、呼应社会期盼的纲领性文件。能否认真执行和不折不扣地实现这一行动纲领，关乎中国经济能否成功应对当前面临的挑战和顺利实现经济发展模式的转型。因此，它的颁布和执行应当引起社会各界的充分关注和全力支持。

归属清晰、权责明确、保护严格、流转顺畅的产权制度，是市场经济和相关制度安排的基础。改革开放以来，我国从 20 世纪 70 年代末、80 年代初在农村建立家庭承包制开始，到 80 年代中后期放开民营经济和 90 年代推进国有企业公司制改革，逐步打破了计划经济条件下国有经济一统天下的僵化体制，建设了多种所有制经济共同发展的产权制度。与此同时，依法保护各种所有制经济产权的需要也日益突出。2003 年十六届三中全会提出"要依法保护各类产权"，"保障所有市场主体的平等法律地位和发展权利"，2004 年将"公民的合法

---

[*] 本文发表于《人民日报》2016 年 11 月 29 日。

的私有财产不受侵犯"写入《宪法》,再到 2007 年出台《物权法》,标志着产权保护制度正在逐步形成,社会加强产权保护的呼声也不断增强。

但是也要看到,当前我国产权保护状况仍然存在很多值得担忧的问题,与建设统一开放、竞争有序的现代市场经济体系还有相当大的距离。特别是未能实现对不同所有制经济产权的平等保护,公权力侵害私有产权和民营企业资产等现象还时有发生;公有产权受到内部人侵犯和公有资产流失的情况依然在相当范围内存在;侵犯知识产权、严重损害技术创新积极性的行为也易发和多发。这些都会损害人民大众的财产安全感,毁坏社会信心和对未来的良性预期,消磨企业家投资兴业的积极性,对经济社会发展造成负面影响。

目前,我国经济存在一个棘手的问题:相当一部分企业家对自己的财产财富缺乏安全感,对企业前途没有稳定的预期,因而投资兴业的意愿低落。企业家存在这种担忧,原因是多重的,其中的关键是我国产权保护制度存在的问题亟待解决。德国哲学家黑格尔说过,财产权是人的自由意志的定在[1]。我国的古语也一语道破,"有恒产者有恒心,无恒产者无恒心"。财产权是中等收入群体对社会信心的主要来源,保护好产权,保障财富安全,才能让他们安心、有恒心,才能稳定他们的预期。

正是基于这样的现实和认识,中共十八大以来,党中央、国务院对加强产权保护提出了一系列新要求。十八届三中全会提出完善产权保护制度,保护各种所有制经济产权和合法利益;十八届四中全会提出健全以公平为核心原则的产权保护制度,加强对各种所有制经济组

---

[1] [德]黑格尔著(1821)、范杨等译:《法哲学原理》,北京:商务印书馆,1996 年。

织和自然人财产权的保护;十八届五中全会提出推进产权保护法治化,依法保护各种所有制经济权益。这次出台的《关于完善产权保护制度依法保护产权的意见》,是十八大以来完善产权保护制度、推进产权保护法治化精神和要求的具体落实,是中共中央、国务院依法保护各种经济组织和公民财产权利的庄严承诺。文件坚持十八大以来强调的"问题导向",找出出现问题的体制机制和政策上的原因,然后提出有效管用的改革举措来解决问题。《意见》提出,加强产权保护的根本之策是全面依法治国,进一步完善现代产权制度,推进产权保护法治化。强调要坚持五条原则,即(1)坚持对不同所有制经济实行平等保护,公有制经济财产权不可侵犯,非公有制财产权同样不可侵犯;(2)坚持全面保护;(3)坚持依法保护;(4)坚持共同参与,做到政府诚信与公众参与相结合;(5)坚持标本兼治,着眼长远,着力当下。其中不少提法具有鲜明的特色,反映了对相关改革认识的深化。

受制于传统体制下把所有制分成"黑白"两类的观念,即使在20世纪中后期开始容许私有经济存在,也仍然把所有制分成三六九等,对不同所有制经济的产权也往往实行不同等保护的差别待遇,对非公有产权的保护弱于对公有特别是国有产权的保护。比如,《刑法》中规定的关于受贿罪、职务侵占罪、贪污罪、侵犯财产罪、破坏社会主义市场经济秩序罪等罪名,存在因所有制主体身份不同而同罪异罚或异罪异罚的现象,对侵占国有企业财产行为的惩罚重于对侵占非公有制企业财产行为的惩罚。十八届三中全会指出,公有制经济和非公有制经济都是社会主义市场经济的重要组成部分;国家保护各种所有制经济产权和合法权益,保证各种所有制经济同等受到法律保护。落实这个要求,相关立法应按照"平等保护"的基本原则调整完善。《意见》根据这个基本原则,要求健全以企业组织形式和出资人承担责任方式为主的市场主体法律制度，统筹研究清理、废止按照所有制不同类型制定的市场主体法律和行政法规，加大对非公有财产的刑法保护力度。这些都是解决现行法律保护不平等问题的重要举措。它的实现，将为我国市场交易构建市场经济所必需的平等竞争环境迈出重要一步。

另外一件需要一定政治勇气和智慧来处理的事情，是甄别和纠正涉及产权的错案冤案。在改革开放的推动下，我国司法体制改革和司法对产权的保护都获得了新的动力，但司法不公、不规范导致产权受到侵害的现象仍然存在。比如，一些公检法机关滥用司法权力，党政领导干部干预司法活动，在没有充分证据和法律依据的情况下，违反司法程序，甚至以"莫须有"的罪名，通过限制人身自由、拘押、恐吓等方式接管民营企业家的资产，以明显低于市场公允的价格拍卖或变卖民营企业涉案财产。上述行为造成了一些侵害产权的错案冤案，严重损害了政府和司法机关的公信力，社会反映强烈。《意见》提出，要坚持有错必纠，对涉及重大财产处置的产权纠纷申诉案件、民营企业和投资人违法申诉案件依法甄别，确属事实不清、证据不足、适用法律错误的错案冤案，要依法予以纠正并赔偿当事人的损失。为了维护法律尊严和司法权威，经济案件中的错案冤案应该依法予以纠正，尤其是对社会反响较大、存在疑点较多的案件，甄别和纠正若干典型案例，有利于给社会以法治引导，唤起社会各界对保护产权的普遍认知，让大众感受到公平正义。

与此相联系，还有一个妥善处理在法治不健全的情况下民营企业经营不规范的问题。长期以来，特别是在改革开放的早期阶段，各类企业特别是民营企业在成长过程中往往存在一些"灰色"经营甚至违法行为。一旦企业涉案，容易新账旧账一起算。对此，一些民营企业忧心忡忡，也造成一些人心思不定、投资意愿不强，向外转移财产。《意见》

提出，要严格遵循法不溯及既往、罪刑法定、在新旧法之间从旧兼从轻等原则，以发展眼光客观看待和依法妥善处理改革开放以来各类企业特别是民营企业经营过程中存在的不规范问题。按照这样的方向性要求来处理既往问题，更有利于稳定社会预期和增强企业家的安全感。

《关于完善产权保护制度依法保护产权的意见》的出台，为建设现代产权制度、依法平等保护各类法人和自然人财产权利提供了一个良好的行动纲领。不过正如马克思所说，"一步实际运动要比一打纲领更为重要"[1]。为了完成这一宏大的事业，仅仅有一个好的纲领是不够的，重要的是采取实际行动，把各项改革措施落到实处。在我看来，为了把《意见》落到实处，需要动员社会各方力量做好以下几件事：

第一，开展全民性的学习运动。我国历史上缺乏法治传统。人民大众特别是部分领导干部缺乏法治观念，常常对建设法治国家形成障碍。因此，应当利用贯彻执行《意见》的机会，在全体人民特别是领导干部中开展一次普法学习和教育运动，形成尊重法律、捍卫法律、抵制一切违反法治和破坏产权行为的全民共识。

第二，根据《意见》要求完善有关的法律制度。在改革开放以前崇尚"和尚打伞、无发（法）无天"思想的影响下，我国的法律制度是极不完备的。改革开放以来我国的法律制度逐渐完备起来。但是直到现在，与现代法治观念和现代产权制度不相吻合的地方还是所在多有，亟须加以完善。有了比较完备的法律，还需要制定法律的实施细则和执法活动的种种规程。

第三，大力推进法治政府和政务诚信建设。各级政府和政府工作人员必须守信践诺，在产权保护上起模范作用。保护产权是在社会主

---

[1] ［德］马克思著（1875）、中央编译局译：《哥达纲领批判》，北京：人民出版社，1965年。

义市场经济条件下更好发挥政府作用的重要内容。但从实践来看，一些党政机关在保护产权的作用发挥上还很不够，甚至存在由于政府自身的不当行为造成企业和公民财产权受到侵害的现象。保护产权，政府必须带头做出表率。正如《意见》指出的，各级政府及有关部门要严格兑现向社会及行政相对人依法做出的政策承诺，认真履行在招商引资、政府与社会资本合作等活动中与投资主体依法签订的各类合同，不得以政府换届、领导人员更替等理由违约毁约。确因公共利益或者其他法定事由需要改变政府承诺和合同约定的，要严格依照法定权限和程序进行，并对企业和投资人因此受到的财产损失依法予以补偿。在完善财产征收征用制度方面，着力解决征收征用中公共利益扩大化、程序不规范、补偿不合理等问题。

虽然所有这一切都需要付出极大的努力、克服种种困难和障碍才能做好，但我相信，随着《意见》提出的各项改革措施的落实，我国社会主义市场经济的法治建设必将迎来一个更加光明的未来。

竞争政策与产业政策

强化竞争政策刻不容缓[*]

（2015 年 11 月）

中共中央、国务院发布的《关于推进价格机制改革的若干意见》明确提出了以下强化竞争政策的要求：清理和废除妨碍全国统一市场和公平竞争的各种规定和做法，严禁和惩处各类违法实行优惠政策行为，大力推进市场价格监管和反垄断执法，加快建立竞争政策与产业、投资等政策的协调机制，实施公平竞争审查制度，逐步确立竞争政策的基础性地位。

确立竞争政策的基础性地位，既是建设统一开放、竞争有序市场体系的一项基本内容，也是克服当前经济困难、实现供给侧改革的重要举措。

当前，我国经济面临较大的下行压力，经济运行中的一些深层次矛盾凸显。供给侧存在的问题，如经济发展方式粗放、部分行业产能过剩严重、创新能力不强等，严重制约了经济的进一步发展。这些问

---

[*] 本文是作者 2015 年 11 月 28 日提交中央财经领导小组办公室与国家发展和改革委员会的政策建议。

题不解决，我国经济发展就没有出路。从当前情况看，要推动结构调整和增长动力转换，实现经济持续健康发展，必须强化竞争政策的实施。只有这样，才能发挥市场的决定性作用，提高供给效率，保证我国经济持续、稳定地发展。

一 实施竞争政策是释放市场活力的根本途径

竞争是市场制度的灵魂，只有在竞争的推动下，市场的两个基本功能才能得以实现：第一，发现价格，使之反映市场供求状况和资源稀缺程度，通过市场交换，引导资源实现优化配置；第二，为企业建立与社会利益兼容的激励机制，促使它们在市场价格约束下，努力用最低的资源消耗为社会提供最多最好的产品。也就是说，要让市场在资源配置中起决定性作用，就必须实现公平竞争。竞争政策的作用，就是为公平竞争搭建良好平台和提供坚强保障：一方面，要规范企业行为，促进企业之间公平竞争；另一方面，要规范政府行为，把资源配置的权力还给市场，防止政府的规定和做法排除和限制公平竞争。

许多国家的发展经验表明，竞争政策对促进经济持续健康发展具有极为重要的作用。

"二战"结束后，联邦德国以1947年取消配给制和对价格工资的控制、放开市场竞争的改革为开端，从一片瓦砾中崛起。改革后仅仅过了三年，西德经济就超过了战前水平，而且从此保持了长期的经济繁荣直到今天，被世人称作"经济奇迹"。然而，主持德国从统制经济到市场经济转变的领导人艾哈德却在总结这一过程的著作中指出：这里不存在什么"奇迹"，联邦德国所成就的，只是"来自竞争的繁荣"。[1] 日本、韩国等国家在经济发展之初，曾经强调产业政策的作用，以解决"从无到有"的问题，但从20世纪70年代前后，两国均开始弱化产业政策，强化竞争政策，以实现经济"从大到强"和"效率高度化"的转变。澳大利亚为解决经济动力不足问题，从1992年开始推行竞争政策改革。经济合作与发展组织（OECD）的一份报告显示，这一改革至少推动其GDP增长2.5%。

在2008年全球金融危机爆发后，许多国家改变了过去一遇危机就放松反垄断执法的做法，强调通过公平竞争保障市场活力。美国司法部反托拉斯局实施"经济复苏行动"，确保政府各项援助措施不会影响市场竞争，以保持市场的竞争性和市场主体的活力。欧盟对各成员国金融援助计划进行严格审查，避免各成员国陷入补贴竞赛，破坏统一市场。这些成功的做法，都给我们以有益的启示。

二　我国经济发展中许多深层次问题与市场竞争不充分紧密相关

当前我国经济发展中出现的许多深层次问题，特别是供给侧的结构不良、资源浪费、效率低下等缺陷，严重威胁我国经济的持续稳定发展。其中一个重要根源，就在于政府和市场的关系没有理顺，政府对市场干预过多，各种行政垄断行为较为普遍，导致竞争受到压抑，市场的决定性作用难以发挥。

以产能过剩为例，一些政府机构为追求经济发展速度，对部分行业项目提供土地、财税、电价等多方面的优惠，扭曲了要素价格，导

1　［西德］路德维希·艾哈德著（1957），祝世康、穆家骥译：《来自竞争的繁荣》，北京：商务印书馆，1983年。

致资源错配，助长部分企业产能盲目扩张。与此同时，一些地方从保护本地企业出发，为其提供各种补贴，使劣质产品也能实现一定利润，"僵尸产业"也能靠输血苟延残喘，没有竞争力的企业不但不退出市场，还活得十分滋润，市场竞争奖优罚劣和优胜劣汰的作用完全无从发挥。

行政垄断行为对创新的损害是巨大的。许多研究报告指出，我国现阶段的主要垄断形式是行政性垄断。获得垄断权力的企业排除了可能的竞争对手，导致企业行为扭曲和效率降低。行政垄断企业缺乏创新的动力，宁愿躺在垄断特权上过日子，继续低水平重复生产，也不愿通过创新努力提高效率。这严重抑制了整个社会的创新活力，阻碍了创新驱动发展和经济转型升级。同时，这也会使一些企业将注意力集中在争夺政府资源上，导致寻租等现象丛生。一些政府不愿意简政放权，让市场发挥决定性作用，原因也在于此。

显然，要解决经济发展中的深层次问题，就必须坚定不移地强化竞争政策。完成2016年"去产能、去库存、去杠杆、降成本、补短板"等五大任务，也只有通过竞争激发市场活力才有可能实现。

三 当务之急：积极稳妥地强化竞争政策

逐步确立竞争政策的基础性地位，涉及多方面的改革，例如，完善竞争立法，包括《反垄断法》、《反不正当竞争法》等基础性的法律；整合和加强反垄断执法机构，实施公平竞争审查制度，还需要与价格机制改革相配合。这些改革十分重要紧迫，但又不可能一蹴而就，为了积极而稳妥地推进竞争政策，兹提出具体建议如下：

（一）尽快建立公平竞争审查制度。公平竞争审查制度是防范政府有关政策法令抑制竞争的重要工具，也是成熟市场经济国家的通行做法，需要早日实施。不过，考虑到目前排除和限制竞争的规定和做法仍较为普遍，在改革设计上，要既明确审查的标准和方向，又为它的实施设置缓冲。我们建议首先授权竞争政策执法机构对拟出台的政策法规进行审查和提出意见，之后再进行全面清理；首先规范中央和省级政府出台的政策法规，再规范市县政府出台的政策规定；首先由各级行政部门进行自我审查，再逐步过渡到竞争政策执法部门独立审查，确保制度稳步推进。

（二）积极准备与竞争政策有关的法律的修改和完善。1993年的《反不正当竞争法》和2007年的《反垄断法》作为我国主要的竞争立法，对实施竞争政策起了积极的作用。但是由于当时体制环境和认知水平的限制，这些法律与十八届三中全会建设统一开放、竞争有序的市场体系的要求相比较，还存在某些不足。当然，根据更高的要求修订这类基本法律是一件十分复杂的大事，需要在全国人民代表大会常务委员会的领导下，协同有关机构和社会公众认真做好研讨、起草等前期准备工作。但是无论如何，从现在开始就应着手进行。

（三）加强竞争政策和反垄断执法。我国2008年起实施的《反垄断法》，由国家发展和改革委员会、商务部和国家工商行政管理总局分别执行对经营者、行政机关和具有公共事务职能的组织进行执法，取得了一定的成效。不过，随着我国市场经济体制愈来愈成熟，也愈来愈复杂，它对更加精准有力地执法的要求也愈来愈高。诸如执法机构应当如何设置才能更加有效，竞争的效率改进如何判定，执法程序和市场竞争规则如何进一步完善等问题，都提上了议事日程。因此，需要加强有关理论和对包括我国在内的各国竞争政策执法经验的研究，为进一步的改革准备预案。

（四）大力开展竞争教育。牢固树立经营者、行业协会、行政机关、各类市场主体和广大民众的法治观念和竞争意识,使促进和维护公平竞争成为他们的自觉行动,是推进竞争政策实施的重要手段。要重点宣传竞争对我国经济发展的重要意义,普及有关竞争政策和反垄断立法的相关知识,营造有利于公平竞争的社会氛围,为竞争政策发挥基础性作用营造良好社会舆论环境。

确立竞争政策的基础性地位[*]

（2016 年 6 月）

近日，国务院印发《关于在市场体系建设中建立公平竞争审查制度的意见》（国发〔2016〕34 号），要求建立公平竞争审查制度，防止出台新的排除、限制竞争的政策措施，并逐步清理、废除已有的妨碍公平竞争的规定和做法。这意味着向建设我国统一开放、竞争有序的市场体系与落实中共中央、国务院提出的"逐步确立竞争政策的基础性地位"的要求，迈出了关键的一步。

竞争是市场制度的灵魂，竞争政策是更好地发挥政府作用的一项基本政策。1993 年中共十四届三中全会制定的《关于建立社会主义市场经济体制若干问题的决定》就已指出，要着重"创造平等竞争的环境，形成统一、开放、竞争、有序的大市场"。2013 年中共十八届三中全会《关于全面深化改革若干重大问题的决定》再次重申，"建设统一开放、竞争有序的市场体系，是使市场在资源配置中起决定性作用的基础"。它们都如此强调市场的竞争性质，是因为市场有效配置资源

---

[*] 本文发表于《人民日报》2016 年 6 月 22 日，所用题目为《确立竞争政策基础性地位的关键一步》，发表时有删节。

和形成兼容的激励机制这两个基本功能，都是要通过竞争才能实现的。也就是说，只有通过竞争，才能发现价格，使之真实反映供求状况和资源稀缺程度，从而引导资源实现优化配置和再配置；与此同时，也只有竞争的激励鞭策，才是推动企业努力提高自己的核心竞争力，为社会持续提供成本最低、质量最好的产品的最强大的力量。

这里有一个竞争政策与产业政策的关系问题。在我国发展的早期阶段，和许多发展中国家相同，由于市场发育程度低下和大量社会基础设施需要由国家投资建设，政府主导的产业政策在推动经济发展中举足轻重，政府处于经济政策的中心地位，竞争政策往往只起着次要的作用。但是随着我国经济进入了新的发展阶段，问题的主要方面从解决"有无问题"转向优化资源配置和提高效率时，过度的行政干预和"倾斜政策"只会对经济发展和效率提高产生负面影响。在这种情况下，转向以竞争政策为主、产业政策服从竞争政策就成为历史发展的必然。竞争政策的作用，在于为市场在资源配置中起决定性作用搭建基础平台，促进资源配置依据市场规则、市场价格、市场竞争实现效率的持续提高。确立竞争政策的基础性地位，就成为保持我国经济稳定发展的基本保证。

确立竞争政策的基础性地位，是当前进行供给侧结构性改革的重要内容和促进经济转型升级的有力举措。当前我国经济面临发展方式粗放、部分行业产能过剩、部分产品有效供给不足等矛盾和问题。导致这种资源错配状态的原因是多方面的，但行政保护、企业的软预算约束等体制和政策因素抑制了市场竞争，限制了资源的自由流动，无疑是其中最重要的原因之一。为了实现资源的优化配置和再配置，就要充分发挥市场竞争奖优罚劣和优胜劣汰的作用，达到淘汰落后产能、催生优质产能的目的。从政府方面来说，则是要通过大力实施竞争政策，保障各类市场主体之间的公平竞争，使缺乏竞争力的企业退出市场，让优质企业在市场竞争中因获取更多的资源而发展壮大，从而恢复产业乃至整个经济的活力。

确立竞争政策的基础性地位，也是实现创新驱动发展的重要手段。创新是国家强盛和社会进步的不竭动力。目前我国正在实施创新驱动发展战略，推动经济发展迈向中高端水平。竞争是企业创新的动力源泉。只有在公平竞争的市场环境下，面对创新可以带来更大经济利益的动力、不创新就会被市场淘汰的压力，才会最大限度地激发企业家精神和创新活力。实现创新驱动发展的基本着力点，是为创新者营造公平竞争的市场环境，包括坚持平等保护产权，维护各类市场主体在市场准入和退出、参与市场竞争、平等使用生产要素等方面的权利，防止和制止滥用行政权力、滥用市场支配地位等限制竞争的行为，使他们的创新和创业才能得到充分发挥。

以上情况说明，确立竞争政策基础性地位对我国发展具有极端重要性。然而正如国务院《意见》所指出，在我国现实生活中，地方保护、区域封锁、行业垄断、企业垄断、违法给予优惠政策或减损市场主体利益等有违公平竞争的现象还十分严重。反竞争的传统思维定式在部分官员中也还有深远的影响。针对这种情况，建立和实施公平竞争审查制度、防止和纠正妨碍竞争的体制和政策设定，就成为一项十分重要和紧迫的任务。从我国发展的实际情况看，确立竞争政策基础性地位的主要矛盾，是如何有效约束政府行为，明确政府权力边界，解决政府干预过多、滥用"政策倾斜"等问题。公平竞争审查制度的目的正在于此。

国务院的《意见》，为建设我国的公平竞争审查制度做出了顶层设计，现在的问题，是要做出认真的努力，使之落地生根，显出实效。

第一，《意见》提出了对公平竞争审查制度的总体要求，也对它的基本原则、审查对象、审查方式、审查标准做出了原则规定。但是，要有序地实施这一审查制度，还必须制定出具有操作性的实施细则。目前距离开始进行公平竞争审查只有很短的时间了，实施细则必须加快进行，才能做到实施时有章可循。第二，从今年7月开始的对有关政策措施制定过程的公平竞争审查工作，将采取政策制定机关自我审查和外部监督相结合的方式进行。为了保证《意见》真正落实，除政策制定机关要切实增强公平竞争意识、充分理解公平竞争审查制度的重要意义、准确把握制度的实施要求外，还需加强外部监督，包括领导机关的监督和社会监督。《意见》指定由国家发展和改革委员会、国务院法制办公室、商务部、国家工商行政管理总局会同有关部门，建立健全工作机制，指导公平竞争审查制度实施工作。有关机关都应当认真执行中央全面深化改革领导小组多次重申的要求，拧紧责任螺丝，把主体责任落实到位，使国务院的有关决定得到贯彻。第三，关于《反垄断法》执法，过去采取分部门进行，并由一个部际非常设机构——国务院反垄断委员会协调。对于这一做法权威性和协调性不足的缺点，过去各界人士多有议论。许多人主张把分立的执法机构整合为一个更具权威性的高级别的统一执法机构。为了提高公平竞争执法的有效性，这个建议也不失为一种值得考虑的选项。

产业政策的研讨需要深化[*]

（2016 年 11 月）

首先，我想讲一讲我们为什么要召开这个"产业政策研讨会"和为什么要设立"产业政策向竞争政策转型"的研究课题。

最近由林毅夫、张维迎两位教授发起的关于产业政策的讨论，引起了政学商各界人士的关注和热议。产业政策过去一直是中国政府政策工具箱中居于中心地位的政策工具，对中国经济发展有重大影响。因此，对它进行深入研究和讨论，无论在理论上还是在实践中都有非常重要的意义，这是不言自明的。

然而使我感到意外的是：自从 20 世纪 70 年代日本官产学各界反思他们在战后初期即 20 世纪五六十年代执行的产业政策（学术界后来把这种产业政策称为"纵向的产业政策"来与"横向的产业政策"相对应，"选择性产业政策"来与"功能性产业政策"相对应，或者"硬性的产业政策"来与"软性的产业政策"相对应），国际经济学界对产业政策问题进行了大量研究和深入探讨。他们研究的重点，是在什

---

[*] 本文根据作者 2016 年 11 月 11 日和 13 日在清华大学产业发展与环境治理研究中心（CIDEG）的发言整理增补而成，载《比较》辑刊 2016 年第 6 辑。

么情况下需要有产业政策，需要什么样的产业政策，以及它与另外一项重要政策即竞争政策是什么关系，等等。只要检索一下有关文献就可以发现，这种与实践密切结合的研讨已经取得了许多有助于各国行政当局改进其工作的重要成果。可是在我们当前的讨论中，主要发言人几乎完全没有提及这些讨论及其成果，这使讨论变成了对产业政策全称肯定或者全称否定的各自经济哲学的宣示。有鉴于此，我们希望在前人研究成果的基础上进行更切实的讨论，以便推动认识的深化和政策的改善。

当前的讨论还有一点使我感到意外：我国到现在仍在执行的产业政策，是20世纪80年代从日本引进的，实际上是日本政府在五六十年代主要通过通商产业省执行的"纵向的"、"选择性的"或称"硬性的"产业政策。其实在日本国内，从70年代开始，对这种产业政策的批评就逐渐成为主流。日本的产业政策也在国内外的压力下向"横向的"、"功能性的"或称"软性的"产业政策转化。这样，大致以20世纪70年代初为分界线，在50年代和60年代实施的是"纵向的"、"选择性的"或称"硬性的"产业政策；70年代以后实施的是"横向的"、"功能性的"或称"软性的"产业政策。前一类产业政策运用财政、金融、外贸等政策工具和制度干预以及"行政指导"等手段，有选择地"促进某些产业的生产、投资、研发和产业改组，同时抑制其他产业的同类活动"。而后一类产业政策的特点，则是"最大限度地发挥市场机制的作用"，用政策手段保护、扶植和加强重点产业的作用遭到削弱，而通过向社会提供信息实现的诱导作用则得到加强。按照东京大学植草益教授的判断，日本政府运用产业政策对经济进行的"协调活动"，在70年代发生了从硬性产业政策向软性产业政策转化的重大变化。"结果，提供有关产业结构的长期展望和国际经济信息，

产业政策的研讨需要深化

成了产业政策的中心内容。"[1] 然而在最近的讨论中，几乎没有人谈到日本的产业政策实践及其演变过程（我只看到日本国立政策研究大学院大学一位华人教授在英国《金融时报》中文网站上发表的一篇题为《日本不是产业政策的优等生》[2] 的短文）。为了弥补这方面的缺陷，我们的讨论会也邀请了日本一些资深专家，如日本国立政策研究大学院大学原校长八田达夫教授、曾在日本政府通商产业省工作20年的津上俊哉博士等参加讨论。国内一些比较年轻的学者，这些年也结合文献考察，对中国产业政策的理论和实践进行了深入研究。不过他们在社会上的影响还很小，我们也邀请了几位来参加今天的会议和有关课题的研究。

众所周知，在"文革"结束以后中国寻求振兴经济新路的探索中，日本经济体制和发展实绩曾经是我们的重要榜样和路标。在产业政策的问题上也是这样。早在20世纪80年代初期，中国已经在政府主导的"机械工业改组与改造"中仿照50年代后期日本"振兴机械产业"的做法，用行政手段组织实施机械工业的技术改造和企业的专业化改组。

正像大多数研究战后日本经济发展的学者所指出的那样，日本在战后的不同时期执行了不同类型的产业政策。中国在80年代后期全面引进的，只是日本战后早期执行的那种"纵向的"、"选择性的"或称"硬性的"产业政策。在中国获得广泛传播的，也是宣扬这种产业政策"辉煌成就"的言论。日本战后产业政策的主要推动者、

---

[1] 参见［日］小宫隆太郎、奥野正宽、铃村兴太郎编（1984），黄晓勇、彭晋璋等译：《日本的产业政策》，北京：国际文化出版公司，1988年。

[2] 邢予青：《日本不是产业政策的优等生》，见FT中文网2016年10月9日，http://www.ftchinese.com/story/001069608。

马克思主义经济学家有泽广巳和中国社会科学院保持着密切的关系，1985年他还被中国社会科学院授予荣誉博士称号。对他提出的"倾斜生产方式"，即向重化工业倾斜的产业政策，中国经济界耳熟能详。一些宣扬日本战后初期产业政策业绩和产业政策主要执行者——通产省的著作，如傅高义（E. Vogel）的《日本第一》（1979）、约翰逊（C. Johnson）的《通产省与日本奇迹——产业政策的成长（1925—1975）》（1982）等，更成为风行一时的畅销书。在这样的舆论环境下，中国政府引进了前一类型的产业政策。

引入日本战后早期的产业政策，还有中国自身改革进程的大背景。1984年的中共十二届三中全会决定用"公有制基础上的有计划的商品经济"取代中共十二大"计划经济为主、市场调节为辅"的改革目标。"公有制基础上的有计划的商品经济"的提出，为产权制度比较模糊的非国有企业的发展开辟了一定的空间。到80年代中期，大体上由市场导向的非国有经济在国民经济中所占的份额已经达到三分之一左右。这时，向完全的市场经济过渡，就提上了中国改革的议事日程。当时，政经两界乃至国内外学术界都有一些人提出建立市场经济的要求。市场经济意味着由价格信号引导资源配置，因此要建立市场经济就必须把价格放开，实现价格市场化（自由化）。虽然不管在政府内部还是在学术界，都有一部分人对这样的改革方向持怀疑和反对态度，他们认为，中国应该在相当长的历史时期中，比如说在几代人的时间内，保持计划与市场双轨运行的体制，但是国务院领导还是在1986年3月决定制订被称为"价、税、财配套改革"的改革计划，并准备于1987年初开始执行，以便在"七五"（1986—1990年）前期实现价格市场化和建立起公平竞争的市场环境。这个改革方案在1986年8月通过以后，得到了邓小平本人的支持。但在10月份，国务院领导人改变了主意，决定中止执行。

在当时计划体系已经不复存在、市场化改革又无法大步向前推进的情况下，谁来充当国民经济的调节者就成了问题。正在这时，国家计划委员会的几位领导干部在1986年9月国家计委召集的"全国宏观经济管理问题讨论会"上提出，我国应当实行计划与市场、竞争与干预相结合的体制："国家调控市场，市场引导企业"或者"国家掌握市场，市场引导企业"[1]。这种意见被当时的中央领导人所接受，成为1987年10月中共第十三次全国代表大会的基调。十三大的中央委员会报告写道：社会主义有计划的商品经济的"新的经济运行机制，总体上来说应当是'国家调节市场，市场引导企业'的机制。国家运用经济手段、法律手段和必要的行政手段，**调节市场供求关系**，创造适宜的经济和社会环境，以此引导企业正**确**地进行经营决策"。

那么，国家即政府怎样来调节市场呢？中国从日本战后初期的产业政策实践中找到了可资借鉴的榜样。

1987年3月，在十三大报告的起草过程中，国务院发展研究中心给当时的中共中央领导人写了一份题为《我国产业政策的初步研究》的研究报告，建议引进日本等东亚国家在战后采用的产业政策来执行这一任务。研究报告指出："产业政策是许多国家实现工业化过程所执行的一整套重要政策的总称。一些实施产业政策得力的国家在发展和国际竞争中卓有成效。我国今后计划体制改革的目标模式，是使计划与市场实现辩证统一的、以指导型计划为主体的模式，是中国式的'竞争'与'干预'相结合的经济体制，即国家指导市场、**市场培育**

---

[1] 参见桂世镛主编(1986)：《论中国宏观经济管理》，北京：中国经济出版社，1987年。

企业，推行以商品经济为中介的计划"，因此，"日本、南朝鲜[1]等国家和地区通过产业政策实现'竞争'与'干预'相结合经济体制的经验值得我们重视"。

和日本在五六十年代实施的产业政策相类似，报告建议引进的产业政策是一套"协调价格、金融、财政、税收、外贸、外汇等调控手段的综合政策体系"。政府运用它所包含的产业结构政策，"对某种（某几种）产业的生产、投资、研究开发、现代化和产业改组进行促进，而对其他产业的同类活动进行抑制"，具体来说就是限制加工工业的快速发展，推动"基础产业"的超前发展，以便实现"产业结构的高度化"。与此同时，政府也要运用它所包含的产业组织政策，"建立高度技术基础上的大批量生产机制"，一方面通过企业的合并、扩张和新建，形成一批高度集中的大企业集团，另一方面发展大量与大型企业协作的微型企业，组成"以大企业为核心的分工协作网络"。

可能是由于这样的产业政策为"国家调节市场"提供了得力的政策手段，领导人很快就认可了制定我国产业政策的意见，并责成国家计划委员会负责执行。

值得注意的是，日本国内从 70 年代对战后初期的产业政策开始进行反思以后，连产业政策的制定和实施部门，包括通产省的指导思想，都在国内外的压力下发生变化。到 80 年代，日本国内外出现了一些用批判眼光看待日本战后初期产业政策的论著。否定这种产业政策的意见逐渐成为主流。其中尤其值得重视的，是由日本著名经济学家小宫隆太郎、奥野正宽、铃村兴太郎主编的《日本的产业政策》一书。

---

[1] 当时中国尚未与韩国建交，所以只能用这样的称呼。

产业政策的研讨需要深化

这本书是小宫隆太郎教授组织20多位日本资深经济学家用两年时间进行深入研究的成果汇编。它从经济学学理的高度对日本50年代到70年代产业政策的理论和实践进行了全面考察，对五六十年代执行的"纵向的"或"硬性的"产业政策提出了有理有据的批评。小宫教授也是时任国务院发展研究中心主任和中国社会科学院院长的马洪的朋友。他在1985年的中日学术交流会冲绳会议上向马洪指出，当时流行的介绍日本经济发展和产业政策的书籍存在对日本产业政策的实际状况和效果评价过高的偏向，同时也向马洪介绍了《日本的产业政策》这本书的主要内容。马洪回国以后，就请中国社会科学院日本研究所组织翻译了这本书，并在1988年公开出版。

小宫教授依据主流经济学的分析框架，肯定在出现市场失灵的情况下实施产业政策的必要性。但他同时也着重指出："尽管产业政策对于处理市场失灵是十分必要的，但仍然存在以下几个问题：（1）在何种情况下才能认为市场出现了失灵；（2）针对市场失灵的种种类型，应当分别采取什么样的政策措施；（3）市场虽然时常失灵，但政策和政府部门也可能出现失误。几乎在所有情况下，根据产业政策采取的措施总要伴随着财政负担等各种代价和副作用，因此有必要对政策的效果和代价进行权衡，不能认为只要出现市场失灵就必须进行政策性干预。"

小宫等经济家在对日本战后初期产业政策进行细致考察后得出结论，日本政府制定的这类产业政策，或者被国会否决（如60年代初由通产省主导制定的《特定产业振兴临时措施法》1963年被国会否决而成为废案）、被企业抵制（如1961年产业合理化审议会提出将轿车产业整合为三家企业，这一设想由于民间企业的反对而未能实现），或者被法院判为违法（如1980年东京高等法院一项判决中明确禁止对竞争进行限制的所谓"行政指导");即使得到执行,结果往往也是负面大于正面。而多数在日本取得高速发展的产业,无论是早期的缝纫机、照相机、自行车、摩托车、拉链、半导体产业,还是后来的彩色电视机、磁带录音机、音响设备、钓鱼用具、钟表、台式电脑、数控机床、陶瓷、机器人等,都是在没有得到政府保护扶持政策支持的情况下发展起来的。其中许多企业几乎是从零或者极小的规模起步,在没有得到产业政策优惠的情况下,依靠自己的力量发展起来的。

《日本的产业政策》的另一位作者、东京大学的植草益教授总结道:战后日本经济的高速发展可以归结为两个原因:一是在以被占领下的反垄断政策为契机形成和保持的相对竞争性市场结构下,私人企业展开了活跃的投资活动;二是存在着支撑上述活动的国民高储蓄倾向和劳资一体化的日本式经营。"70年代初石油危机发生后,日本企业提高生产率和产品质量的意识进一步加深。而且由于不少新企业的加入,产业集中度呈现下降趋势,由此形成的竞争性市场机制,进一步促进企业提高生产率和产品质量。正是这一充满活力的产业组织变化,成为日本宏观经济发展的基础,而产业政策只不过是日本经济发展的配角,即产业政策只是从侧面支援了以市场机制为基础的充满活力的经济发展。"

令人感到遗憾的是,《日本的产业政策》这本书本来可以成为一本帮助我们吸取日本战后产业政策经验教训的有益参考书,然而它并没有起到这样的作用。这本书行销不广,只印了一次就告绝版,以致没有能够引起人们对这类批评意见的足够重视。这就使在日本已经被否定多年的说法和做法,例如"防止过度竞争"、"提高产业集中度是提高效率的主要途径"、"实现产业结构高度化(重化工业化)"

等继续在中国流行不衰。

这样，1989年3月国务院发布了我国第一部产业政策法规，即《国务院关于当前产业政策要点的决定》。这一决定详细开列了重点支持生产和严格限制生产的产业、产品，重点支持基本建设和停止或严格限制基本建设的产业、产品，重点支持技术改造和严格限制技术改造的产品目录。要求计划、财政、金融、税务、物价、外贸、工商行政管理等部门目标明确、协调动作，运用经济的、行政的、法律的和纪律的手段，"明确支持什么，限制什么"，以便"压缩和控制长线产品的生产和建设，增加和扩大短线产品的生产和建设"，逐步缓解"消费结构与产业结构的矛盾"。对照日本战后早期的做法，这一决定及其所附的"当前的产业发展序列目录"，可以说是一个加强版的日本"特定产业振兴法"。

在1994年4月国务院颁布《90年代国家产业政策纲要》以后，这种政府在"宏观调控"的名义下以产业政策直接干预微观经济的传统一直延续下来，到世纪之交形成了政府用直接或间接手段"有保有压、有扶有控"地调整经济结构的一套做法。有关部门陆续颁布了汽车、钢铁、水泥、煤炭、铝业、电力、船舶、纺织等行业的"产业发展政策"、"产业结构调整规定"和"产品目录"，要求各级政府机构运用手中掌握的市场准入、项目审批、供地审判、贷款核准、目录指导、强制性淘汰等手段，以达到领导部门心中的产品结构和企业组织结构优化的目标。不过，这种直接干预市场和限制竞争的产业政策的执行效果乏善可陈，使我国产业结构在新世纪第一个十年中变得越发扭曲，行政力量推动下形成的大型企业集团的竞争力下降也成为一个明显的事实。虽然有些学者早在20世纪后期就已提出，从日本引进的差别化、选择性产业政策的依据已经逐步丧失，应当加快向功能性产业政策的推进。"提供信息、建立市场秩序等增强市场竞争功能的政策内容将成为新产业政策的主要特征。"[1] 不过,这种意见并没有得到主管当局的响应,以致经济结构继续恶化[2],直至"三去一降一补",即"去过剩产能、去房地产库存、去杠杆、降成本、补供给短板"成为当前必须面对的紧迫而沉重的任务。

国际学术界的情况有所不同,从 20 世纪 80 年代以来,许多经济学家对产业政策以及政府在经济发展中的作用问题进行了深入的研究,可谓名家辈出。比如,罗德里克(D. Rodrik)、阿吉翁(P. Aghion)、大野健一等都做出了自己的贡献。梯若尔(J. Tirole)还因为有关的研究成果获得了诺贝尔经济学奖。他们的研究成果,都是我们在推进供给侧结构性改革的过程中必须认真研究和吸收的。

提高我国经济效率的根本途径,无疑在于通过改革建设统一开放、竞争有序的市场体系,使市场能够在资源配置中起决定性作用。当然,也要较之过去更好地发挥政府的作用。把以上两项要求综合起来看,一个重要问题是如何正确处理产业政策和竞争政策的关系。2015 年中共中央、国务院发布的《关于推进价格机制改革的若干意见》提出了一项十分重要的要求,就是"逐步确立竞争政策的基础性地位"。这意味着必须摒弃直接干预、限制竞争的传统产业政策做法,使产业政策成为促进竞争、提升市场功能的辅助手段。这将是我国产业政策理论和实践的历史性转变。我们应当努力促成这一转变的实现。

---

1 参见刘鹤(1995):《走向大国开放条件下我国产业政策的依据和特征》,载刘鹤:《结构转换研究》,北京:中国财政经济出版社,2002 年,第 182—192 页。

2 具体情况参见江飞涛、李晓萍:《直接干预市场与限制竞争:中国产业政策的取向与根本缺陷》,《中国工业经济》2010 年第 9 期。

国有企业改革

"管资本"应该成为国有企业管理体制改革的基本方向[*]

（2012年7月）

  这是一篇值得企业界的朋友认真一读的好文章。

  陈清泰同志这篇文章从"国有经济有进有退"vs"国有企业做强做大"这个困扰许多国有企业领导人的问题破题，讨论了一个更大的问题，这就是国家拥有的资本应当用在哪里和应当怎样运用。

  现在政府手里积聚了巨量的国有资本。这笔财富运用得是否得当，会对全体中国人的生存状态产生决定性的影响。

  中国在改革开始后一直把"松绑放权"、"增强国有企业的活力"作为经济改革的中心环节。后来，又把建立"所有权与经营权分离"的"股份制企业"作为实现这一点的最重要的举措。但是"股份制企业"

---

[*] 本文是作者为陈清泰《国企改革转入国资改革》（《上海国资》2012年第6期）所作的推荐语，载正和岛《决策参考》2012年7月号。本书收录的是作者2013年以来的文章，只有此文是2013年之前所写，为保持作者思想的连续性，特在略做修订后收录该文。

建立后人们发现，不处理产权问题，在国有独资公司中完全无法实现"两权分离"。为了解决这个难题，曾经采取过将国有产权"授予""顶层企业"（一般是集团公司）行使的办法。但是，这种"授权投资"的办法正如清泰文章中所说，"使企业自己成了自己的'老板'"。由于缺乏所有者与经营者之间的制衡，"内部人控制"的问题便在国有企业中普遍发生。

1997年的中共十五大才正面触及国有企业的产权问题，做出了有进有退地调整国有经济布局的重大决策。十五大的提法是："要从战略上调整国有经济布局。对关系国民经济命脉的重要行业和关键领域，国有经济必须占支配地位。在其他领域，可以通过资产重组和结构调整，以加强重点，提高国有资产的整体质量。"[1] 1999年的中共十五届四中全会把国有经济需要占支配地位的行业和领域进一步限定为以下三个行业和一个领域，即涉及国家安全的行业、自然垄断的行业、提供重要公共产品和服务的行业，以及支柱产业和高新技术产业中的重要骨干企业[2]。

然而在世纪之交基本上实现了"放小"，应当进一步在大企业领域中进行国有资本有进有退的布局调整的时候，这项工作却意外地停顿了下来。2006年12月国务院国有资产监督管理委员会宣布了加强国有经济对国民经济控制的新方针，该方针要求"有关部门要抓紧研究确定具体的行业和领域"。随后，国资委负责人宣布，国有经济要

---

[1] 见江泽民：《高举邓小平理论伟大旗帜，把建设有中国特色社会主义事业全面推向二十一世纪——在中国共产党第十五次全国代表大会上的报告》（1997年9月12日）。

[2] 见《中共中央关于国有企业改革和发展若干重大问题的决定》（1999年9月22日中共十五届四中全会通过）。

对军工、电网电力、石油石化、电信、煤炭、民航、航运等七大行业"保持绝对控制力"，对装备制造、汽车、电子信息、建筑、钢铁、有色金属、化工、勘察设计、科技等九大行业的骨干企业"保持较强控制力"。于是，在这些行业和领域中开始了"国进民退"的进程。

近两年国有经济改革形势逆转所造成的严重后果日渐显露。这使愈来愈多的人认识到，不重启国有经济改革是绝对没有出路的。

清泰的这篇文章不但指明了重启国有经济改革的正确方向，而且提出了通过国有资产资本化实现国有经济布局调整和企业制度完善的具体办法。我想如果按照这种思路去做，就既能解放国有资本，使它能够配置到社会保障、公租房建设、基础教育、共性技术开发等社会特别需要而私人部门无力或无意开发的领域中去，体现它的社会功能；又能解放企业，使企业领导人能够充分发挥自己的经营才能，在公平竞争中把企业做强做大。

由于清泰曾经长期担任大型国企领导人，后来又曾担任国家经济贸易委员会主管国企改革的主要负责人，对于国有企业体制的沉疴何在和国有经济改革的甘苦知道得十分清楚，因此，他的意见不但高瞻远瞩，而且具有很大的可操作性。

研究市场化国有资本运营机构的国际经验[*]

(2014年10月)

一 研究背景

1. 中共十八届三中全会要求国有资产管理体制从目前"管企业",即由国资委直接管理企业的高级经理人员、经营活动和资产配置,转变为"管资本",即由国有资本运营公司来运营国有资本。这一从"管企业"到"管资本"的转变采取何种方式和速度进行,将由中国领导在近期做出决定。然而不管这一转变将以何种方式进行,建立能够有效运转的国有资本运营公司都将是中国国有企业改革的一项最重要的内容。但是,我们对于如何建立这类公司、这类公司如何才能有效运转以及它们和政府之间的关系应当如何安排等问题都缺乏足够的经验。

2. 成立和运作国有资本运营公司,国外已有较多的经验。他们的做法和经验,无论是成功的还是不成功的,对于正在设计推进这项改革的中国来说,都有借鉴的价值。

---

[*] 本文是作者为国务院发展研究中心国有企业改革课题组拟定的"建立市场化的国有资本运营机构的国际经验"的一份研究提纲。

3. 所以，此项研究的主要任务，就是分析和比较这些国际经验，据此提出对中国国有企业"管资本"改革的建议，使我们在对这项改革的设计和实施中能够根据自己的实际情况充分汲取别人的经验，避免重犯别人犯过的错误。

二 具体任务

1. 在现代市场经济中，主要有哪些类型的运营国有（公共）资本的市场化机构？

2. 在这类机构设立时，对它们的人员组合、资产经营目标的设定上应注意哪些问题？

3. 这些机构各自的公司治理、与政府关系的不同安排对它们的绩效有哪些影响，怎样才能存利去弊？

4. 案例研究和比较分析：（1）世界规模最大的挪威政府养老基金（包括政府全球养老基金 SPU 和政府挪威养老基金 SPN）拥有高达 1 万亿美元的巨额资本，它在管理巨型基金上有哪些经验教训值得吸取；（2）新加坡淡马锡控股（Temasek）和政府投资公司（GIC）不同运营模式的利弊得失比较；此外，（3）世界上最有影响的养老基金，如加州公职人员退休基金（CalPERS）、全美教师保险及年金协会（TIAA）加强它们持股企业的公司治理的经验，也值得认真研究。

5. 这些机构的经验和教训，哪些值得中国特别注意。

三 时间要求

在 2—3 个月内完成。如有可能，可先提供一个初步的研究报告。3 个月后提供最终报告。

国企改革：管资本与两类公司试点的几个问题[*]

（2015 年 5 月）

中共十八届三中全会《关于全面深化改革若干重大问题的决定》提出："完善国有资产管理体制，以管资本为主加强国有资产监管，改革国有资本授权经营体制，组建若干国有资本运营公司，支持有条件的国有企业改组为国有资本投资公司。"

怎样改革现行的国有资本授权经营体制，建立以管资本为主、通过国有资本运营公司和国有资本投资公司（两类公司）形式实现的国有资产管理新体制，是一项复杂的系统工程。本文就管资本改革和两类公司试点的目标与途径进行探讨，并提出建议。

一 现行的国有资产管理体制需要改革

在计划经济时代，国有企业是计划经济的支柱，计划经济是国有

---

[*] 本文是国务院发展研究中心"落实三中全会精神 深化企业改革"课题组的课题报告，课题负责人是陈清泰、吴敬琏，课题协调人是张永伟，课题组成员是项安波、王怀宇、周放生、刘京生等，由陈清泰执笔、吴敬琏修订。

企业的依托，政企不分，各个企业只是这个大公司的生产车间。改革开放后，政府放松对企业的管制，与企业建立合同关系，普遍实行承包制。十四届三中全会后，试图改革政府职能和与企业的关系，进行所有权和经营权的适度分离，对一些行政性总公司和集团公司采取"授权经营"的国有资产管理形式。这些"授权投资机构"，既是政府授权的所有者代表，又是国有"企业"的上级主管，被赋予了最高经营者的权能。

2003年国有资产监督管理委员会（"国资委"）建立以后，所有者代表和经营管理的双重职能普遍归集到各级政府的国资委，由它们对国有企业行使"管人管事管资产"的职权。

但是随着中国经济的发展和改革的深化，这种管理体制已经愈来愈不符合需要，必须进行进一步的改革。

在我国，国有资本有两种基本功能：一是政策性功能，即为政府实现公共目标提供资源；二是收益性功能，为政府获取财务回报，充实保障民生和提供公共服务的财政资源。两者的比例结构应当与时俱进地调整。

在经济发育程度较低的时期，政府主导经济增长，国家特别看重国有经济的政策性功能，国有企业主要作为政府掌控经济的工具、发展战略产业的拳头和推动经济增长的抓手。这种发展方式大体适应了当时的发展阶段，使我们较快地越过了经济发展的追赶期。但这一发展阶段已经过去。

当前，尽管在国家有需要但非公经济不愿进入的领域、关系国家安全和某些公共服务等领域，以国有资本投资实现政府公共目标的功能仍不可少，但是随着经济的发展和市场在资源配置中的作用的加强，电信设备制造等原来被认为需要由国有企业控制的"重要行业和关键领域"已经成为竞争性的行业和领域,而制约经济社会发展的瓶颈、关系"国民经济命脉"的很多方面也已变化。政府直接掌控经济的作用就必然减弱。而且,由于执行政策性职能的国有资本具有多重目标,有时会超出"市场理性",对市场正常发挥作用产生冲击,因而国有资本的主体部分应当从"工具"、"拳头"和"抓手"的功能中淡出,成为国有经营性资本,发挥收益性功能,以投资收益作为公共财政的补充来源,弥补体制转轨中必须由财政支付的改革成本和必须支付的民生方面的历史欠账。

二 "管资本"改革应当实现的目标

对于国有经营资本来说,十八届三中全会《决定》所肯定的"以管资本为主"的监管方式,是一种最适宜的国有资产管理体制。

迄今为止,在产业领域,实物形态的"国有企业"仍是国有经济的主要实现形式。各级政府作为市场的监管者,同时拥有和管理着一个庞大的企业群,并与其保持着复杂的关系。这就造成政府不独立,国有企业也不独立。政府无法正确处理与市场的关系,成为诸多体制性矛盾的一个焦点。

管资本就是改革经营性国有资产的实现形式,以用财务语言清晰界定、计量,并具有良好流动性、可进入市场运作的资本为其实现形式,使政府从管理和控制国有企业,转向拥有并委托专业机构运作国有资本。

国有资产的资本化应当实现三个目标:

一是国家保持国有资本的最终所有权,委托专业投资运营机构代理运作。这就解除了政府与企业之间的隶属关系,有利于实现政企分开：国有资本投资运营机构与企业是股权关系，实行所有权与经营权分离。企业有股东，没有"婆婆"，是独立的市场主体。这就为确立现代企业制度创造了体制环境。

二是在国有资产资本化和证券化以后，股权投资者的所有权与企业法人的财产权分离，这就解脱了国有经济与个别企业的捆绑关系。国有经济的布局调整和功能转换，不再是以行政的力量改变一个个企业的业务结构，而是资本投向在企业间有进有退的动态优化。资本化是对国有资产流动性和效率的解放。

三是有了国有资本投资运营机构的隔离，政府在管资本不管企业的体制下，可以站到更超脱的地位，正确处理与市场的关系。这对政府也是一次解放。

这项改革的重要意义在于，资本化为从根本上理顺长期困扰我们的政府、市场和企业的关系创造了条件。国有资本的预期效能，主要通过市场而不是行政力量来实现。这就使国有资本具有"亲市场性"，从而可以保障我国在保持较大份额国有经济的情况下，"使市场在资源配置中起决定性作用"。

三 有步骤地实现从"管企业"到"管资本"的改革

经过多年的探索，我国国有资产管理大致可分作两类。一类是国资委管人、管事、管资产的管理形式。它的特点，一是管理对象基本上是未经改制的"国有企业"，而不是国有资本，缺乏政企职能分开、所有权与经营权分离的制度基础。二是从法律和财务意义上国有产权的委托代理关系还没有建立，尚未超越以行政的方式管理企业。三是国有产权基本不具有流动性，有进有退的调整实际上难以进行。直到现在，除国资委外，83个中央党政机关管理的国有企业仍有6200家。

在国有经济改革和金融体制改革中，也出现了一种新的国有资产管理形式，这就是信达、华融等资产管理公司和中投、汇金投资等投资控股公司。这类机构的共同特点，一是都属经注册的金融投资持股机构，管理的对象是资本化和证券化的国有资产，也就是"国有资本"。它们持股或控股的企业多半是整体改制的股份制公司。二是它们与自己持股和控股的公司是股权关系，不是行政关系，可以通过下一层的公司治理结构对经理人员进行控制。三是持股机构是市场参与者，所持资本（股权）具有流动性，可以"用脚投票"，在市场中运作。

后一类管理方式显示了"管资本"管理形式的雏形。

我们考虑，国有资产管理体制的改革可以分步骤地进行。就是说，首先把一些不具有政策性功能、不存在争议的国有资本从原有的管理体制下剥离出来，除一部分按照十八届三中全会《决定》划拨给社会保障基金外，其余的归于新组建的收益性投资运营公司管理。如央企总股本约15万亿，第一批至少可以有2万亿以上划归收益性投资运营机构管理。其余的部分，仍然由原来的监管机关管辖。当然，这些机关的管理方式也要进行改革，例如组建政策性投资经营公司对国有企业进行监管。

四 国有资本管理体制的基本框架

国有资本管理体制可设计为三层结构：

第一层是国家所有权管理。可考虑把分散在多个部门行使的国有资本所有权代表的职能集中到政府层面,设立"国有资本管理委员会"。管委会为非常设机构,而以财政部门为其办事机构。管委会由政府主要领导担任主任。负责制定所有权政策、推动国有产权立法、审议国有资本经营预算、统筹国有资本收益分配和任命投资运营机构负责人、批准公司章程等。管委会每年向人代会报告国有资本运营情况、国有资本经营预算和收益分配情况,接受审议和监督。

第二层是由国有资本管理委员会设立的国有资本投资运营机构(包括已有的国有资本投资运营平台、社会保障基金、新设立的国有资本投资公司和运营公司)受国家股东委托,进入市场运作国有资本,是独立的金融性商业实体。政府管资本就管到投资运营机构,不再向下延伸。

第三层是投资运营机构持股或控股、受《公司法》调节的股份制公司。

管理体制框架见下图:

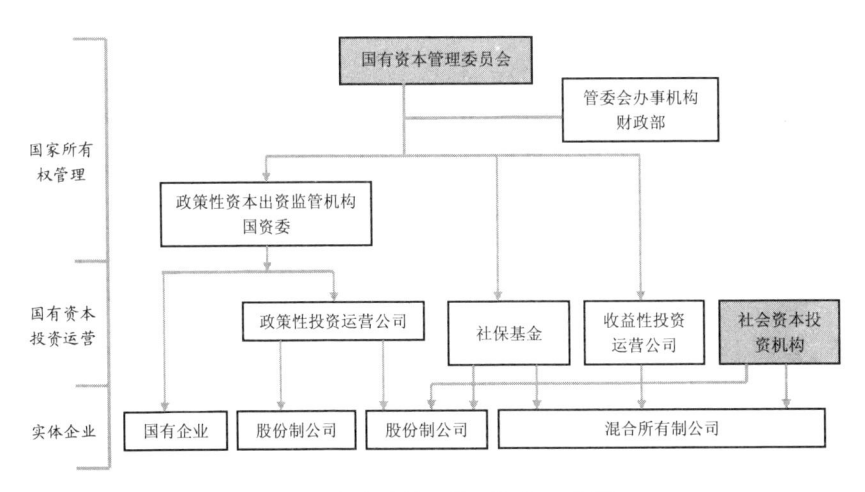

图 8　国有资本管理体制框架示意图

五　重视发挥社会保障基金的作用

　　划拨部分国有资本充实社会保障基金，是一件拟议已久但一直未能实现的大事。1993年十四届三中全会决定我国的养老金社会保障从现收现付制转向"社会统筹和个人账户相结合"的新财务制度以后，曾经多次拟议拨付部分国有资本偿还国家对老职工的社会保障欠账，弥补社会保障基金缺口。特别是在2001年，曾经准备向作为社会保障战略性储备基金的全国社会保障基金拨付超过1.8万亿元的国有资本，由作为国务院直属的事业单位全国社会保障基金理事会统筹运营，包括选拔一些基金公司担任基金管理人，进行资本运作。这一套设计，有多方面的好处：第一，弥补了社会保障基金的缺口，使个人账户制的社会保障体制能够持续运转；第二，有助于克服我国资本市场投资者以散户为主的缺陷，增加一大批机构投资；最后，也是跟本文主题直接相关的，是按照1997年十五大"努力寻找能够极大促进生产力发展的公有制实现形式"的要求，找到一种良好的公有制实现形式，能够有力地推动国有经济的改革和公司治理结构的建立。但是，由于种种原因的掣肘，这些方案最终都没有能够付诸实施。虽然全国社会保障基金理事会已经建立，并且在投资运作上取得了很好的成绩，对持股公司的法人治理结构的工作也有所助益，但是终究因为资金规模太小，不能起太大的作用。

　　现在十八届三中全会《决定》已经明确规定，要"划转部分国有资本充实社会保障基金"。社会保障基金更加直接地体现了国有资本全民所有全民分享的本质。在向管资本转型中应更加重视发挥社保基金的作用，可将收益性资本较大比例划转社保基金，社会保障基金理事会可以自行投资，更主要的是在资本市场上选用基金公司等独立的资本管理人，在自己的监督考核下进行独立的投资运作。

六 收益性投资运营公司的属性和运作机制

收益性投资运营公司的重要功能，是实现国有资本所有权代表职能与党政机构向公共管理职能的分离，在政府与企业之间发挥"界面"和"隔离层"的作用，其属性是全资国有的投资公司，其运作机制则应当保证实现政企分开和所有权与经营权分开。

（一）这类投资运营公司的董事、董事长由国有资本管理委员会聘任和管理，保障董事会的独立性。国家股东意志通过批准公司章程和委托合同，召开股东会议等"正常"方式，而不是不断下达"红头文件"来实现。

（二）投资运营公司以实现投资效率最大化和获取最大限度的投资回报为主要责任。它没有行政权，没有行业监管权，借助投资和其他市场工具运营，而不是依靠行政手段。投资运营机构不承接政府对其下层企业的市场监管和行政管理等职能。

（三）投资运营公司持股和控股的企业是设有董事会的股份有限公司，投资运营公司通过企业的股东会和董事会行使股东权力，包括选聘董事、参与公司利润用于分红还是再投资等重要决策。为此，对重要的投资企业应保持适当股权比例，以便获得在董事会的投票权。

（四）投资运营公司的权能既包括国有股权的管理，也包括股权的转让和买进新股；资本运作可以由本机构进行，也可以委托有良好诚信记录和业绩的资产管理公司、基金进行。对投资运营公司的业绩评价是基于投资组合价值的变化，而不是看单个投资项目的盈亏；业绩评价是基于长期价值，而不是受市场波动影响的短期业绩变化。专业的投资经理人在市场中择优选聘，实行与业绩挂钩的薪酬激励。

（五）投资运营公司要向国有资产管理委员会报告工作，接受第三方机构的审计和评估。

七　投资运营公司持股和控股的企业

投资运营机构之下的企业将越来越成为国有资本、集体资本、非公有资本交叉持股的混合所有制公司。与传统国有企业相比，其独立市场主体的属性增强，与政府的行政关系被切断。《公司法》将成为调整股东、经理人、员工及各利害相关者权力和利益关系的法律依据。这就使企业进一步走向了"现代企业制度"。

根据国内已有的经验，这些公司应具备以下特征：

（一）国有股权适度分散给若干国有投资机构持有，打破一股独大。引进非公有的机构投资者，构建合理的股权结构。

（二）董事成员以外部董事为主，其中应有相当比例的独立董事。股权董事应为外部人，董事长原则上由外部人担任。

（三）所有股东通过股东会、董事会行使权利。确立董事会的核心地位和战略作用。由董事会选聘高层经理人员。董事会在股东大会的监督下掌握公司重大决策权，如发展战略、重大投资、并购、年度目标、高管薪酬和长期激励、业绩考评以及利润用于再投资还是做红利分配等决策权；发挥监事会审计监督作用，董事会审议公司财务报告，考核经营业绩。防止内部人控制。

（四）公司和经理人不属"体制内"，没有"行政级别"。经理人不是大股东派遣，而是"市场人"，不受"体制内"保护，董事会有权罢免。公司高管由经理人提名，董事会批准。不能获批，经理人重新提名。保障经理人的用人权。

（五）公司必须执行国家法规，接受税务、工商、环保、海关、外管等行政执法部门的监管。上市公司还要接受来自资本市场的监管部门、律师、会计师、分析师的监督。

（六）公司不再与政府保持行政关系，包括干部人事管理、工资总额管理、责任目标管理，以及巡视、考评等的"延伸"管理。党的关系属地管理。企业不再具有所有制的"身份"，政府将平等地对待所有的企业。

八 政策性国有资本的管理体制及其进一步改革

对某些关系国家安全和提供公益性产品的国有企业，政府需要保持控制力。这些领域基本不存在竞争，如何管理对市场基本不产生影响。政府对这类企业的管理应当兼顾实现政策目标和保持较强的财务约束，还是由原来的国有资产管理机构管理为宜。

根据具体情况，这类国有资本的管理体制可以有两种选择：一是继续直接用现有的管理方式，既管资本，也直接管理企业；二是进行改革试验，即通过国有资本投资公司控股目标企业。

当一些企业被确认并不需要具有政策性功能时，就应当把它们转到收益性国有资本的管理系统中去，实现由"管企业"转向"管资本"。

金融改革

明确汇率改革的市场化方向[*]

（2013年7月）

1994年中国实行汇率改革，取消外汇管制和官定汇率，实行有管理的浮动汇率制，同时实行人民币深度贬值。这标志着中国开始走上出口导向战略。此后，中央银行频繁介入市场，保持低汇率制。这是跟出口导向政策相配套的一种做法。不过到了21世纪初期，这种做法的负面效应日益显露，中国也开始了汇率形成机制的改革。

"二战"之后，世界形成一个格局，发达国家储蓄和投资之间的缺口很大，而东亚国家储蓄率非常高，储蓄减掉投资是有富余的。按照国民经济的"双缺口模型"，东亚国家通过出超把自己的储蓄余额借给发达国家使用，发达国家则通过入超用别人的储蓄弥补自身的储蓄不足。于是，东亚国家的富余和西方国家的缺口就通过发达国家和

---

[*] 本文根据作者2013年7月27日第九期"中国改革读书会"对话整理，发表于《中国改革》2013年第9期，所用题目为《从钱荒看中国经济的短期和长期》，收入本书时有较多删节。

东亚国家之间的对外贸易找平了。东亚很多国家都是靠出口导向政策实现经济起飞的。

按照耶鲁大学教授、摩根士丹利亚洲区前主席 S. 罗奇的说法,这种格局正是推动东亚国家高速增长的"高辛烷值燃油"。从日本开始就通过低汇率政策把大量的产品推出去。低汇率政策实际上是对发达国家的补贴。在当时有大量劳动力需要就业的情况下,这种补贴对东亚国家还是合算的。所以,1994 年中国汇改,意味着中国开始全面推行出口导向政策。在 1994 年以前的大部分年份,中国的对外贸易存在赤字。1994 年以后,没有一年入超,出超年年增长。出口导向战略的实施,使中国和许多东亚国家一起,取得了促进对外贸易和整个经济发展的巨大成功。

然而东亚国家的经验也表明,到了一定的发展阶段,继续实施出口导向战略会弊大于利,必须进行调整,采取以改善资源结构为目标的平衡贸易战略来加以替换,否则就会因为外汇储备过多、货币超发而引起房地产等资产泡沫的膨胀,最终酿成金融危机。

有一种流行的说法,把 1985 年《广场协议》后的日元升值说成是导致日本 20 世纪 80 年代后期资产泡沫爆破和导致"失去的十年"的根本原因。这是完全不符合历史事实的。其实,在《广场协议》签署以后,日元升值,不能再依靠出口,日本就采取了扩张性的货币政策,大搞毫无价值的基础设施建设等,来扩大内需,拉动增长,结果造成了股票和房地产价格飙升。80 年代末,日本的中央银行认识到资产泡沫不断膨胀的危险性,要求转向紧缩性的货币政策,可是为时已晚,刚一开始行动,股市和房地产市场就崩盘了。

大致从 2003 年开始,中国经济界就在争论,汇率制度应不应该市场化。但是,主张汇率市场化以便减少中央银行的入市干预和为收购外汇压制人民币升值而被动发行货币这一派的声音很微弱，而且被批判为"卖国"。学术界最坚决地公开说不要怕升值、应该实施汇率市场化的，是中国社会科学院的余永定教授[1]。我支持他的这一主张。一直到2005年，经济学家才跟党政领导人达成一定程度的共识。人民币从当年7月开始缓慢升值。

汇率改革有两种方式：一种是渐进或爬行式升值；一种是一次升到位。这两种方式各有利弊。采用哪一种办法很伤脑筋。一次性升值到位的好处是一次性解决问题，却有可能造成比较大的冲击。特别是在本国货币高度低估的情况下，一次性放开，本币汇率大升，由于经济学中"蛛网定理"的作用，会产生较大的经济震荡。渐进升值的好处是冲击较小，问题是长期保持本币升值的预期，热钱就会不断涌进来，等待取得升值的红利。2003年，有学者认为，人民币只低估了8%。如果是这种情况，当时下决心一下放开肯定是没有问题的。可是，在2005年，对本币低估程度的判断扩大到20%以上。因此，多数人赞成政府采取爬行式升值的办法。2005年开始的汇率改革选择了渐进的方式。采取这种办法的确避免了大的冲击，但是也导致大量热钱流入。为了控制人民币汇率升值的速度，中国人民银行被动发行了若干万亿元的央行高能货币来收购外汇，也造成房地产、股票等价格居高不下，使资产市场泡沫膨胀。

根据我的观察，到去年第四季度，人民币汇率大体到了均衡点附近的区间，开始出现双向波动。今年一季度以后人民币一度出现升值波动，原因是西方各国普遍采取了量化宽松的刺激政策。

人民币下一步是否应该进入贬值通道？这取决于国内外多种因素

---

[1] 余永定：《消除人民币升值恐惧症，实现向经济平衡发展的过渡》，《国际经济评论》2003年9月号和10月号。

的变化,不确定性很大。应当明确汇率市场化的方向,增强人民币汇率双向浮动弹性。同时,要建立外汇期货制度,使企业有回避汇率风险的工具。中央银行不再进行常态化的干预,只在汇率波动太大的时候才入市干预。

现在人们的直觉往往是矛盾的:一方面认为政府应当顶住外国的压力,坚持人民币不升值,免得出口受到影响;另一方面又不愿意政府因为稳住人民币汇率而大量收购外汇,造成货币超发,物价大涨。经济学家的责任是要讲清道理,使大众清楚地认识到自己真正的利益所在。政府则要在短期政策和长期政策之间取得平衡,在尽量减少短期利益损失的条件下,使人民的根本利益得到保证。

建立存款保险制度，助力金融改革[*]

——魏加宁等《存款保险制度与金融安全网研究》序言

（2014年4月）

实现利率市场化，是深化金融改革的一项基础性的举措，而建立存款保险制度，则是使利率管制放开、竞争加强后保护存款人利益和使银行体系能够平稳运行的重要保证。

近年来，我国金融领导部门一直把实现利率市场化提到改革议程的重要地位。2013年7月，中国人民银行宣布全面放开对金融机构贷款利率的管制，这意味着利率市场化提速。贷款利率全面放开以后，在中国的存贷利率体系中就只剩下存款利率还存在行政规定的上限。接着在今年3月，中央银行的周小川行长宣布，将在一两年内放开存款利率。

利率市场化进程能够加快到什么程度的一个关键问题，在于做好各项配套改革的进度。世界上的万事万物都是有利有弊的。利率市场

---

[*] 本文是作者2014年4月14日为魏加宁等著《存款保险制度与金融安全网研究》（北京：中国经济出版社，2014年）一书所作的序言，收入本书时有删节。

化也是这样。虽然它作为市场在资金资源配置中起决定作用的前提条件，对于强化金融机构的竞争和优化金融资源配置等方面所起的积极作用是毋庸置疑的，但与此同时，竞争的强化也可能产生某些副作用，例如，发生挤兑风潮和收储机构的破产，使千千万万存款户特别是中小存款户受到严重的财产损失，甚至衣食无着，以致造成社会动荡，而且，这种兑付危机还有可能在金融体系中扩散，引发系统性危机。

在银行业的早期发展中，由于缺乏全国性的存款保险制度，不论是存款人还是收储机构所面临的风险都很大。1929年大萧条发生以后，发达国家频繁地出现银行挤兑风潮。在这以后，西方国家才陆续建立起国家级的存款保险机构和全国性的存款保险制度。当收储机构发生兑付困难时，可以由存款保险机构按规定的数额兑付。改革开放以后，我国商业银行开始实行商业化经营。由于这些商业银行都属于国家所有，当银行或城市信用合作社等收储机构发生兑付问题时，居民存款通常由中央银行和地方政府全额刚性兑付，实际上是由政府提供隐性保险，最后由纳税人买单。这种由政府提供担保的办法虽然保证了金融系统的稳定，但是由于它破坏了银行之间的竞争条件，造成存款人不关心收储机构的经营管理状况和收储机构不注意加强风险防范意识，加大了财政负担，并且使中央银行被动地扩大货币供应，到头来会使系统性风险不断积累。所以，在当前加速存款利率市场化的情况下，中国经济也必须效法其他市场经济的先例，尽快把存款保险制度建立起来。

然而存款保险制度有不同的类型，同一类型的存款保险制度在保险金缴纳和赔付限额上的规定也各各不同。选择什么样的存款保险制度，需要根据各国的具体情况认真权衡和精心设计。例如，各国建立存款保险制度的历史经验表明：存款保险机构实行全额刚性兑付，将会弱化收储机构风险防范意识，而存款赔付限额规定得过高或过低，都会产生逆向选择和道德风险等不良后果。而且存款保险的具体制度如何设定，不但由存款结构和银行结构决定，还与相关金融机构的状况有关，需要认真研究和仔细计算。

社会保障

把医疗费用的筹措与医疗服务的提供分开[*]

（2013 年 2 月）

在 2003 年开始的关于医疗改革的大争论中，对于中国应当采取什么样的医疗模式，人们提出了两种对立的观点。

一种观点认为，医疗是一种公共品，所以要由政府负完全责任。一些持这种观点的人认为，中国从世纪之交开始的医疗改革走了一条"市场化"的错误道路，因此不成功；应当转而实行古典的"国家医疗服务体系"（National Health Service，简称 NHS）[1]，由公立医院对全民提供免费的医疗服务。另外一种观点认为，前期医改的大方向是正确的，它在 20 世纪末期才开始，说不上成功还是不成功；认为所谓不成功的原因在于"市场化"，更是完全不能成立的。

---

[*] 本文是作者 2013 年 2 月 3 日在中欧国际工商学院"中国新医改的回顾与展望高峰研讨会"上的发言。

[1] 所谓古典的 NHS 模式是英国在 1948—1990 年实行的"国家医疗服务体系"，由国家支付全部医疗费用，通过公立医院为全体居民提供免费的医疗保健服务。由于在这套体制下医疗服务供给方效率低下，从 1991 年开始用市场竞争改进医疗服务的改革，对这一体制进行调整。

在我看来，这两种观点可能都有偏颇。不能笼统地说医疗整体上是公共品还是非公共品，而应该把两件事分开：一件事是医疗费用的筹措，另外一件事是医疗服务的提供。先把两件事分开，然后针对两者各自的具体问题来研究设计对应的制度安排。

先说医疗费用的筹措。由于疾病是否发生、何时发生和生什么病都有极大的不确定性，完全由个人筹措医疗费用，往往很难应付付费的需要，需要由社会提供帮助。

福利国家最先采用了完全由政府来负担医疗费用的做法。更多的国家采取了多支柱的费用筹措办法。1993年十四届三中全会《关于建立社会主义市场经济体制若干问题的决定》提出的新社会保障体系，叫作"全覆盖"、"多层次"。所谓"多层次"，又叫"多支柱"社会保障体系，就是最下面有一个政府保证提供的最基本的保障，然后有强制性的社会保险系统，再上面还有商业提供自行投保、自行付费的保险。

现在大家能够一致同意的是基本医疗费用应该由政府来负责，就是说，政府要保证人人都付得起基本医疗费用。当然，如何界定"基本医疗"是一个十分复杂的问题，它与经济发展水平、历史传统和社会意愿有直接的关系，需要慎重研究决定。

另一个问题是医疗服务的提供。由于医疗服务不具有非竞争性和非排他性，所以不是一种公共品，而是一种私用品。对于私用来说，最好是通过市场来提供。只有这样，才能充分动员社会资源投入医疗服务。同时，通过市场竞争形成的价格，能够有效地配置资源和在相关人群之间建立起兼容性的激励机制。

医疗服务市场有效运转的一个前提条件，是解决病人、医生以及药品和医疗器械供应商之间的信息不对称的问题。许多国家采用由付费的第三方（如医保基金）参与的办法，来降低信息非对称性造成的损害。

现在中国医疗改革中出现的一个问题，是把两种对立的观点混合起来，想要"兼容并包"，结果变成了非驴非马、不伦不类。最明显的反映在公立医院的改革上。医疗文件要求坚持公立医院的公益性。什么叫公益性呢？我认为就是指非营利性。但相当多人都认为，公益性就是说它提供的是公共品。既然是公共品，就应当完全由政府免费提供。但在实际上，政府又不可能完全免费提供。目前国家财政拨款只能覆盖公立医院费用的很小一部分，在北京这个比率不到10%，其余的要靠医院自己去"创收"。这又造成了引起医患矛盾的"以药养医"、"过度检查"等问题。

在医疗服务的提供问题上，我认为有些地方的路子绝对走不通。公立医院改革不但回到了国企模式，而且回到了供给制的国企模式。如果说基本的概念和分析框架理不清，我怕医疗改革会走很大的弯路。

应当重视社会保障基金的建立和市场营运[*]

（2013 年 11 月）

1993 年中共十四届三中全会《关于建立社会主义市场经济体制若干问题的决定》提出了一项重要的原则，就是要把社会保障基金的行政管理和基金的经营运用分开。但是这一点长期没有做到。2002 年辽宁的钼矿事件发生以后，朱镕基总理请刘遵义教授做了一个方案，建立由全国社会保障基金理事会负责管理的全国社会保障基金[1]。这个基金虽然建立了，但只是作为国家财政的特殊后备，基金的规模很小。2004 年，美国专家 P. 戴蒙德（Peter A. Diamond）教授[2] 等访华，向中国领导人重提建立社会保障基金的事情。但几经周折，最后还是没有

---

[*] 本文是作者作为"中国金融 40 人论坛"顾问在该论坛"深化经济体制改革重点领域一揽子方案"课题内部讨论会上发表的意见的摘编，发表于《21 世纪经济报道》2013 年 11 月 9 日。

[1] 参见刘遵义（2000）：《关于中国社会养老保障体系的基本构想》，《比较》辑刊 2003 年第 6 辑。

[2] 戴蒙德（1940— ），美国麻省理工学院教授，宏观经济学、财政政策、社会保障制度等多方面的引领潮流的经济学家。21 世纪初期，他参与了"中国经济研究咨询项目"关于社会保障体制改革的研究。他强烈反对社会保障体制私有化，力主实行记账式个人账户制（NDC）。2010 年，戴蒙德教授由于对于市场冲突的研究成果获得诺贝尔经济学奖。

形成文件，虽然全国社会保障基金理事会确实想在这种分开的条件下成为代理职工管理他们个人账户的机构。我看应当把十四届三中全会《决定》作为制定政策的依据。

我很赞成社会保障支付标准跟缴费挂钩即缴费确定（defined contribution，DC）的做法。缴费确定要落实到每一个人，而不是用平均数一概而论。

关于个人账户采用名义账户制（或称记账式个人账户，NDC）做实个人账户的问题，在国际学术界是有争论的。哈佛大学的 M. 费尔德斯坦（Martin S. Feldstein）教授[1]主张做实个人账户，戴蒙德建议中国仿效北欧，实行名义账户制。我比较赞同后者。

医疗保障体制的首要问题是确定医疗体制的社会属性。

上届政府领导在界定医疗服务的性质时用了一个比较柔和的词，叫作"公益性"，实际上要说的是它属于"公共品"。现在政府面临很大的压力：如果医疗是公共品，它就应当由国家全部包起来，然而国家又没有那么多钱去支持公立医院给居民提供免费的医疗服务，要让医院自己去创收。另一方面，由于无法动员民间资源投入医疗领域，还造成医疗服务供给不足。这样，政府就把自己置于一种非常尴尬的境地。对于看病贵、看病难的情况，最好不要纠缠于意识形态争论，要从问题本身入手，解决实际问题。

关于采取哪一种医疗保障模式，我认为，应当把医疗资金的筹措和医疗服务的提供这两个不同的问题分开来考虑：基本医疗资金应该由政府负责保证，医疗服务则要通过市场提供。当然，在医疗服务的市场交易过程中，要通过一定的制度安排处理好信息不对称的问题。

1　费尔德斯坦（1939—　），美国经济学家，曾任里根总统的经济顾问委员会主席。他力主实行养老金的全积累个人账户制。

存利去弊，建设适合我国国情的医疗体系[*]
——蔡江南主编《医疗卫生体制改革的国际经验》序言
（2015年8月）

如何能够在社会力所能及的范围内为社会成员提供与社会经济水平相适应的医疗保障，是每一个现代国家都必须面对的问题。而从世界各国社会医疗体系发展的历史看，妥善地解决这一问题有相当大的难度。对于我们国家来说，就必须认真研究各国的经验和教训，取长补短，存利去弊，建立适合我国国情的社会医疗体系。

任何一种社会医疗体系，都包含两个既有关联又相区别的组成部分。一个是医疗费用的筹措，即由谁来支付医疗费用：病家自理，由商业保险机构支付，还是政府给予补助。另一个是医疗服务的供给，即由谁来提供医疗服务：由各类医疗机构通过市场提供，还是由政府的公立医院直接以实物形式提供。以上两方面各有自己的难点，需要选择恰当的方法去解决各自的特殊问题。在分析一个国家的医疗体系

---

[*] 本文是作者为蔡江南主编的《医疗卫生体制改革的国际经验》（上海科学技术出版社，2016年）所作的序言。

时，必须把这两个方面区别开来，分别加以考察。在我看来，过去若干年对我国医疗改革纷争不已却难以找到较多人都能同意的答案，一个重要的原因就是把二者混为一谈，希图用一个办法，例如政府或市场，来同时解决这两个问题。

"二战"结束以来，一些国家由政府建立了全民享有的公共医疗保险。公共医疗保险制度体现了现代社会以人为本的价值观，而且具有节约管理费用的优点。但各国的实践经验也表明，医疗费用完全由公共机构承担，容易使之无节制地增长，而且政府垄断的保险机构容易滋生官僚主义行为和低效率，因而主张允许商业保险公司进入医疗保险市场；此外，由个人承担部分医疗费用的医疗保险计划，对于控制医疗支出的无节制增长能够产生积极作用。

与此同时，由公共机构免费提供医疗服务也会造成服务供给难以满足无限增长的需求的难题。因此事实上，利用市场上在服务质量和价格方面展开的竞争改善医疗服务，已成为世界性的趋势。然而，医疗服务市场的突出特点是信息不对称。疾病的诊断、治疗需要专业知识，供给方（医院、医生）在医疗市场中具有垄断优势和信息优势，需求方（病人）通常缺乏必要的医疗知识，对于祛病延年却有迫切的要求。虽然病人可以选择医生和医院，但疾病如何治疗主要还是由医生决定。当然，政府对医疗服务提供的监管也必须加强。强化市场竞争与加强政府监管并重，走向"有管理的市场化"，是全球医疗改革特别是医疗服务提供体制改革的大趋势。

把医疗费用筹措和医疗服务提供这两个维度综合起来观察，可以把世界各国的医疗体制大体上划分为四种模式：

一是以英国为代表的"国家医疗保障模式"。其特点是政府以税收方式筹集资金，直接组建医疗机构或对已有的医疗机构进行国有化，免费向全民提供包括预防保健、疾病诊治和护理等一揽子卫生保健服务。由于在这种模式下政府的医疗支出成倍增长、待诊待治时间过长、医疗质量不高，英国在2000年以后对这种政府全包的体制做出了一些改进，允许私立医院进入医疗服务市场和吸引私人资本投入医疗投资项目。

二是以德国为代表的"社会医疗保障模式"。资金来源于雇员和雇主按比例强制性缴纳的保险费（税），国家适当给予补贴；基金的设立按社会职业确定并相互独立，基金管理方式是实行社会与个人之间结成伙伴关系的自治或半自治的模式，在政府和医生组织、基金和医生组织之间，或以上三者之间进行集体谈判、签订协议，由政府批准或备案，并最终由政府出面直接监管或委托监管。

三是以新加坡为代表的"个人储蓄医疗保障模式"。这种模式依据法律规定，强制性地以家庭或个人为单位建立医疗储蓄基金，用以支付日后患病所需医疗费用。新加坡医疗服务的分工比较明确，初级卫生保健主要由私立医院、开业医师、公立医院及联合诊所提供，而住院服务则主要由公立医院提供。

四是以美国为代表的"混合型医疗保健模式"。其特点是：联邦政府向65岁以上的老人提供的"医疗保健"（medicare）、向低收入家庭提供的"医疗救助"（medicaid）等公共医疗保险覆盖全美人口的1/4；另有约60%的人口由职工个人和雇主购买私人医疗保险覆盖；还有15%左右的美国人没有任何医疗保险。至于医疗服务，则由公立医院、私立非营利医院、私立营利医院、开业医生等通过市场提供。

我们如果能够认真学习借鉴其他国家的经验教训，就可能少走弯路，降低改革成本，尽快建设起适合我国国情的医疗体系。

环境保护

避免过度使用行政手段治理环境[*]

——马骏、李治国等《PM2.5 减排的经济政策》序言

（2014 年 6 月）

最近几年全国大面积持续出现的雾霾天气，成为数以亿计的中国人的现实梦魇。在民意的推动下，政府也出台了《重点区域大气污染防治"十二五"规划》、《大气污染防治行动计划》等文件，期望在近期取得全国空气质量的总体改善和重度污染天气的大幅度减少，再用五年或者更长时间逐步消除重污染天气，实现全国空气质量明显改善。但从执行这些规划和计划的实际效果看，治理的方法还有待做大的改进。

迄今为止，我国的大气污染治理，主要采取的是燃煤的脱硫脱硝、提高汽车尾气排放标准等环保末端治理手段。然而，目前存在的严重环境问题源于粗放增长方式消极影响的长期积累，不从源头上采取措

---

[*] 本文是作者为马骏、李治国等著《PM2.5 减排的经济政策》（北京：中国经济出版社，2014 年）一书所作的序言。

施,仅仅进行末端治理,结果必然是事倍功半的。

马骏博士和李治国教授的这本《PM2.5减排的经济政策》的重要贡献,就在于通过缜密的经济学分析,指出了单纯环保型末端治理的局限性,探求大气污染更深层的原因并提出更加有效的治理方针和方法。

中国在过去几十年内雄心勃勃地效仿西方国家的早期增长模式,用海量资源投入推动工业化的时候,西方国家的经济增长已在经历了靠技术进步和效率提高实现的现代经济增长阶段以后,进入了一个主要靠信息化和大规模降低交易成本推动的后工业化经济增长。中国的粗放发展模式造成了中国工业特别是重工业的超常增长。而重工业的资源消耗和污染强度又很高。这种畸形的产业结构给我国的资源和环境带来了巨大的压力。

改革开放以来,为了弥补粗放发展模式必然带来的过度投资而消费需求不足的缺陷,中国效法日本等东亚国家推行出口导向战略,用净出口需求弥补内需的不足。在很长一段时间内,这对中国经济的发展起到了积极的作用。但随着时间的推移,这种依靠政策支持扩大出口的做法的消极作用变得越来越明显。由于出口产品附加值过低,中国许多出口企业只能"以量取胜",靠增加出口数量来维持发展,于是就出现了这样一种情况:"中国消耗了大量不可再生资源,承受着环境的污染,背负'倾销'的恶名,可是利润的大头却不在自己手里。"

"粗放增长模式"和"出口导向战略"是导致我国生态环境恶化的直接原因,而到这些直接原因背后去看更深层次的问题,就会发现既有历史的背景,也有制度和政策上的根源。从经济方面看,我国的税收、土地、价格、汇率等体制的设计都曾经鼓励了(有些还在继续鼓励)粗放增长和加工品出口。从政治体制看,粗放的发展模式与我们对官员的考核体制密切相关，"唯 GDP 论英雄"的地方官员升迁体制和"公司大则仕"的国企干部升迁体制强化了用海量资源投入支持 GDP 高速增长的投资冲动。

十几年来，不少有识之士反复申说粗放增长模式的不可持续性，但收效甚微，主要原因是这种模式对我们的惩罚还没有被清楚地感受到。但是，最近一两年全国出现的大面积雾霾，让全国几亿人都看到和亲身体验到了多年以来粗放模式下对环境破坏的恶果。短短一年多的时间，从不让发布 PM2.5 的数据，到 200 个城市每个小时都报告 PM2.5 的实时数据，这种变化具有极其深远的历史性影响。当几亿人民都认识到空气污染在威胁其健康时，它就可能转化为推动改革和增长方式转变的巨大力量。

不过，存在这种压力并不能保证它一定会转化为最好的改革方案和最有效的改革实践。许多人觉得，空气污染严重是环保部门不尽职，没有制定足够严格的排放标准，也没有严格地执行燃煤的脱硫脱硝、汽车的尾气排放标准等。本书指出，虽然末端治理方面的缺失是导致污染加重的原因之一，但包括经济结构、能源结构、交通运输结构在内的多种结构扭曲才是罪魁祸首。本书作者不但指出了结构性扭曲的问题，而且用数量方法估算了各种结构性扭曲对雾霾形成的影响（或未来减少结构性扭曲能够对治理污染减少排放做出的贡献）。

本书作者在深入分析的基础上提出的一个重要观点是，治理雾霾一方面要靠运用环保技术，但同时要花更大的力气去解决经济结构中重工业比重太高、一次能源过度依赖煤炭、交通运输过度依赖公路等问题。

不仅如此，本书还详细分析了导致这些结构性扭曲的一系列经济体制和政策的问题。针对这些体制和政策问题，作者提出了一系列以改变市场主体激励机制为导向的经济政策，包括改变导致工业用地价格过低的体制，改革服务业相对税负过高的体制，提高煤炭资源税税率，提高对清洁能源的补贴，建立 PM2.5 减排的区域间补偿机制，建立绿色金融政策体系等。这些政策建议借鉴了国际经验，也针对中国特点做出了效果评估。最后，本书的几个专题研究，包括上海和北京治理空气污染的政策组合、降低煤炭消费的政策分析、绿色金融政策的国际经验等，都有重要的现实意义。这些分析对决策者形成治理雾霾的总体设计会提供一个十分有益的思考框架。

　　本书作者在书中阐述的另外一个观点，也是我十分赞同的。这就是必须避免过度使用行政手段来治理环境，应该更多地研究和采用经济手段来改变企业、消费者等参与主体的行为，引导他们更多地生产和消费绿色产品，减少对污染性产品的生产和消费。但是，很不幸的是，最近又不断听到一些关于地方政府由于上级下了"死命令"而采取一刀切的办法关停落后工厂的消息。

　　马骏博士和李治国教授的这本专著，第一次系统地从经济学的角度研究了中国的空气污染治理问题，有着重要的学术价值和现实意义。在此书提供的实证分析和政策建议的基础上，我们可以进一步扩展眼界，研究一些原来没有涉及的深层次问题，例如我国旧型城市化的"造大城运动"对生态破坏和大气污染的影响，从而找到更有效的防治办法。因此，我在此郑重向各位读者推荐这本书，它应该成为所有关心环保的人士，尤其是政策制定者的必读书。

经济发展转向新常态是绿色经济转型的机遇*

(2015年8月)

近年来,中共中央、国务院先后出台了一系列重大决策部署,推动生态文明建设。然而我国现在的生态环境形势仍然非常严峻。2010年世界银行《世界发展指标》指出,中国每年因环境破坏而产生的经济损失占国民收入的9%,几乎和国民收入增长的速度相同。也就是说,我们经济增长取得的成就大为减缩。

人类要生存,起码要有能够承载生命的土地、新鲜的空气、洁净的淡水。但现在这些维持生命的基本条件都出现了问题。从目前情况看,环境远未到达由恶转好的拐点。

今年4月,中共中央、国务院发布《关于加快推进生态文明建设的意见》,提出协同推进新型工业化、信息化、城镇化、农业现代化和绿色化战略,加快推进生态文明建设。而促使环境优化的最根本的途径,就是全面深化改革,从导致污染的根源上着眼。

---

* 本文根据《世界环境》2015年第4期刊登的对作者的采访稿整理而成,原文题目为《吴敬琏:经济"新常态"对绿色经济转型是挑战更是机遇》,采访者李鹏辉。

生态环境的恶化，不是个别因素造成的，它是一个系统性问题，是跟我们国家的增长模式、经济发展模式紧密联系在一起的。从1953年第一个五年计划以来，我们就开始了靠大量投入资源来实现增长的发展模式。这种模式造成了资源的大量浪费，以及产业结构、能源结构、城市结构的扭曲。这一定会造成两个结果：一个是资源的耗费和衰竭；另外一个是在污染成本没有被充分分摊的情况下污染物的过量积累。

我们过去主要是把经济增长的成果拿出一部分去改善环境，并没有集中主要力量，从源头上改变经济增长方式。所以，取得的成果和造成的破坏是不成比例的。如果增长方式不改变，就很难彻底解决资源短缺和环境破坏的问题。只有实现经济发展方式转型，从旧常态转入新常态，才能消除污染物过量排放的源头。

先说旧常态，旧常态是改革开放以后30多年来曾经长时期保持着的一种经济发展态势。这个经济发展的态势大致上可以这样来概括：高投资、高增长，也就是说在海量资源投入支撑之下实现的10%左右的年平均增长。这在世界范围内当然不是独一无二的，但是对于拥有这么多人口这么大面积的、处在停滞落后状况下大概一两百年的国家，可以说是一种举世瞩目的业绩。

这种旧的常态，到了21世纪初期，就开始难以为继。到了2010年第三季度以后，增长速度就不断回落，特别是最近三年，增长速度已经到了7%—8%的水平。继续依靠旧模式，没有阻止住中国的经济减速，而它引起的问题却变得越来越严重：资源短缺，环境破坏，民众的收入水平提高缓慢，贫富的分化加剧，国家资产负债表的杠杆率太高。

中国经济正在从高速增长转向中高速增长，经济发展方式正从规模速度型的粗放增长转向质量效益型的集约增长，经济结构正从增量扩能为主转向调节存量、做优增量并存的深度调整，经济发展动力正从传统增长点转向新的增长点。这就是我们希望建立的中国经济新常态。

要实现绿色增长，对中国来说最重要的就是将这种靠大量资源投入实现的增长方式，转变成技术进步和效率提高驱动的经济增长方式。转变中国经济增长方式的问题已经提出几十年了，这个问题解决得并不好。在2010年总结"十一五"（2006—2010年）经验、规划"十二五"（2011—2015年）的时候，经过研究得出了结论，解决不好的原因是存在体制性障碍。作为体制性障碍，最主要的一点就是市场没有能够在资源配置中发挥主导的作用。

中国经济发展转向新常态，对于绿色经济转型，既是一种挑战，也是一种机遇。这个机遇抓不抓得住，就看我们怎么来应对挑战。

历史经验表明，经济发展方式转型成败的关键在于能否通过改革建立一套有利于创新和创业的制度与政策。因此，当前中国经济需要在保证不出现系统性风险的前提下，把主要注意力放在推进改革和实现经济发展方式的转型上。

集约增长方式则是让技术进步和效率提高在整个经济增长中起主要作用，在结果上的表现就是附加值的增加、盈利能力的提升。如果靠投资的话，产出虽然增加，但成本也跟着增加，这是不可持续的。

只要我们能够通过改革把有利于创新和创业的制度与政策环境建设起来，中国产业的技术水平和附加值水平完全能在不太长的时期内有一个明显的提升。目前，世界许多产业都面临着或大或小的技术突破。中国如果能抓住机会，发挥自己的优势，发展出一些具有国际竞争力的拳头产业完全有可能。

此外，处理好政府和市场的关系，更大程度更广范围发挥市场在资源配置中的决定性作用，是必须明确的方向。当然，仅仅明确方向还不够，还要落到实处，这需要一个过程。我们要以更大的政治勇气和智慧全面深化改革，实现转型升级和可持续发展。政府要从竞争领域配置资源的角色中退出来，去做政府应该做的事情。

在推进改革、实现转型与发展的同时，我们还有大量的工作需要做，比如解决 GDP 崇拜、改变"先污染、后治理"的思维定式等，否则不利于生态文明建设。要克服、改变，就要用更先进的、更有前瞻性的观点去引导社会，还需要付出更为艰巨的努力。唯有如此，才能推动绿色增长、绿色文明的发展，我们的环境也才有希望得到改善。

另外，要解决我们所面临的生态环境问题，还要形成对环境的共识，继而形成全民的共同行动。但是，形成共识又很难，要提高全民的环境意识，调动全民，包括环境公益机构在内的专业组织，共同努力来保卫我们的家园。

制度反腐

全面推进改革：反腐的治本之策[*]

（2014年8月）

腐败的实质是权力寻租

《财经》：20世纪80年代中后期以来，如何遏制日益严重的腐败，始终是公众普遍关心的一个焦点。虽然反腐败的呼声一直很高，但是从80年代的"官倒"到90年代的"买官卖官"，腐败并没有得到有效遏制。尤其是新世纪以来的十几年里，人们普遍感到腐败愈演愈烈。一些腐败大案要案触目惊心，涉案金额动辄上亿元，涉案官员的级别也越来越高。那么，腐败到底是怎样造成的？怎样才能把它遏制住？

吴敬琏：这是一个沉重的话题，又是我们每一个人必须直面的问题。

你所讲的这些问题，早在20世纪后期就曾经热烈地讨论过，当时中国实行的是"增量改革、双轨过渡"的战略。这种战略的特点，

---

[*] 本文是《财经》主笔马国川对本书作者的采访稿，载《财经》2014年第23期。

是不在国有经济存量中采取重大的改革步骤，而把改革和发展的重点放在非国有经济，即民营经济方面；换句话说，就是在大体维持命令经济体制不变的条件下，逐步增加市场经济的分量。这种战略为市场化改革减少了阻力，增加了助力，使市场力量在保持经济稳定的条件下逐步成长壮大。但是，在双轨之间形成的巨大价差，又造成了一些人得以利用公共权力争取私利的巨大空间。

《财经》：是的，正像已故经济学家杨小凯所指出的，当时中国经济改革的特点，是"沿着双轨制前进"。双轨制"造成大规模的腐败"，也"产生了与无效率结合的非常不平等的收入分配"。[1]

这样，在20世纪80年代中后期出现了大量在两个市场之间从事倒买倒卖活动的"倒爷"。这些"倒爷"通过倒买倒卖有权取得低价资源的官方文件，从调拨物资的"批件"、能够取得官价外汇的"进口配额"，到从国有银行取得低息贷款的信贷指标，往往能够在很短时间内成为身价几十万甚至上百万元的富翁。由于他们发财的秘密在于某种官方的权力背景，所以人们看穿了这一秘密之后，就把他们通称为"官倒"。当时一般人的年薪只有一两千元，可是有一些人竟然能够在很短时间里不费吹灰之力成为腰缠万贯的暴发户，这自然而然地引起了一场全民关注的"官倒"腐败问题大讨论。

吴敬琏：开始时，对于"官倒"现象有两种截然对立的看法。

第一种观点认为，腐败是一种"旧社会"才有的丑恶现象，市场取向的改革刺激了人们对金钱的贪欲，也就促成了腐败的死灰复燃。因此他们认为，抵制腐败的正确方针，应当是改变改革的方向，从"市场取向"转向"计划取向"。

---

1 杨小凯：《百年中国经济史笔记》，见 http://www.aisixiang.com/data/3686.html，2002年。

《财经》：那时中共中央的机关刊物《红旗》杂志发表了好几篇文章，引用莎士比亚和马克思的话，说金钱会驱使人为实现自己的贪欲而犯下种种罪恶。

吴敬琏：另一种观点虽然也同意市场作用的增大会刺激人们贪欲的提高和腐败行为的增加，但是他们强调，如果不放开市场，中国就富不起来。因此，腐败的重新滋生是实现民富国强所不能不付出的代价，不应为了保持道德上的纯洁性而牺牲经济发展的根本利益。

以上两种说法虽然立意相反，但在把腐败同市场经济联系起来这一点上，却是共同的，都认为市场经济催生腐败。然而揆诸历史，上述论断并无事实根据。例如，史学界早有定论：19世纪西欧市场经济制度确立以前用国家控制经济的手段追求国家财富积累的重商主义时代，是一个腐败行为猖獗的时代。其原因，一方面是国家权力干预过多，造成了利用公共权力谋取私利的条件；另一方面是市场机制发育不良，出现了大量非公正竞争行为。

相反，"二战"结束后，一些发展中国家在实行市场化的过程中，并没有出现严重的腐败现象，而且越是市场化进行得迅速和顺利的国家，腐败现象就越是受到抑制。

《财经》：看来，市场的发展、货币作用的加强，会使某些人的致富欲望因为财富的范围不再受实物的限制而增强。但是，问题并不在于人们的贪欲有多大，而在于是否存在使这种贪欲得以实现的制度条件。

吴敬琏：正因为如此，一些经济学家用另外一套理论，即20世纪后期提出的"寻租"理论来分析"官倒"现象。

20世纪70年代中期，一些西方研究政治经济学和国际经济学（发展经济学）的学者在分析发达国家和发展中国家的腐败现象时发现，根本的问题在于政府运用行政权力对企业和个人的微观经济活动进行干预和管制,"看得见的脚踩住了看不见的手",妨碍了市场竞争形成均衡价格的作用,从而创造了由于无法自由进入而产生的超额收入。在这种情况下,就会有人运用走关系、行贿等手段接近权力,并通过权力取得超额收入。经济学家把这种超额收入称为"租金"或者"非直接生产性利润",把通过权力取得租金的活动称为"寻租活动"。

《财经》:寻租理论的引进,使中国经济学家获得了对改革过程中出现腐败现象的机理进行深入分析的科学工具。1988年,您和赵人伟、荣敬本主编的《经济社会体制比较》杂志刊登了多篇介绍这一理论和运用这一理论分析中国实际的文章。接着经济学界召开了讨论会,探索"官倒"等腐败现象的实质。从《经济社会体制比较》编辑部编辑、收录了当时文献的一本小册子《腐败:货币与权力的交换》看,大多数经济学家,还有一些人文学者,运用寻租理论对当时中国腐败现象做了深刻的剖析,对改革过程中为什么会出现腐败这一使人迷惑不解的问题给出了令人信服的答案。

著名的人文学者王元化在一篇文章里写道:"这几年关于市场经济的讨论,在大陆的一些有影响的学人(他们大多是我熟识的友人)中间出现了一些想当然的说法,例如说市场经济必然要带来不可避免的腐败……我听到这些说法,当时很不以为然,曾提出了不同意见和看法,但是我只是从我们的市场经济的不健全、经济法规的不完整,以及由于钱权结合所出现的诸如批条子、卖配额等方面来说明问题。到最近,看过《腐败:权力与金钱的交换》以后,我才发现一些在文化领域纠缠不清的问题,经济学家已经做出可以令人信服的说明。"[1]

吴敬琏：我到现在还对当时的讨论记忆犹新。运用寻租理论，经济学对"官倒"一类腐败现象的实质做出了科学的分析，也找到了解决问题的办法。

十分明显，政府主导下的双重体制并存，必然造成"权力搅买卖"和进行寻租活动的制度基础。因为实行"双轨制"，在同一经济中实行命令经济和市场经济两套规则，同一产品实行政府行政定价和市场竞争定价两套价格体系，有权力背景的人就能够利用权力取得借以获取计划调拨物资的权力凭证（"批件"），从而获得计划价和市场价之间的差价（"租金"）。

因此，双重体制并存造成了寻租的制度环境。换句话说，只要这种基础广泛存在，寻租腐败行为就会不可避免地盛行起来。党政领导也认识到，能否处理好腐败问题，是关系执政党生死存亡的严重问题，除了进行"反腐倡廉"的思想教育，还采取了党纪国法乃至严刑峻法来惩罚犯罪分子。但是毕竟腐败的制度基础过于庞大，所谓"法不责众"，收效并不理想。

《财经》：这一段历史事实表明，单纯依靠思想教育和严刑峻法是无法遏制腐败蔓延之势的。反腐败必须釜底抽薪。

吴敬琏：在1988年和1989年之后，由于严厉的宏观经济紧缩和价格管制的放松，在邓小平"南方谈话"前后，绝大部分商品价格就"静悄悄地"实现了市场化。一旦商品的市场交换放开，物资调拨制度取消，双轨价格自发并轨，当然也就没有人能用倒买倒卖调拨物资批文的办法发财了。20世纪90年代初期，我们亲眼看到，随着市场放开和商

---

[1] 王元化：《关于人的素质等问题的答问——与胡晓明对话》，《文汇读书周报》1995年7月1日。

品供应丰裕，曾经猖獗一时的"官倒"们的商品寻租行为自然而然地烟消云散了。

"问题的根源在于不受约束的权力"

《财经》：使人迷惑不解的是，商品寻租活动的消失，非但没有宣告腐败蔓延的终结，没过多少时候，腐败在另外一些领域反而大有愈演愈烈之势。

在国际经济学界，经济学家用租金规模的大小来测评一国的腐败程度。1989 年，中国经济学家胡和立仿照美国经济学家克鲁格（Anne O. Krueger）在她的经典论文《寻租社会的政治经济学》[1]的做法，首次对中国的租金总额进行了测算。胡和立得到的结果是：1988 年中国的租金总额达到了 3500 多亿元的惊人规模[2]。到了 1995 年，经济学家万安培研究表明，1992 年中国的租金总额为 7731 亿元[3]。这个计算结果令人震惊。许多人感到不可理解，为什么取消物资供应的"双轨制"之后，腐败仍然会继续发展呢？

吴敬琏：其实原因也并不太复杂。20 世纪 90 年代初期绝大部分商品价格放开，只是铲除了寻租活动的一小块领地，而没有动摇它的

---

[1] 原载 *The American Economic Review*（《美国经济评论》）第 64 卷第 3 期，中文摘译见《经济社会体制比较》1988 年第 5 期。

[2] 胡和立：《1988 年我国租金价值的估算》，《经济社会体制比较》1989 年第 5 期。

[3] 万安培（1995）：《中国经济转型时期的租金构成及主要特点分析》，载吴敬琏、周小川、荣敬本等著：《建设市场经济的总体构想与方案设计》，北京：中央编译出版社，1996 年。

制度基础，即权力对交易活动的干预和控制。由于资金、土地等要素价格远远没有市场化，汇率形成机制也还没有市场化，权力仍然支配着这些资源的配置，于是，寻租活动重点从80年代的商品寻租转向生产要素寻租。寻租活动在新的领地蔓延：一个是贷款，一个是土地。

在计划经济时期，为了"促进投资和积累"，我们采用金融学中叫作"金融压制"的政策，把贷款利率压得很低，这种传统一直保持下来。90年代初期出现严重的通货膨胀以后，国有银行贷款的实际利率就变成了负数。这时向国有银行借钱实际上不但不用付利息，还能够拿到倒贴。比如1994年的物价上涨了24%，国有银行贷款的年利率为11%，所以实际利率是–13%。如果有人拿到一年期贷款1万元，由于通货膨胀、货币贬值，这1万元贷款一年之后还钱时应该值1.24万元，但他连本带利只用还1.11万元，所以他实际上不但没有付利息，反倒赚了1300元。当时几家国有银行的贷款总额是4万亿元，由这里每年产生了几千亿元的巨额利差（租金）。

《财经》：听说当时有一种被称为"吃过水面"的做法，就是"有路子"的企业从国有银行贷到低息贷款以后，用高息借给无权从国有银行贷款的企业使用，自己吃利差，或者和银行内部人员分享。近两年通货膨胀率上涨超过银行贷款利率，银行贷款的实际利率变负，又有许多能够得到银行低息贷款的企业靠向资金紧缺的企业（大多数是民营中小企业）放款发财。

吴敬琏：另外一个寻租对象是土地。根据中国现行法律，农村土地属于集体所有，城市土地属于国家所有。在计划经济时期，国有土地是无偿划拨给国有企业使用的，不用计价付费。改革以后开始实行国家向使用者"批租"土地的办法。批租通常有两种办法：一种是拍卖批租；另外一种是协议批租。20世纪90年代初城市化加速以后，国家开始大规模将农村土地征购到国家手中，然后向使用者批租。绝大多数地方都采用了协议批租的办法。有的地方原来已经建立了拍卖批租制度，这时也改为协议批租。在协议批租的情况下，批与不批，多批少批，按什么价格批，都由官员说了算。关系好的、"有路子"的人能用低价批到好地，一倒手就能几倍、十几倍、几十倍地赚钱，甚至第二手、第三手、第四手的人都能大发横财。如果能够从国有银行拿到负利率的贷款，那就真正做起了"无本万利"的生意。当时流传着不少带着几十万元搞贿赂的本钱，几个月就成了千万元级甚至亿元级富翁的故事。当时有几个全国闻名的地级市，就靠土地批租和炒作房地产，吸引了全国各地上百亿元的资金。而在这种所谓的"击鼓传花"曲终人散、泡沫破灭时，"兜底"承受损失的，首先是国有银行、梦想"捞洋财"的外地政府，然而最终都会落到纳税人的身上，造成的国民财富损失不计其数。

《财经》：众所周知，90年代中后期朱镕基总理铁腕整治金融，严查土地批租的腐败，在90年代初期因批租土地而风光无限的中等城市与土地管理部门的党政官员成片倒下。人们往往期待，在这样的严厉整治之后，情况会有所变化。

吴敬琏：许多人认为，土地部门"窝案"成堆，是因为监督不严，只要严肃法纪，就能够刹住这股风。殊不知事情并不这样简单。正如我们前面讲过的，问题的根源在于不受约束的权力。只要权力能够"驾驭"市场和干预市场，存在广大的寻租环境，就一定会有腐败猖獗的后果。这是不以任何人的意志为转移的。事实上，这些年来，对与土地管理和利用有关的部门采用严刑峻法高调治贪，受到严厉惩处的官员不可谓不多，可是贪腐官员却"前腐后继"，络绎不绝。这就说明，贪腐横行只能用现行体制为寻租活动提供了机会来解释。

1999年出版《腐败：货币与权力的交换》一书的第三版时，书名根据形势的发展，改为《腐败寻根：中国会成为寻租社会吗》。我在序言里写道："在本书第二版之后，时光又过去了五年，腐败问题变得愈发尖锐了：一方面，社会大众对于腐败的愤怒之情日益高涨，一些经济学家和文化界人士的著作强烈地表达出这种义愤。另一方面，残民以逞的贪官污吏们的气焰并未收敛消歇，他们依然在大量存在'寻租'机会的体制下猖獗地活动，有时他们的'设租'敛财活动还以'全面加强宏观管理'之类的冠冕堂皇的名义公然进行。"[1]

《财经》：在企业改制过程中，国家作为所有者没有负起自己的责任，没有对受托行使权力的人进行有效的监督，也为腐败提供了巨大空间。某些人利用手中握有的公共权力，在转型期间的产权重组过程中蚕食和鲸吞公共财产，实现暴富。

特别是到了世纪之交，中国迎来了城市化的高潮。通过低价征购将农民的土地转为城市国有土地，不但成为各级政府的重要收入来源，也成为贪官污吏鲸吞公共财富的生财之道。2002年末、2003年初，各级党政领导进行换届，随后许多地方的新领导提出了规模宏大的"形象工程"和"政绩工程"计划。于是，出现了空前的投资热潮。在政府的各种"工程"中，能够接近权力的"红顶商人"得以暴利发家。这就使得与土地有关的大案、要案、窝案层出不穷，而且使官员强征、民众维权成为近年来所谓"群体性事件"的主要动因。

吴敬琏：寻租活动的反复表演，加深了人们对腐败所以大行其道的内部机理的认识。人们日益关注怎样才能铲除权力寻租的制度基础。

2000年4月，时任中共中央纪律检查委员会书记的尉健行在广东

---

[1] 《经济社会体制比较》编辑部：《腐败寻根：中国会成为寻租社会吗》，北京：中国经济出版社，1999年。

考察时指出，"权力不正当运用是腐败的源头"。他说，这些年来一些领导干部严重违纪违法，不少的人就是滥用行政审批权力，个人违规批土地、批贷款、批建设工程项目等，从中收取巨额贿赂，走上了犯罪道路。因此，"改革行政审批制度对从源头上预防和治理腐败具有重要作用"。

2000年12月，中共第十五届中央纪律检查委员会第五次全体会议通过正式决议，要求"进一步加大从源头上预防和治理腐败工作的力度"。"从源头上反腐败"工作的首要重点，是"改革行政审批制度，规范行政审批权力"。为此，中纪委要求各级政府部门继续清理行政审批项目，"可以取消的行政审批项目都要取消；可以用市场机制替代行政审批的，要通过市场机制来处理"，"确需保留的行政审批项目，要建立健全对权力的监督制约机制；要规范程序，减少审批环节，公开审批程序和结果，接受群众监督"。[1]

中纪委的这些规定确实抓住了腐败问题的根源，也得到了公众的支持。2001年，国务院设立了行政审批制度改革工作领导小组，在此后的三年间分三批取消和调整了1795项行政审批项目，据说占原有审批项目的48.9%。可是，一些在审批中取得寻租利益的人千方百计进行抵制和回避。正像欧洲启蒙运动时期的思想家孟德斯鸠说的："任何拥有权力的人，都易滥用权力，这是万古不易的一条经验。"而且"从源头上反腐败"的风头一过，2004年初宣布行政审批制度改革"已经取得重要阶段性成果"以后，许多行政审批和变相的行政审批死灰复燃。

《财经》：另外一项减少行政干预和寻租活动的主要措施，是《中华人民共和国行政许可法》的颁布和实施。

1　《中国共产党第十五届中央纪律检查委员会第五次全体会议公报》，《人民日报》2000年12月28日。

吴敬琏： 制止任意设立行政许可，这可是一件事关保护公民基本权利和端正政府行为的大事。自由选择从事一切法律所没有禁止的活动，本来是公民天然具有的权利。因此，现代国家对公民行为选择的基本原则是"非禁即入"，也就是说，只要法律没有明文禁止，公民有权从事任何自己所属意的活动。但是在苏联式的"国家辛迪加"中，人民隶属于国家，所以它所遵循的是另外一种原则，即公民从事任何活动，都要以获得行政批准为前提。中国承袭这种传统，在各个领域设立了大量的行政许可。

据2002年中国政府的统计，国务院65个部门共清理出各类行政审批项目达4159项，由此可见行政许可之多、之滥。更荒唐的是，甚至乡政府、县政府都在设立行政许可。为在市场上摆一个摊位，公民也得跑上跑下盖十来个公章，这种手续烦琐、多头审批的行政许可制度，自然很容易滋生权钱交易等腐败。

《财经》： 也许正是为了防止政府机构滥用行政许可和行政审批权来谋求自身的利益，全国人民代表大会于2003年8月通过了目的在于禁止随意设立行政许可的《中华人民共和国行政许可法》，并要求在2004年7月开始实施。这一法律规定，全国人大及其常委会，省、自治区、直辖市人大及其常委会，国务院，省、自治区、直辖市人民政府，依照《行政许可法》规定的权限可以设定行政许可，其他国家机关一律无权设定行政许可。

吴敬琏： 这部法律确立的设立行政许可的原则是：凡是通过市场机制能够解决的问题，应当由市场机制去解决；通过市场机制难以解决，但通过规范、公正的中介机构能够解决的问题，应当通过这些机构自律和他律去解决；即使是市场机制、中介机构自律解决不了，需要政府加以管理的问题，也要首先考虑通过事后监督去解决。换句话说，政府职能的定位逻辑从"先政府，后社会，再市场"，扭转为"先市场，后社会，再政府"。所以，这是一部规范政府行为的重要法律，对于保护公民、法人和其他组织的合法权益具有重要意义。

如果这部法律得到贯彻，行政许可的设定范围将得到严格限定，行政审批事项将被大幅度压缩，从而使行政机构与行政人员大量精简，有力地推动行政体制改革。在该法律实施之前，国务院发布文件，确认过去设立的几百项行政许可继续有效，其余全部取消。但是事实上，这一法律并没有得到真正的执行，继续保留的投资审批权，就使其他"非禁即入"的规定变成了一句空话。

什么是反腐败的治本之策？

《财经》：对于行政审批与腐败的关系，在中国常常有一种错误的认识，以为加强审批是抑制腐败的有力手段。因为中国的治理传统中存在着一种迷信行政力量的倾向，出现了社会经济矛盾时，首先想到的解决办法往往是加强政府的干预和控制。

吴敬琏：其实事情恰恰相反，增加一道审批就增加了一项新的寻租可能性。以股市的情况为例，有些人想用加强审批的办法来抑制上市过程中的舞弊、诈骗活动。一个公司要上市，要经过省级党政机关的推荐和证券市场监管当局的多道审批，由此把申请上市的过程变成了一个复杂的、多环节的寻租过程，企业上市时所需付出的寻租成本也规模巨大。中国的证券市场曾经有一种很不正常的现象，就是一个已经资不抵债的空壳上市公司的名号（所谓"壳资源"）要卖几千万元。原因很简单，走法定的审批程序所需付出的机会成本，也高达数千万元。

《财经》：大众的直观感受和前面这种理论分析是完全吻合的。近年来行政机关的权力愈来愈大，腐败也确实愈来愈严重。

吴敬琏：出现这种严峻形势还有一个重要的推动力量，这就是被扭曲了的"宏观调控"，它给这些特殊既得利益者提供了"设租"的机会。

从2003年第四季度开始，中国经济出现了"过热"的现象。为了保持经济的持续稳定增长，中国政府决定采取"宏观调控"措施促使经济降温。问题在于，宏观经济过热被不正确地定义为"局部过热"，即某些产业过热，因而"宏观调控"也不是按照市场经济的常规，运用财政政策、货币政策等间接手段为主进行总量调控，而是由主管部委发文，采用审批等行政手段，对钢铁、电解铝等"过热行业"的投资、生产活动进行直接控制。从那时起，"宏观调控要以行政调控为主"就成为正式的指导方针。在这种思想的指导下，各级政府部门纷纷以"宏观调控"的名义加强了对微观经济的干预和控制，市场配置资源的基础性作用则遭到削弱，行政力量配置资源的能力和手段大为强化。2004年许多部门和地方政府以"宏观调控"的名义进行微观干预和价格管制，表现得最为突出。

行政干预的加强，扩大了寻租活动的制度基础，使计划经济时代常见的"跑步（部）前（钱）进"的现象再度兴盛，掌握着审批权力的中央部委门庭若市，行政腐败也加剧扩散。

总之，在市场化改革还没有到位的情况下，通过行政权力配置资源的体系和市场配置资源的体系搅在一起。在这样一种体制下，腐败开始流行起来。这种情况又使一些人进行"设租"、"造租"的活动，即以种种名义加强行政权力对经济活动的干预，增加行政审批的项目，以便增加寻租的机会。这就使腐败活动愈发严重起来。

《财经》：由于腐败寻租活动的基础普遍存在，腐败活动日益猖獗。根据经济学家们的计算，中国贪官污吏、"红顶商人"等的腐败收入达到了天文数字的规模。

吴敬琏：经济领域的腐败导致政治领域的腐败。既然不受约束的行政权力有很高的"价值"，就必然有人愿意出高价收购。于是，"买官"、"卖官"的风气在20世纪90年代中期悄然兴起，逐渐在党政机关中蔓延。进入21世纪后，买官卖官现象趋于严重。2005年爆出的黑龙江省委副书记韩桂芝、绥化市委书记马德买官卖官案，涉及各级官员900多人，有多名省级官员，上百名地市级官员。此案被称为"1949年以来最大的买官卖官案"。另据媒体报道，从2008年至2010年，全国共查处违规违纪选人用人案件10716起[1]。政治领域的腐败危害极大，它不仅造成劣币驱逐良币的效应，而且异化政府的公共性质，消解一切可能的内部监督，发展下去将把政府组织异化为彻头彻尾的腐败集团。

《财经》：腐败猖獗造成的另一个严重的社会后果，是社会贫富分化加剧：一方面，少数掌握支配资源权力的贪官污吏和有寻租门道的人，能够凭借权力暴富；另一方面，普通劳动者，包括国有企业的职工，特别是一般农民，从改革中得益甚少，生活改善不大，甚至由于社会保障体系的阙如，基本生活都得不到保证。

当贫富分化已经成为社会普遍诟病的重大问题时，人们对这一问题的深层原因做了不同的解读。一种有代表性的观点认为，在改革开放之前，社会很平等，贫富分化是在改革开放中推进市场化改革造成的。因为强调"效率优先、兼顾公平"的市场化改革太强调效率，以致平等受损。如果中国不进行市场化改革，就不会有现在触目惊心的

1　李松：《重拳再治"买官卖官"》，《瞭望》2010年第44期。

贫富差距。这种解读,也成为反对市场化改革,主张加强政府干预和加大国有经济份额的重要论据。

吴敬琏:这里需要注意的是:平等与效率之间的关系,可以从机会的平等和结果的平等两个不同的角度去考察。美国经济学家奥肯(Arthur M. Okun)提出的"效率与平等存在替换关系"(负相关关系)的原理,指的是结果的平等[1]。至于机会的平等,则大体上同效率有着相互促进的关系(正相关关系),而并不存在负相关的关系。因此,二者应当是可以得兼的。

事实证明,目前中国社会中存在的贫富悬殊问题,主要是由机会不平等造成的,其中首要因素是腐败。因此,对于社会不平等和由此造成的贫富差别悬殊,不是通过反对市场化改革,而是需要通过市场取向的改革和实现机会的平等来解决。当然,在市场经济的条件下也会发生机会的不平等。对于这种不平等,要靠政府发挥其普及义务教育等社会公共职能来加以消弭。

《财经》:正如前面讲到的,靠发挥国家和国有经济的"主导作用"以及政府"驾驭"市场、"管控"社会来遏制腐败的思潮一直此起彼伏。到21世纪初,随着改革停滞不前和腐败寻租活动日益猖獗,主张强化国家对国民经济和整个社会的掌控的观点一度很有市场。

吴敬琏:虽说社会科学理论和中国的实践经验都表明,正是因为国家部门强化对资源配置的干预,腐败和分配不公才愈演愈烈。然而这种观点的支持者却运用民粹主义的言说,把大众对腐败和分配不公现象的正当不满,引导到反对市场化改革的方向上去。

---

1 [美]阿瑟・奥肯著(1975)、王奔洲译:《平等与效率——重大的抉择》,北京:华夏出版社,1987年。

《财经》：由于国家和国有部门权力的强化会扩大寻租活动的制度基础，把这种观点作为行动的方针，就会形成一种"扩大国家权力——增强寻租活动基础——进一步扩大政府权力——进一步增强寻租活动基础"的恶性循环。

吴敬琏：中国在20世纪末、21世纪初步建立起来的新市场经济体制，是一种"半统制、半市场"经济。它的主要特质，是包括政府机构和国有经济在内的国家部门仍然在资源配置中起着主导的作用。这种过渡性的经济形态，既包含新的、自由市场经济的因素，也包含旧的、命令经济或称统制经济的因素。由于21世纪初期以来改革出现了停顿甚至倒退的倾向，这就使中国现行的"半统制、半市场"混合体制的消极方面更加强化。行政力量配置资源的能力和手段不断强化，统制经济因素不断增加，使寻租活动的基础扩大,使腐败活动日益猖獗。

《财经》：据经济学家王小鲁研究，2005年中国的灰色收入规模达到4.8万亿元，3年后的2008年则达到5.4万亿元。中国租金总额占GDP的比率高达20%—30%。[1] 巨额的租金总量说明腐败已经达到了骇人听闻的地步。

吴敬琏：反腐败的实践让越来越多的人认识到，只有推进改革才能够消除腐败的土壤。从历史上看，不管哪一个国家，腐败猖獗的根本原因都是权力不受约束，从而形成了某种寻租的环境。而遏制腐败的治本之策，就在于全面改革，使权力不能任意插手资源配置；同时加强对权力的监督和制约，把权力关进笼子里。说到底，只有通过市场化、法治化、民主化的全面改革，铲除产生腐败的制度基础，才是反腐败的治本之策。

1　王小鲁：《灰色收入与国民收入分配》，《比较》辑刊2010年第3辑。

政府职能转变

更好发挥政府作用，促进产业健康发展[*]

（2013年6月）

  我认真阅读了《关于推进我国半导体芯片产业跨越式发展的措施意见的征求意见稿》（以下简称"征求意见稿"），现结合自己近几年在高新技术产业做调查时的思考，提出以下意见和建议：

  1."征求意见稿"在对我国半导体芯片产业近年来取得的成就以及与世界先进水平之间的差距做出估量后，分析了芯片产业进一步发展所面临的制约因素，指出如果这些制约因素，特别是其中巨量资金的供应和技术团队的组建这两大困难不能得到解决，我国芯片产业的跨越发展就难以实现。我认为，这些估量和分析都是实事求是、切合实际的。

  2. 根据以上分析，"征求意见稿"提出了"需求牵引、创新驱动、重点突破、开放发展"的16字方针，要求通过"充分发挥市场配置资源的基础性作用，加强政府引导，增强企业可持续发展能力，实现半导体芯片产业跨越式发展"。"16字方针"提出了两项最重要的要求：

---

[*] 本文是作者2013年6月21日致国家工业和信息化部苗圩部长信的摘要。

一项是"充分发挥市场配置资源的基础性作用",另一项是"加强政府引导"。如何正确处理两者之间的关系事关重大,很有厘清的必要。

如同大家所知道的,我国当前经济体制的一个重要缺陷,在于政府管了许多不该管或者管不好的事情,以致市场在资源配置中的基础性作用不能得到发挥。这是妨碍我国创新效率提高的一个根本性问题。我们在制定众多芯片产业跨越发展的规划时,必须弄清企业在发挥技术创新的主体作用和市场在发挥资源配置的基础性作用上存在哪些体制性的障碍,并采取有效措施加以消除。

3.回应业界的要求,"征求意见稿"着重论述了政府如何在解决芯片产业发展所需巨额投资中发挥作用的问题,提出由中央财政注资引导,动员有关产业集聚区的地方政府、国有企业认购和吸引社会资金,设立总规模2000亿元的"中国半导体芯片产业投资基金",委托专门机构进行管理,以普通股、可转换债等方式投入半导体芯片产业的龙头企业。

近几年我国发展新兴产业的实践表明,投融资的方式必须有利于加强对企业财务预算的硬约束。不少地方采取了由政府所属机构操办,资金投入哪个企业也由政府领导指定的方式。这种办法虽然见效直接,但是无法激励企业节约开支、提高效率,往往造成贪污浪费,养成受益企业的依赖心理和习惯,打击其他企业的积极性。

为了提高投资效率,即使政府牵头组织资金资源,也应由独立企业进行商业化运作。例如对成长期企业进一步发展起重要作用的风险投资(VC)和对成熟期企业进一步壮大起重要作用的私募股权基金(PE),通常都要采取投资人与基金经理人合组有限合伙企业、由承担无限责任的经理人操办的方式。但在我国各地由政府主导建立的VC和PE,大部分与政府的关系都过于紧密,按政府领导人的意图乃至直接指示进行投资，成功培育企业成长壮大的概率很低，必须加以改进。

4."征求意见稿"提出筹建国家集成电路与软件基础研究院，开展关键共性技术[1]研发。

在基础研究和共性技术开发上，政府的确应担负起更大的责任。

对于基础研究而言，由于它的研发周期长，能否取得成果具有很大的不确定性，以及存在由社会共享研究成果的外部性，中小企业通常难以承担这方面的研究任务，而需要在政府和其他社会组织的资金支持下，由研究院所、研究型高等学校等进行。这些机构也必须改革，消除行政化和官本位的弊病，成为真正的科学共同体，独立进行研究工作和评价研究成果。

技术开发与基础研究不同，一般来说，应当以企业为主体。但中小企业受到财力的限制，对一些共性技术，往往需要组织联合机构进行研发，然后转移给企业使用。中国台湾地区在 1973 年建立的非营利性法人——工业技术研究院在研发和转移共性技术、培训相关人才、培育新创企业等方面，取得了很好的成绩。1976 年日本通产省与五家大型半导体企业组成公私合资的"超大规模集成电路研究组合"（VLSI Research Consortium，其中政府出资占 40%），实现了超大规模集成电路的成功赶超。在那以后，各国建立类似的 PPP 组合（Public-Private Partnership，即"政府与民间伙伴关系"）和民间产业技术联盟进行技术赶超，已有许多成功的案例。

近年来，我国也建立了一些地区性的共性技术开发机构，还组成了若干产业技术联盟。建议工信部委托专门机构进行研究，帮助有关

---

[1] 共性技术（generic technology），是可以在某个产业乃至多个产业中被广泛采用并产生深度影响的技术。

单位总结经验,并召集专门会议进行交流,以便存利去弊,把它们办好。

5."征求意见稿"还提出,为了加强人才培养和引进力度,国家除支持微电子学科发展、加快建设和发展有关院校、鼓励高校与企业开展人才联合培养外,建议在"千人计划"中进一步加大对半导体芯片领军人才引进的支持,研究出台针对半导体芯片领军人才的超常规引进政策。

在我看来,企业是技术创新的主体,也是吸引人才的主体,党政机关只能起辅助性的作用。对于中央和地方政府现有的引进人才计划的效果到底如何,人们见仁见智,分歧很大。因此,也需要通过深入的总结和切实的讨论,改进吸引和激励人才的办法,使优秀人才真正能够脱颖而出,致力于我国芯片产业的发展。

向地方下放财权要以正确界定地方政府职能为前提[*]

（2013 年 11 月）

对于中央和地方之间财政关系存在的问题，大多数人具有共识，这就是地方政府的财权和支出责任（在中国被称为"事权"）不对称。但是，对于怎样解决这一矛盾，提出的办法却有很大的分歧。

一种意见是向地方进一步下放财政资源。例如有一种意见是，中国应当建立类似于欧盟的地方分权财政体制。如果把欧盟看成一个国家，各个盟员国就相当于我国的地方政府。他们主张向地方政府下放财权，使它们的收入权能够同事权相匹配，弥补支出。

在我看来，用欧盟来比喻中国的财政体制是不恰当的，因为欧盟并不是一个国家，它并没有一个统一的财政体系，从而也不可能有严格的财政纪律。而这一点正是发生欧元危机的重要原因。

从中国的实际情况看，进一步下放财政资源，使之能够充分满足

---

[*] 本文是作者作为"中国金融 40 人论坛"顾问在该论坛"深化经济体制改革重点领域一揽子方案"课题内部讨论会上发表的意见的摘编，发表于《21 世纪经济报道》2013 年 11 月 9 日。

地方政府的支出需要，在这种需求没有约束、多多益善的条件下，是根本做不到的。

一方面，现在从全国财政总支出的构成看，中央的份额不到20%，地方的份额超过80%，中央没有多少财力可以下放。另一方面，由于地方政府职能和行为存在不小的问题，许多地方大搞形象工程和政绩工程，使地方财政患上了 J. 科尔奈所说的"扩张冲动"和"投资饥渴症"。只要患上了这种毛病，无论给多少钱恐怕都难以满足它们的需要。

改革以来，一直有一种看法，认为向地方放权就是改革，向中央收权就是保守。这种说法的缺点在于假定了地方政府的行为正常，而中央政府的行为不正常。其实由于政府改革没有到位，各级政府都有可能存在职能错位的问题。

目前许多地方政府存在"公司化"的现象，即所谓"书记是董事长，市长是总经理"，把整个地区当成一个企业来管理。但是，地方政府毕竟不是独立的企业，也不受股东和董事会的约束，于是就产生出种种弊端来。

香港大学的许成钢教授在美国《经济文献》杂志上发表的一篇重要论文[1]指出，中国目前体制的最核心问题是"分权式的威权主义政府"。各个地方的党政领导依靠威权追求自身的利益，即政绩的最大化。

这种追求政绩最大化的投资冲动的一个突出表现，就是所谓"旧型城市化"过程中的"造城运动"。

在各国工业化和现代化的历史上，城市化是一个在市场引导下的

1　Chenggang Xu（许成钢）. The Fundamental Institutions of China's Reforms and Development（《中国改革和发展的基本制度》）. *The Journal of Economic Literature.* 2011，49:4，pp.1076-1151.

自然演进过程，它的基本作用是通过人的集聚提高经济效率。但在中国分权式威权主义的体制下，城市化却是为了扩大城市规模和表现出政府政绩。结果造成了土地和投资的大量浪费，建成的城市运营效率也很低，有的地方甚至出现了"空城"或"鬼城"。

扩张冲动和投资饥渴，使一些地方的投资成了无底洞，投资规模不仅大大超过自身的财政能力，而且超过了本地GDP总量。这么大规模的投资从哪里来？除了卖地，就是大量举债。所以地方债务迅速膨胀，杠杆率迅速提升，甚至对宏观经济稳定构成了威胁。在这种情况下，一味强调满足地方的支出需要，恐怕是不合适的。

在我看来，另一种解决办法可能更好一些，这就是按照所谓"财政联邦制"的原则，全国性的公共产品由中央财政提供，地方性的公共产品由地方财政提供。

具体来说，就是要在恢复财政的公共性质的前提下做好三件事：第一，将部分支出责任（例如，义务教育经费、公检法支出等）上收中央；第二，开征新税种和提高地方在共享税中的分成比例，增加地方本级收入来源；第三，规范转移制度：增加一般性转移支付，减少专项转移支付。

当然，除了财政体制本身外，强化对预算制定和执行的民主监督也是不可或缺的条件。

城市化应当由市场主导[*]

（2013 年 11 月）

关于中国城市化的道路问题，已经讨论了十来年，在许多问题上还没有达成共识。

由于僵化体制的掣肘，直到 20 世纪 80 年代，我国城市化进度都很慢，跟相同水平的国家比起来，城市化水平偏低，妨碍了工业化、现代化的进展。从 20 世纪 90 年代开始，中国的城市化开始加速。但是，在这个过程当中也出现了不少问题。2005 年以来，中国科学院陆大道院士等知名学者就大声疾呼，要求政府采取措施，制止城市化过程中出现的"造城大跃进"。他们指出，许多地方盲目追求城市规模，造"新城"，建"国际大城市"，还在城市周边建立了许多"开发区"，造成了宝贵的土地、淡水等资源的极大浪费和生态环境的破坏。他们主张，我国的城市化应当走一条节约型的发展道路。不过，他们的呼吁并没有引起领导的注意。最近几年，问题变得愈来愈突出了，引起了不少讨论。

---

[*] 本文根据作者 2013 年 11 月 23 日在"2013 年中国新型城镇化高峰论坛（上海）"上的演讲整理而成。

在城市化具体问题上的不同意见，其实首先涉及对城市化基本认识上的分歧。不把基本问题弄明白，现象层面的问题是无法解决的。所以，今天我想谈一谈有关城市化的一些基本认识问题。

城市化在现代发展中的地位和作用

城市化在现代发展中的地位和作用是什么？这是讨论和评论中国的城市化首先需要回答的一个基本问题。

21世纪初期讨论股市风波的时候也发生过类似的问题。因为把注意力集中在股价高低、有没有泡沫这样一些现象层面的问题上，忽视了股市的基本功能是什么这个基本问题，以至于讨论往往成为"鸡同鸭讲"，完全没有共同语言，更谈不上达成共识。在一次证监会召集的高层讨论会上，有学者提出一个问题："股市是干什么的？"应该先把这个问题弄清楚。这时就发现，在这个最基本的问题上存在两种对立的意见：一种是说股市的作用就是方便企业融资，特别是按照当时证监会的说法，"中国是一个社会主义的国家，股市的作用主要是帮助国有企业融资"。另外一种更学院气一点的观点，是说股市是一个通过股价配置资本资源的装置，它给好的企业以资本，剥夺坏的企业浪费社会资本资源的权利。事实上，对于股市情况的种种不同看法和做法，都可以归结到对这个基本问题的分歧上。不同的看法和做法，也就造成了不同的结果。

城市化的问题也是这样。为什么要城市化，城市化在现代发展中的作用是什么？两三年前最流行的看法，是认为城市化最重要的作用是扩大内需、促进增长，因此，"城市化已经成为中国经济发展的主引擎"。后来这种意见受到许多人的反对，主流意见转向认为城市化是工业化、现代化的自然结果，而不是一种主动的推动力量，因而不应人为推动城市化加速。

我个人觉得这两种意见似乎都有说不通的地方，与发展经济学的已有认识也大异其趣。

美国布朗大学教授亨德森（J. V. Henderson）2007年为中国有关当局提供的咨询研究报告《中国的城市化：面临的问题及政策选择》[1]中，开篇总结了发展经济学和城市经济学对城市化功能的公认看法。

他写道："从世界范围来看，一个国家从低收入向高收入迈进的过程当中，城市化一直是收入快速增长和工业化的内在组成部分。""成功实现现代化何以离不开城市和城市化？是因为大部分制造业和服务业活动在城市中开展，效率更高。""在高度聚集的地区，企业之间更容易学习新技术，更容易招到称心如意的工人，更容易采购到中间产品且运输更容易。""一般地说，城市是增长的发动机，创新的孵化、精湛技能的培育无不在城市进行。"

哈佛大学经济学教授格莱泽（E. Glaeser）在他的专著《城市的胜利：城市如何让我们变得更加富有、智慧、绿色、健康和幸福》[2]里，用了大量篇幅论述城市的功能在于人口聚集所产生的提高效率的效应。他指出，"自从柏拉图和苏格拉底在雅典的一个集会场所展开讨论以来，作为分布在全球各地的人口密集区域，城市已经成为创新的发动机"，"城市意味着人的接近性（proximity）、密集度（density）

---

[1] ［美］V. 亨德森（2007）：《中国的城市化：面临的问题及政策选择》，载林重庚、迈克尔·斯宾塞编著：《中国经济中长期发展和转型：国际视角的思考与建议》，北京：中信出版社，2011年，第439—469页。

[2] ［美］E. 格莱泽著（2011）、刘润泉译：《城市的胜利：城市如何让我们变得更加富有、智慧、绿色、健康和幸福》，上海社会科学院出版社，2012年。

和亲近性（closeness）"。在信息时代，将众多的人才聚集在一起，"通过为更加聪明的居民提供交流的便利，城市加快了创新的速度"。

新增长理论的代表人物美国经济学家罗默（P. M. Romer）2010年来中国做"十二五"预研究的时候，在北京大学光华管理学院做了一次关于城市的学术报告。他在报告中强调，中国城市化应当加速，因为当人口在城市中聚集，人和人之间的面对面交流，能够促进新思想（ideas），包括新理念、新制度、新技术的产生。而新思想正是现代经济社会发展最主要的推动力量。

以上观点得到世界发展经济学界的普遍认同，但是跟国内关于城市化的主流认识似乎很不一致。我觉得，对很多问题的看法有分歧的根源就在这里。

从另一方面看，城市化也有它的负面效应。人口密集和城市规模扩大会造成交通拥堵、环境变差、治安管理难度加大、居民生活成本提高等问题。而且一般来说，城市的规模愈大，这种负面效应就愈强。

我国旧型城市化存在的问题

显然，一个国家在推进城市化时应该尽量发挥、加速发挥它的正面效应，尽量减少它的负效应。如果正效应没有得到发挥而负效应很大，那就会出现得不偿失的问题。中国旧型城市化的问题主要表现在以下几个方面：

首先，如前所述，城市化是一个人口向城市迁移，从而产生集聚效应的过程；但是，我国过去的城市化，却把扩大城市规模置于优先地位，土地的城市化大大快于人口的城市化。最近十年来，城市建成区面积的增长达到城市人口增长的两倍，如果剔除并未"市民化"的所谓"农民工",就达到三倍以上。城市建筑的容积率比发达国家要低得多,城市人口的人均占地面积比发达国家大得多。我国是人多地少、土地稀缺的国家,如此浪费宝贵的土地资源是极不合理的。

其次,各地争相扩大城市规模,出现了许多人口在 100 万以上的大城市和人口在 500 万以上的特大城市。各城市只求引入投资者,来者不拒,形成千城一面的现象,同构化程度很高。一方面,同行人数少,专业化程度低,很难发挥人们相互交流、创造"思想"的功能。另一方面,城市规模太大,又会加剧城市化的负面效应,产生"大城市病"。

亨德森的上述报告就讲到中国城市化的一种矛盾现象。一方面,从总体上看,中国的城市化的程度比世界上其他同等发展水平的国家要低。另一方面,在小城市偏枯的同时,又出现了特别多的特大型城市。我们已经看到,这种特大城市运作效率是很低的。而全国还有许多城市正在向特大城市迈进。

这样的城市规模结构是相当特殊的。

作为背景材料,亨德森在他的报告中讲述了发达国家城市结构变化的历程。他指出,在工业化初期,一个国家最大的城市往往是这个国家工业发展和技术创新的中心城市。但是到了 20 世纪中期,工业技术逐渐标准化。这类技术并不需要工人有很高的教育水平和技术水平,而在城市里的生活成本又比较高,所以制造业纷纷从大城市迁移出来,向小城市扩散。于是,在经济合理性的推动下,逐步形成了这样的城市规模结构:制造业一般分布在居民只有几千到几万人的小城市中。一个城市通常专门从事某个产业或紧密关联的某几个产业。这样可以发挥产业和相关人员在一个地区的聚集所带来的规模经济。纽约、东京、伦敦等大城市则很少有制造企业,它们是金融业等服务业的聚集地。

在讨论城市发展兴衰历程时,传媒报道常常不对根本性的原因进行分析。比如最近对底特律的破产事件炒得很热,然而对于最终造成底特律破产的根本原因却少有探讨。其实,底特律的衰落早在20世纪60年代就已经发生。当时,由于制造业技术的标准化,不少美国大城市,如成衣制造中心纽约,也都发生了和底特律相类似的问题。只不过纽约后来找到了自己的新的比较优势,实现了城市的复兴,终于成为世界最大的金融中心。而底特律却希望依靠大规模的城市建设、公共投资,用宏大的体育馆、先进的城市轨道系统、美轮美奂的艺术中心来"恢复人气",但是由于大规模的投资没有得到相应的回报,底特律还是不得不在2013年宣布破产。

美国没有几个特大城市。它的第一大城市纽约,也只有833.7万人[1]。至于它的第二大城市洛杉矶和第三大城市芝加哥,更只有379.3万人(2010年)和279.5万人(2010年)。这两个城市放到中国,也就算是中等城市。美国的制造业和研发中心绝大多数分布在中小城市,集中在大城市的主要是金融业、商业等服务业。到了网络时代,一些供应链管理中心也搬迁到小城市去了。不过到目前为止,金融业因为紧密相关的行业太多,还是集中在大城市。通常辐射半径越大的金融中心,所在城市的规模也越大。

中国旧型城市化"摊大饼"式扩展城市的结果,是把金融业、服务业、制造业还有政府都放在大城市里面。大城市人口虽然很多,但是由于专业化程度低,相关专业的人达不到通过思想交流和碰撞产生

---

1 我国报刊常常说纽约市有2000万人口。这种说法混淆了"市"(city)和"大都会"(metropolitan)的概念。所谓大都会,指的是一个城市群。例如纽约大都会,就包含邻近纽约市的许多城市。据美国人口调查局报告,纽约市的人口只有800多万人,纽约大都会区的人口则有2000多万人。

新观念、新技术的临界点，人口集聚效应并不明显。而且在加工制造业中就业的"农民工"，大多没有市民化，知识和技术水平也比较低。这就出现了人口"伪城市化"的问题。如果剔除了这部分居民，我国的城市化率就不是国家统计局说的 52%，而是 37% 左右。

这样一来，通过人口向城市集聚来提高效率的好处没有得到充分发挥，但是城市化的负面效应却充分显露，如生态环境恶化、城市运营成本和居民生活费用高昂。北京就是一个典型的例子。超大规模城市使市民的生活半径拉长，每天百万人进来一次、出去一次，造成了交通拥堵，汽车尾气排放无法消散，大片高楼大厦消减了城市的自净能力，空气污染达到严重损害市民健康的程度。

旧型城市化带来的另一个问题，是造成了宏观经济状况的恶化。各级政府大量举债进行城建投资。在投资规模巨大，又不能从城市效率提高取得回报的情况下，各级政府债台高筑，甚至威胁国家金融体系的稳定。

目前许多地方政府大量投资进行城市建设，有一批城市投资总额甚至超过了本地产出（GDP）总额。对它们来说，经济学的两条基本原理：资源具有稀缺性和借钱是要还的，似乎都不存在。

资源的稀缺性（有限性）决定了资源在时间上和空间上不能错配。今天只能做今天最需要做的事，明天的事不能放到今天来做。你有再多的钱，也只能用到最有效益的地方，而不能到处乱投。

许多地方政府大量举债，使它们的杠杆率和负债率过高，蕴藏着很大的金融系统性风险。经济学家前几年的研究已经发现，原本以为主要是企业的负债率过高，实际上各级政府的负债率也在迅速提高。根据国务院的要求，现在审计署正在对地方政府性债务进行审计，本来说 10 月要公布，到目前为止还没有公布。这个数字大概不小，需要认真对待。

产生问题的深层原因

认真对待我国旧型城市化存在的问题，有识之士已经呼吁了很多年。为什么情况没有改善，相反还有愈演愈烈的趋势？看来主要有下面几个深层原因。

第一，因为政府主导了城市化的过程，把"造城"当成创造"政绩"的主要手段。

世界各国城市形成和发展的源头无非是两种：一种是源于"市"。进行交易的需要使人口在市场周围集聚，于是在中世纪的时候就出现了城市。以后随着市场的发展，城市也逐渐壮大。另外一种源头是"城"。"城"在中国的古汉语里是"都"，即政治中心的意思。中国古代的城市大体上都是从政治中心演化出来的。民国期间情况有所变化，像天津、上海这样的经济中心发展得很快。在计划经济的条件下，又回到了中国古代传统。例如，重庆地处长江之尾，在1994年以前是整个西南地区的经济中心，但是计划经济下，它的发展就比不上省会城市成都了。这是整个经济社会组织的政府主导格局造成的。

在政府主导的城市化，也就是政府在资源的空间配置中起决定性作用的过程中，中国特有的城市层级制也起到了旧型城市化催化剂的作用。

在市场经济中，城市也如同自然人一样，是具有平等权利的主体，但在行政主导的体制下，城市也有行政级别和上下级的区分。在我国，城市划分为三六九等，有省级城市、副省级城市、地级城市、县级城市以及县以下的乡镇等。越是高级别的城市，支配资源的能力越大。

反过来说，规模越大的城市，明文规定的或者潜在的行政级别就越高。于是造成了一种恶性循环：许多官员努力运用自己的权力汲取资源，扩大自己管理的城市的规模。

第二个造成旧型城市化的原因是现行的土地产权制度。我国现行的土地产权制度包括两部分：农村土地在20世纪50年代的合作化和公社化后属于集体所有，由干部代表行使产权；城市土地按照1982年《宪法》的规定属于国家所有。在城市化过程中，农村土地要转为城市用地，先要通过征购转为国有。国家征购农村土地的时候，是按照土地的农业产值定价的；而政府批租土地时，却按照城市土地供求状况定价；在征售之间形成了动辄几十倍的差价。这个巨额差价就成为"造城运动"的巨大的财政支持力量。

由此可见，如果这样的体制不变，无论如何号召"新型城市化"，实际执行的仍将是一条旧型城市化的路线。

依靠全面深化改革推进新型城市化

那么，怎样才能纠正体制上的缺失，解决旧型城市化造成的问题呢？显然，出路在于全面深化改革。只有全面深化改革，使市场在资源的空间配置中起决定性作用，政府只是因势利导，进行规划引导，新型城市化才有可能得到实现。

首先，要提高全民特别是各级领导干部的认识。既然城市化的功能在于通过人口的聚集提高经济社会效率，城市化就要如十八届三中全会《关于全面深化改革若干重大问题的决定》所说的那样，"以人为核心"。为此，要加快户籍制度改革，有序放开中小城市落户限制，合理规定大城市的落户条件，通过稳步推进城镇基本公共服务常住人口全覆盖来推进农村转移人口的市民化。

其次，要改变各级政府用行政命令推动城市化的办法，改变行政层级制度，由市场主导推进城市化。要按照《决定》的要求建立跨城乡的全国统一的劳动力、土地和资本市场，放开投资的"市场准入"，让企业按效率原则自由转移，以便资源流向效率和回报最高的地方。在以市场运作为基础推进城市化的条件下，政府应当顺势而为，做好土地应用规划，区分农用土地、城市工商用地和住宅用地，并且进行土地用途管制。与此同时，要做好城市建设规划，优化城市空间、结构和管理格局。

最后，要缩小征地范围，规范征地程序，完善对被征地农民合理、规范、多元的保障机制。允许农村集体经营性建设用地与国有土地同等入市，同权同价。建立兼顾国家、集体、个人的土地增益分配机制，合理提高个人收益。贯彻十八届三中全会《决定》做出的全面深化改革的决定，是推行新型城市化的根本保证。有关的改革会冲击原有的利益格局，需要以更大的政治勇气冲破阻力和克服障碍，还要克服各种实际的困难。因为旧型城市化已经运转多时，一旦发生改变，它们所积累起来的矛盾，例如地方政府的高额负债、"土地财政"等问题都会暴露出来，需要采取妥善的办法加以解决。

社会治理

民间商会对国家治理现代化具有重要意义[*]

（2014 年 11 月）

民间商会对推进国家治理现代化的重要意义

一年前，中共十八届三中全会通过的《关于全面深化改革若干重大问题的决定》开篇就提出，"全面深化改革的总目标是完善和发展中国特色社会主义制度，推进国家治理体系和治理能力现代化"。这不但对于中国整个经济社会发展具有历史性意义，对于商会发展也具有重要的历史意义。

在我看来，推进国家治理现代化最重要的内容，就是要把政府治理和社会治理结合起来，用《决定》的话来说就是，"改进社会治理方式。坚持系统治理，加强党委领导，发挥政府主导作用，鼓励和支持社会各方面参与，实现政府治理和社会自我调节、居民自治良性互动"。这意味着，社会治理包括两个方面：一方面是政府治理；另一

---

[*] 本文根据作者 2014 年 11 月 3 日在 "2014 年中国民间商会论坛" 上所作的会议小结整理而成。

方面是社会自我调节和居民自治，由民众自己来处理某些局部性的公共事务。为此，《决定》专门写了一节来讨论这个问题，包括要正确处理政府和社会的关系，加快实施政社分开，推进社会组织明确权责、依法自治、发挥作用；适合由社会组织提供的公共服务和解决的事项，交由社会组织承担；限期实现行业协会商会跟行政机关真正脱钩，重点培育和优先发展行业协会商会类、科技类、公益慈善类、城乡社区服务类社会组织，成立时直接依法申请登记。

我们"中国民间商会论坛"多次开会讨论过有关问题。经过讨论，业界人士、学者和政府官员逐渐达成了共识。而且其中一部分成果被决策层所接受，现在被汇入到《决定》当中去。所以，我们有理由为此而自豪。

民间商会是重要的社会组织，对于提高国家治理能力和推进国家治理的现代化具有非常重要的意义。在全面深化改革的新形势下，民间商会也要直面新问题，继续为推动改革、推动国家治理现代化发挥自己的作用。

商会要按照新形势下的新定位立新规

十八届三中全会对于包括行业协会商会在内的社会组织的性质、作用，以及与政府的关系、与社会的关系，都做了明确的规定。我们要做的事情是推动立法，把这些原则以法律的形式确立下来。因为新一轮改革要求于法有据。如果说中国的早期改革是以放开、突破为主，那么现在的改革要建立在法治的基础上。民间商会的性质、作用、地位等都要在法律条文上表现出来。需要立什么法？法律应该有哪些原则性规定？法律的具体内容要包括什么？诸如此类的问题都要继续深入研究讨论。

从大家的讨论中可以看到，许多问题都要跟《决定》规定的社会组织的性质、功能联系起来，才有可能讨论清楚。比如说，根据《决定》的要求，行业协会、商会作为社会组织都要依法实行自治，因此，商会应该努力回归本性，不要当"二政府"。全国工商联一直是我们论坛的重要合作伙伴，各级工商联具有"中国民间商会"和"政府管理非公有制经济的助手"的双重性质。这两重性质之间的关系怎样处理，就是一个需要认真研究的问题。在许多地方，工商联成了行业协会、商会的上级机关。2012年"中国民间商会论坛"讨论会上，一个地级市工商联的领导人就介绍他们怎样领导行业协会、商会，怎样选拔会长，怎么培养教育会长，怎么和会长谈话指导工作，把自己当成了行业协会、商会的上级行政领导。这引起了与会人士的质疑。显然，在新的形势下，只有把工商联和民间商会的基本性质连在一起，才能够对工商联进行准确定位。

我们这次会上提出了很多问题，进行了丰富的讨论，但是只出了题目，还需要更深入的研讨。最重要的是，我们不能够完全按照过去的某些规定来考虑问题，而要按照新的认识立新规，尤其是要推动在法律层面上确定民间商会的自治性质。

刚才提到，现在强调进一步改革必须于法有据。这次会议上有的朋友对此有不同意见，认为这会阻碍改革突破原有法规和政策老框框。我觉得，应该从一个更积极的角度去看这个问题，因为中国改革毕竟早就超越"摸着石头过河"的阶段了。其实，如果修改法律很费时日，我们也可以采取其他变通办法来为改革消除现有法规的障碍。20世纪80年代中期，全国人民代表大会常务委员会就曾经授权国务院制定法律法规。前些时候"中国经济50人论坛"讨论改革怎么执行十八届三中全会《决定》的时候，樊纲教授就建议每个单位都要开出不符合三中全会《决定》的制度规定清单。当时我补充了一条，要求全国人大常委会，都要向中央全面深化改革领导小组报告不符合三中全会要求的法规清单，列明哪些法规需要修改。

商会一定要有完善的法人治理结构

行业协会商会本身的法人治理体系是什么样的？为什么需要依法自治？需要有怎样的法人治理结构？这都是需要讨论的问题。

以我们比较熟悉的公司为例。公司之所以需要一个法人治理或者公司治理，是因为公司是一个由出资人组成的团体。很多股东出资，又不可能都去直接做经营，需要委托职业经理人去操办，就会发生所有权与控制权（经济权）之间的"两权分离"，同时，也就需要一套制衡的机制。这样形成两个关系：一个是股东们与董事会的信托托管关系；另外一个是董事会对于经理人、高层经理人的委托代理关系。要有一整套运行规则，通过公司治理结构的中心环节董事会，保证这两层关系的相互衔接和有效运行。

和公司不同，商会只有会员，没有最终所有者。商会的秘书长相当于公司的职业经理人，需要很高的职业素质和专业技能，绝不是简单的开个会、管管钱这点事情。

这种职业工作人员和商会会员怎样才能建立起制衡关系呢？

其实，非营利组织的法人治理出现得要比营利性的公司治理更早。作为行业协会商会前身的行会，就是一种在中世纪西欧城市中广泛存在的法人组织，另外还有教会、市政厅等。行会现在已经没有了，但在欧洲还有城市市政厅。城市市政厅一般是从庄园主那里赎买自主权以后建立的，独立城市是有法人地位的组织，具有民事行为能力和相应的民事责任。城市不可能由所有的市民直接管理，而要任命一些行政官员去管理。这些行政官员是由市民选出的，市议会任命和控制的。这就是独立城市的法人治理结构。[1]

所以，商会作为非营利性的法人组织，怎样建立起规范有效的法人治理结构，就变得非常重要。刚才我们讨论的商会领导职务终身制还是任期制的问题，就涉及治理结构的安排。商会一定要实现理事会跟直接管理人员分离。商会的执行人员即秘书长、秘书处的工作人员要有任期，但是可以连任；商会的决策机构——理事会则恐怕要有任期限制。美国总统任期最初没有明文限制。任期最长的总统是"二战"时期的小罗斯福（Franklin D. Roosevelt）。他连任四届，在第四届任期内死亡。后来美国人认为无限期连任有演化成终身制的危险，于1947年通过宪法修正案，规定以后总统最多只能连任一届。

从事前监管转向合规性监管

社会组织是需要监管的，但是监管也要改革，要从原来的以事前监管为主、审批为主，改成事中事后监管为主，合规性监管为主。所谓合规性监管，就是监管机关并不插手被监管组织的业务，而是根据规则监管，监督被监管组织执行有关法律、法规和其自身的章程。从原来的审批为主转向以合规性监管为主，牵扯到很多复杂问题。我们今后要根据这次会议上提出的问题深入研究，争取理出个头绪来。

我觉得，在监管方面应该制定法律条文，明确一般规则。比如，

---

1 参见［美］乔尔·科特金著、王旭等译：《全球城市史》（第四版），北京：社会科学文献出版社，2010年。

商会组织能不能够从事营利活动，营利活动怎样才不会和商会的基本性质相冲突？还有更具体的，比如说商会能不能担保？在信贷活动中，商会怎么来帮助小企业？小企业有很大的外部正效应，因为它们能够使得整个市场的竞争度加大，可是小企业自身却不能由此得益。特别是一些实力较弱的小企业，很难按照一般的市场条件得到融资，所以，世界各国都对小企业的融资采取特殊的办法。作为商会，当然要帮助小企业融资，问题是能不能由商会出面担保，或者是商会去组织联保？这些问题需要研究。从世界大多数国家的情况看，它们不是这样做的，因为这可能会和部分会员发生利益冲突。一般情况下，商会可以为小额信贷建立基金，或让担保公司分担一部分风险，但贷与不贷、贷多贷少由基金独立做出判断。我们需要学习借鉴别国的经验，建立一套自己的规矩。从过去的经验教训看，行业协会拥有一定数量的资源以后，往往因为缺乏规范而产生诸多弊端。"凡事预则立，不预则废"，民间商会要认真研究问题，及时建制度、立规矩。

第三编

控制风险,着力改革,提高供给效率

增长减速、发展转型和改革重启[*]

（2013年9月）

当前中国经济面对着三大问题：第一，GDP增长正在减速；第二，迫切需要实现经济发展模式转型；第三，前面两项都要靠重启改革来推动。

一 经济减速的症结何在？

今年上半年，中国经济增长连续两个季度减速。为什么会出现这种情况？流行的看法，是因为消费、投资和净出口等"三驾马车"构成的总需求数量不足。中国的消费需求本来就比较弱，主要依靠出口需求和投资需求来支持增长。再加上全球金融危机发生以后西方国家进口乏力，中国出口需求锐减，需求不足导致经济减速。由这种分析得出的结论是：必须设法增加需求，以便保持增长速度不低于政府设定的"底线"。

---

[*] 本文根据作者2013年9月16日在河南嵩山论坛"华夏历史文明传承与创新系列讲座"上的报告整理而成。

自从2008年全球金融危机发生以来，国内就流行用这种"三驾马车"的需求强度决定增长速度的分析框架来预测今后的发展趋势和制定经济政策。这种分析问题的方法显然是从凯恩斯主义的短期分析框架引申而来的。我很担心，这种分析由于用错了理论框架，得出的结论会出现偏差。

凯恩斯主义认为，从短期看，产出总量是由需求总量决定的。也就是说，一个经济的产出增长速度取决于总需求（即消费需求、投资需求和净出口的总和）的增长程度。当需求不足的时候，就会出现潜在增长率的下降和发生经济衰退。这时，政府应当采取扩张性的财政政策和货币政策来扩大需求，刺激经济增长。

20世纪30年代以后，凯恩斯主义的短期分析框架被放进主流经济学的分析工具箱里来，主要的西方国家也不同程度地采取过凯恩斯主义的政策。但是在实践中人们也认识到，这种分析工具和应对政策不能滥用，如果开错了药方，不但治不了病，还会产生很大的副作用。

因此，国内外对于凯恩斯主义都有强烈的质疑的声音，有些经济学家全盘否定凯恩斯主义的理论和政策。我的看法比较折中。我认为，凯恩斯主义的某些宏观经济政策在处理短期问题时还是可用的。不过，正像凯恩斯自己说的那样，他的理论和政策建议针对的是短期问题，而不是长期问题。

现在出现的问题，是在分析中国的长期经济问题时，我们的一些政府部门、经济学家和传媒惯性地使用凯恩斯主义的短期分析框架，通过"三驾马车"的状况来预测中国未来的发展。在政策取向上，则偏爱用扩张需求，特别是增加投资的办法，去解决增长放缓的问题。

2008年全球金融危机爆发以后，中国的GDP增长率从两位数急剧跌落到一位数。2008年第一季度下降到只有6.8%。中国政府在2008年第四季度决定采取强刺激政策，"扩需求"、"保增长"。具体措施是投资4万亿（分两年实施）和扩大信贷，2009年各商业银行贷款10万亿，把GDP增长速度拉起来，成功实现了"保八"的任务。但在2010年第一季度GDP增速达到11.9%的高点之后，便连续10个季度下降，到2012年第三季度降到7.4%。中国政府再次采取刺激政策，尤其是地方政府，以城建为主要手段，大量地融资和投资，使GDP增速在第四季度回升到7.9%。可是仅仅维持了一个季度，又出现了连续两个季度的下滑。在今年6月份发生"钱荒"以后，政府又采取了一些"稳增长"的政策刺激经济增长，取得了第三季度GDP增速小幅上升的效果。现在主流报刊普遍认为，中国经济已经企稳回升，预言今年第四季度和明年将会迎来较高的GDP增速。

在我看来，只从一个季度的变化引申出对未来发展的预测恐怕未必可靠。一方面，这种对今后中长期发展的预测是运用上面讲到的短期分析框架得出的；另一方面，这次GDP增速回升，仍然是靠"铁（路）、公（路）、基（础设施）"等投资支撑的。投资对经济增长的拉动作用在开始时比较强劲，但是随着投资的递增，回报会越来越低。经济学所说的"投资报酬递减规律"的效应最近几年来已经日益显现。由于大量投资没有资金回流，一些企业和地方政府资产负债表的杠杆率（负债对GDP的比率）不断提高，这就蕴藏着部分企业资金链断裂的风险甚至全面偿债的危机。

野村证券的首席经济学家辜朝明曾经指出，20世纪80年代的日本金融危机、最近的全球金融危机以及欧债危机，本质上都是由于资产负债表的杠杆率过高在一定冲击下引发偿债危机导致的"资产负债表衰退"[1]。这是很应当引起我们警惕的。尽管中国没有发生这样的危机，但是去年李扬、曹远征、马骏等经济学家分别进行的国家资产负债表研究[2]，以及今年6月份的"钱荒"，已经向我们发出了企业和地方政府杠杆率过高的预警。中国现在货币流通量接近GDP的200%。全世界货币最多的国家居然会发生"钱荒"，说明存在严重的金融资源错配。现在国家审计署正在对各级政府的债务进行审计，10月份将要公布审计结果。从种种迹象看，债务规模又有了很大的扩张。此外，企业资产负债表的杠杆率也很高。近年来，浙江、广东、江苏等地都发生过部分企业还不起债而"跑路"的现象。虽然还是局部性的，但也要引起我们的警惕，防止经济出现系统性风险。

总之，以凯恩斯主义的短期分析框架来分析中国的长期问题，不正视和解决中国长期发展中的问题，而是反复使用扩张性的货币政策去刺激增长，就会使问题积累，造成系统性风险。中国经济的确存在需求不足的短期问题，但是短期问题源于长期问题。如果长期问题没有解决，短期问题即使暂时解决了，也还会不断地重复发生，而且会变得愈来愈难以处理。

那么，分析长期问题应该用什么样的理论框架呢？

1　[美]辜朝明著、喻海翔译：《大衰退：如何在金融危机中幸存和发展》，北京：东方出版社，2008年。

2　从2011年起，若干民间的和官方的研究机构对国民资产负债表（national balance sheet，或称国家资产负债表）进行了更加全面和深入的研究。2012年6—8月，由德意志银行大中华区首席经济学家马骏与复旦大学合作研究团队、由中国银行首席经济学家曹远征牵头的中国银行团队和由中国社会科学院副院长李扬教授牵头的中国社会科学院研究团队进行的研究，分别发布了三个大型研究项目的阶段性研究成果。前两份研究的初步报告发表在2012年6月11日的《财经》杂志上，中国社会科学院团队的研究报告以题为《中国主权资产负债表及其风险评估》（上、下）的论文形式发表在《经济研究》2012年第6、7期上。

我和许多经济学家的共同看法是,分析长期发展问题的合适框架是生产函数,即:

$$Y = K^a \cdot L^{1-a} \cdot A$$

在上式中,Y 是产出总量,K 是资本,L 是劳动力,A 是"索洛余值"(Solow Residual,或称"索洛残值"),即全要素生产率(TFP)。

早期经济学根据 19 世纪经济发展的实际数据提出,决定产出总量的是劳动和资本。在没有新增人口和劳动力的条件下,决定人均产出增长的只剩下资本增加,即投资。据此,长期流行的"哈罗德-多马增长模型"认为,投资决定增长,投资率越高,增长率就越高。但是,1956 和 1957 年美国经济学家 R. 索洛(Robert Solow)连发两篇论文,根据 20 世纪美国经济的实际情况对此提出质疑。他指出,决定增长的除了劳动力和资本的增加以外,还有一个劳动力和资本所不能解释的余值 A。索洛把这个余值定义为"技术进步"。他的"技术进步"概念很宽泛,不仅指狭义的生产技术的进步,任何方法改进、效率提高都可以叫作技术进步。现在我们经常用到的"全要素生产率"(TFP),即各种生产要素的综合效率,就是这个"索洛余值 A"。

其实朝野许多人早已达成共识,中国经济问题的症结在于经济增长方式(或称经济发展方式)过于"粗放",只有实现"从粗放增长方式到集约增长方式的转型",才能实现有效率的增长,解决我们面临的长期增长问题。那么,什么叫"粗放增长",什么又叫"集约增长"?用上述生产函数来加以界定,主要依靠投资增加(即资源投入)支撑的增长叫作"粗放增长",主要依靠效率提高支撑的增长则称为"集约增长"。中国从"九五"(1996—2000年)以来一直提倡的"经济增长方式转型"的核心和实质就是一句话:提高效率,提高附加值,提高盈利率。

问题在于,从"九五"计划提出经济增长方式转型以来,转型的进度十分缓慢。特别是随着改革开放以来由产业结构变化和引进国外技术促成的效率提高的逐渐衰减，全要素生产率（TFP）的增长率从21世纪初开始呈现出下降的趋势，加快增长模式转型的问题就变得愈来愈紧迫了。

据清华大学白重恩教授的研究，中国1979—2007年全要素生产率（TFP）的年均增长率曾经达到3.72%，而2008—2012年则下降到2.21%。[1] 最近几年中国经济的潜在增长率也因此出现明显的下降。在这种情况下，如果不提高经济的效率，就只好采取刺激政策，靠货币超发和信用扩张拉升GDP增长率，否则增长减速就会使原来被GDP高增长所掩盖的经济和社会矛盾显露出来。然而长期采用刺激政策又会引发更严重的经济社会矛盾，所以也并非长久之计。

从以上的分析可以得出结论：中国经济长期问题的症结在于增长模式过于粗放，正确的应对方针则是努力促进技术进步，提高全要素生产率，实现经济增长模式的转变。可是近年来遇到增长减速，却不是把主要注意力放在转变经济增长模式上，而是研究如何运用凯恩斯主义的短期政策，增大由投资、消费、净出口等"三驾马车"组成的需求总量，从而把速度拉起来。而且由于增加消费和净出口受到其他方面因素的制约，算来算去，扩张需求最后总是落脚到增加投资，特别是增加政府投资上。

总之，分析框架的误用造成的结果，是频繁地使用扩张性的财政和货币政策刺激经济增长。而由于投资回报递减，刺激政策的效应变得越来越差。所以，中国以投资拉动经济增长的办法已经走到尽头，

---

[1] 《白重恩：2012年中国投资回报率仅2.7%》，《第一财经日报》2013年7月30日；白重恩、张琼：《中国经济减速的生产率解释》，《比较》辑刊2014年第4辑。

中国必须尽快实现经济增长模式从主要依靠投资拉动到主要依靠效率提高的转型。

二 发展转型为什么如此艰难？

"转变经济增长方式"，是苏联经济学家和党政领导在20世纪60年代后期提出的重要经济工作方针。

苏联在建国初期采取了西方国家在第一次产业革命后曾经流行过的经济增长模式，依靠大规模投资于能源、冶金、机器制造业等重工业来推动国家工业化。当时的苏联领导人斯大林要求迅速发展重工业的一个重要原因，是他认为，为了同西方国家相抗衡，苏联应当尽快建立自己的军事工业基础。这本来是应对当时情况的一种政策选择，但是斯大林为了在党内斗争中给主张平衡发展的竞争对手布哈林带上"反党、反马克思主义"的帽子，把"优先发展重工业"提到了"社会主义工业化路线"的高度，并且由此杜撰出"积累（即投资）是扩大再生产（即增长）的唯一源泉"之类的"马克思主义再生产理论的基本原理"。[1] 从此，优先发展重工业和靠投资拉动增长，就成为遵循苏联模式的社会主义国家唯一可能的选择。

可是到了20世纪60年代，苏联人却发现，采取这样的增长模式，由于抑制了效率提高这一增长的重要源泉，苏联在赶超西方国家的征

---

[1] 斯大林在他被奉为"经典著作"的《苏联社会主义经济问题》中列出了6条"马克思主义再生产理论的基本原理"，其中很重要的一条是："关于积累是扩大再生产的唯一源泉的原理"，也就是说，投资是增长的唯一源泉。见斯大林（1952）：《苏联社会主义经济问题》，载《斯大林选集》下卷，北京：人民出版社，1979年，第600页。

途上遇到了不可逾越的障碍。于是，苏联经济学家采取与现代经济学生产函数分析相类似的方法，把主要依靠增加生产要素投入实现的增长叫作"粗放型增长"，而把主要依靠要素使用效率的提高实现的增长称为"集约型增长"，提出了经济增长方式从粗放增长转向集约增长的必要性。苏联党政领导接受了经济学家的分析，在其后的每一个五年计划中都提出了从前者向后者转型的要求。然而由于没有打破苏式社会主义体制和意识形态的障碍，直到1991年苏联解体，转型都未取得成功。

在苏联提出"转变经济增长方式"的时候，这个概念对中国的影响还不大，只有少数留学苏联的经济学家在他们的著作中有所引述。改革开放以后，越来越多的人认识到，"粗放的增长方式"对中国也是一个大问题。国家计划委员会在1995年制定"九五"（1996—2000年）计划时提出，中国经济发展中的根本问题是增长方式太粗放，要求在"九五"计划里把转变经济增长方式作为重点。由于吸取了苏联增长方式转不过来的教训，1995年9月中共十四届五中全会通过的《关于制定国民经济和社会发展"九五"计划和2010年远景目标的建议》，把国家计委提出的"实现经济增长方式的转变"，改变为实现两个"根本性转变"，即经济体制从计划经济向市场经济的转变和经济增长方式从粗放型向集约型的转变。第一个转变是第二个转变的关键和基础。

1993年的中共十四届三中全会通过了《关于建立社会主义市场经济体制若干问题的决定》，展开了以建立市场经济为目标的整体改革。在改革的推动下，"九五"期间在转变经济增长方式上取得了一定的成绩。它的具体表现，就是全要素生产率对经济增长的贡献显著增加。

改革开放以前，经济增长中效率提高的贡献几乎为零。但是改革开放以后，情况有了很大的改观。特别是20世纪90年代后期，因为改革的大步前进，中国的经济效率有了相当幅度的提高。

原因在于：第一，长久被僵化体制所压抑的创业精神和创新才能获得解放，成千上万的企业投身到发展的洪流中，使经济资源得到更有效的利用。第二，经济结构的改变也提高了效率。由于打破了过去城乡隔绝的工业化模式，两亿多低就业的农村劳动力转到了城市非农产业中，大量低效利用的土地也转为城市用地，这些都使效率有了提高。第三，开放也带来了效率的提高。在中国与发达国家技术水平差距很大的情况下，通过开放国门，引进国外的设备和技术，中国的技术水平很快就提高到了接近发达国家的水平。

但是，靠产业结构的上述改变来提高效率是有尽头的，而且一旦技术水平和发达国家接近以后，通过引进技术提高效率的空间就会变小。再加上中国的"人口红利"逐渐消失，经济增长模式的转型就变得更加迫切。然而，进入21世纪以后，发展转型不但没有加快，反倒出现了某种逆转的趋势。

2001—2005年的"十五"期间，我国城市化迎来了新的高潮。在现行的土地产权制度下，城市化使政府掌握了价值以数十万亿元计的资源。于是，开始了大规模投资建设"形象工程"和"政绩工程"的运动。在理论和政策层面，则表现为所谓"中国已经进入工业化后期的重化工业化阶段"说法的广泛传播。许多地方掀起了"造大城运动"和"产业重型化"的热潮。在各级政府的主导下制定和执行了大规模产业投资和新城建设计划。

这个"重型化"的潮流并不是新的东西，而只是旧经济增长模式在新形势下的延续。不过，它引用了一个新的理论依据，这就是德国经济学家霍夫曼（Walter G. Hoffmann）在1931年根据西方经济早期增长（主要依靠投资实现的增长）阶段经验数据外推做出的一个论断，即工业化后期将是重化工业化阶段。这一论断虽曾被称为"霍夫曼经验定理",其实它早已被发达国家20世纪经济发展的历史事实所否定。[1]发达国家在19世纪末期、20世纪初期实现了从早期增长模式到现代增长模式的转变,工业化中后期的产业结构特征不是重工业的优先发展,而是服务业的兴起,就以20世纪中期以后发展最快的信息产业来说,它的主要组成部分是软件和服务,即使占比在30%以下的硬件产值,也无法归到"重工业"的名下。

在围绕"重化工业化"的争论开始的时候,主张继续沿着传统的"社会主义工业化路线"前进,采用政府主导的方式,用大规模投资拉动GDP高速增长的观点是占据优势的。

不过随着讨论的深入,认识到传统增长模式对中国经济持续发展的危害,主张转变经济增长模式的经济学家和政府官员愈来愈多。

在讨论中,人们还探究了经济增长模式转型举步维艰的原因。根据"十五"时期的经验,人们认识到,发展转型出现停顿甚至倒退的主要原因,是"存在体制性障碍"。这个结论后来也写进了中央文件。发展转型的"体制性障碍"具体表现在以下几方面:

第一,政府手中掌握了太多的资源,太大的资源配置权力,妨碍市场在资源配置中发挥基础性作用。

第二,以GDP增长速度为主的政绩考核标准,使许多政府官员都动用自己配置资源的权力,来营造所谓"政绩工程"、"形象工程"。

第三,财政体制缺陷(以生产型增值税为主的收入结构,重要公共服务的支出责任过度下移等),促使各级官员不能不追求GDP的高速增长。

---

[1] 关于"霍夫曼经验定理",请参看吴敬琏(2005):《中国增长模式抉择》,上海远东出版社,2013年,第31—33页。

第四，要素价格和一些重要生产资料的价格扭曲，鼓励资源浪费，促进了高能耗、高污染产业的发展。[1]

事情很清楚，想要推进经济发展模式的转型，一个决定性的条件，就是通过改革，消除转型的体制性障碍和建立起能够激励创新与创业的制度环境。

问题恰好发生在这里。尚在中途的改革如同逆水行舟，不进则退。虽然2003年中共中央通过了《关于完善社会主义市场经济体制若干问题的决定》，提出了诸多改革任务，但是执行情况很不理想。一方面，由于中国的经济状况良好，没有紧迫的压力，改革的动力反倒减弱了。另一方面，改革进入了深水区，触及各种各样的既得利益，改革的阻力也增大了。

于是改革进程放慢，甚至在一些领域出现了倒退。

这种例子很多。例如，1997年的中共十五大和1999年的中共十五届四中全会对国有经济改革提出了两条要求：一是有进有退地调整国有经济的布局；二是将绝大部分国有企业改制成股权多元化的公司。这样，国有经济改革在世纪之交推进了一大步，中小型国有企业基本上完成改制，大型国有企业的二级公司也改组为多元持股的公司。但是当改革推进到大型国有企业的控股公司（集团公司）时，改革步伐就明显放缓了。

国务院在20世纪末、21世纪初对除铁路以外的重要行业普遍制定或批准了全面改革的计划。但在2004年以后，重要行业的改革几乎都停顿了下来。例如，国务院2002年5号文件批准的电力部门的改革方案包括四项内容：第一，厂网分开（发电厂和电网分开）；第

---

[1] 参见吴敬琏（2005）：《中国增长模式抉择》，第119—123页。

二,竞价上网;第三,输配分开(输电网和配电网分开);第四,售电放开(发电企业直接向用户售电,向电网交过网费)。[1] 现在看来,这是一个很不错的改革方案,而且许多国家采取类似的改革措施效果也很好。可是在中国,电力改革的第一步"厂网分开"迈出以后,就停步不前了,许多问题都由此而生。

"十一五"(2006—2010年)规划确定经济发展要以增长方式转型为主线,同时提出了实现这一转变的若干具体措施。但是由于改革停滞的状态没有根本性的改变,经济增长转型也没有取得显著的成绩。

2010年,国家有关部门邀请诺贝尔经济学奖获得者、世界银行增长与发展委员会主席斯宾塞(Michael Spence)等外国知名专家来华进行"十二五"(2011—2015年)规划的预研究。这些外国专家对我国的"十一五"规划做出了很高的评价。但是在他们即将离开中国的时候,斯宾塞教授却提出了一个尖锐的问题:"你们制定了一个很好的五年规划,但是不知为什么,后来好像什么事也没有发生?"

中共中央也意识到这是一个很严重的问题,所以在"十一五"规划的最后一年,也就是2010年,中共中央党校举办了一个省部级主要领导干部深入贯彻落实科学发展观加快经济发展方式转变专题研讨班。胡锦涛总书记在开学式上提出,"转变经济发展方式已刻不容缓"。在这个讲话里,"加快"两个字用了50次。[2]

2010年制定的"十二五"规划再次要求把加快转变经济发展方式作为2011—2015年经济工作的主线。现在"十二五"过半了,看起

---

[1] 见2002年2月10日国务院批准印发的《电力体制改革方案》(国发〔2002〕5号)。

[2] 《胡锦涛:转变经济发展方式已刻不容缓,关键是要加快》,新华网2010年2月3日。

来这个问题仍然没有解决。

由于经济增长模式迟迟不能实现转型，因此资源短缺、环境破坏、投资过度、消费不足、货币超发、劳动者生活水平提高缓慢等问题变得愈来愈严重，贫富差别扩大、腐败蔓延等经济社会矛盾也趋于激化。

三 重启改革是唯一出路

2012年11月，中共十八大提出："必须以更大的政治勇气和智慧，不失时机深化重要领域改革。"不久以后，中央经济工作会议提出"深入研究全面深化体制改革的顶层设计和总体规划，明确提出改革总体方案、路线图、时间表"的要求。

今年以来，有关方面按照顶层设计和基层创新相结合的原则，紧张地进行调查研究，为制定全面深化改革的顶层设计和总体规划做准备，以便在今年11月举行的十八届三中全会上把这个顶层设计和深化改革的总体规划确定下来，从明年开始全面推进。

习近平总书记今年7月23日在武汉市召开部分省市负责人座谈会，征求对全面深化改革的意见和建议时，从六个方面提出了全面深化改革需要深入调查研究的重大问题。第一，要把更好发挥市场在资源配置中的基础性作用作为下一步深化改革的重要取向，加快形成统一开放、竞争有序的市场体系。第二，要坚持和完善基本经济制度，增强公有制经济特别是国有经济发展活力，鼓励、支持、引导非公有制经济发展。第三，以加快转变政府职能为抓手，处理好政府和市场的关系。第四，要通过社会体制改革创新，充分发挥人民群众首创精神，使全社会创造能量充分释放、创业活动蓬勃开展。第五，要通过制度安排，依法保障人民权益，让全体人民依法平等享有权利和履行义务。

第六，进一步提高党的领导水平和执政能力，充分发挥党总揽全局、协调各方的作用。

从他的讲话中可以看出全面深化改革顶层设计和总体规划的基本框架。

在这个基本框架中，一个核心问题是如何加快形成统一开放、竞争有序的市场体系。形成"统一、开放、竞争、有序"的市场体系本来是1993年中共十四届三中全会提出的任务[1]，但是直到现在，中国的市场经济制度还存在三大问题：一是市场割据，部门保护、地方保护普遍存在，因此需要强调市场的统一开放；二是不能保证建立在规则（法治）基础上的竞争，许多领域存在由国家权力保护的行政垄断，而反垄断法和执法机构对付行政垄断软弱无力，因此需要强调竞争有序；三是各类市场的发展参差不齐，商品市场发展也许还可以说差强人意，要素市场就发育程度低下，秩序混乱，因此需要强调加快市场体系的建设。

在我看来，要形成统一开放、竞争有序的市场体系，至少需要推进以下几方面的改革：（1）明晰市场体系的产权制度基础，确保不同市场主体的财产权利得到平等保护；（2）放开各类商品价格和包括利率、汇率在内的要素价格，使市场能够充分发挥在资源配置中的基础性作用；（3）清理修订现行法律法规，在商品市场和要素市场实行"法无禁止即自由进入"的原则，保证不同所有制企业能够平等

---

[1] 中共十四届三中全会1993年11月14日通过的《关于建立社会主义市场经济体制若干问题的决定》指出："发挥市场机制在资源配置中的基础性作用，必须培育和发展市场体系。当前要着重发展生产要素市场，规范市场行为，打破地区、部门的分割和封锁，反对不正当竞争，创造平等竞争的环境，形成统一、开放、竞争、有序的大市场。"

地使用生产要素；（4）完善反垄断立法，严格执法，消除目前广泛存在的地方保护和行政垄断；（5）按照"市场能办的，多放给市场；社会可以做好的，就交给社会"的原则，划分政府职能边界；（6）确保司法独立，法官独立行使审判权，克服司法地方化的倾向；（7）市场监管实行"宽进严管"的方针，由事前监管为主转向事中事后监管为主，由实质性审批转向合规性监管。

在与建设竞争性市场体系相配套的政治改革项目中，最需要优先考虑的是加快法治建设。这又包括三方面内容：一是在全体人民中，尤其是在党政干部中，树立法治观念；二是按照宪法所体现的公平正义来制定法律和修订法律；三是独立审判，公正执法。其中第三项是目前法治建设中最薄弱的环节，必须下决心补上这一课。

总之，只有进一步推进市场化的经济体制改革和民主化、法治化的政治体制改革，经济增长模式转型才有可能实现，舍此绝无它途。如果离开了这条根本途径，我国经济发展就会重复过去的老路，继续通过大量投资来拉动经济增长，最后只能在盲目扩张和刹车调整之间打转，以引发系统性危机告终。

为了保证十八届三中全会的改革方案顺利推出，目前还应该做好以下准备工作：

第一，根据中国当前的实际情况，运用短期政策努力稳住宏观经济，为改革提供一个宽松稳定的宏观环境，避免出现系统性风险。20世纪80年代后期推出过一些改革措施，但是由于宏观环境不稳定，改革受挫。前车之鉴，不可不察。

第二，要采取去杠杆化措施，尽力弥补漏洞，从源头上化解风险。具体措施包括：（1）制止目前仍方兴未艾的盲目"造城"等投资冲动；（2）动用国有资本存量，偿还社保、公租房等方面的或有债务；

（3）对铁道等负债率过高或资不抵债的企业和政府机构实施债务重组，出售部分资产或股权偿还债务；（4）实施银行资产证券化，盘活某些已经处于"僵死状态"的存量资产；（5）在摸清地方政府债务底数的基础上，采取措施化解风险。如此等等。

第三，打击贪腐分子。这些拥有特殊既得利益的贪腐分子必然会采取各种办法设置障碍，阻碍市场化、法治化改革的推进。所以，打击贪腐，不但可以赢得民众的支持，而且可以预先消除这些人对改革的阻碍。

总而言之，目前我们的中心工作就是要把总体改革方案设计好，在十八届三中全会通过之后，群策群力，保证它能够克服阻力，得到实施。这对于中国经济发展，对于国家的未来，都具有决定性的意义。所以，我们大家都应该积极地参与，保证新一轮改革能够取得成功，从而保障中国经济社会的长期持续发展，逐步接近建设富裕、民主、文明、和谐中国的伟大目标。

应对金融风险的战略与策略 *

（2014 年 10 月）

中共十八大，特别是十八届三中全会以来，中国的改革和发展取得了很多成绩。但是与此同时，中国经济也面临许多严峻的挑战。比如资源短缺，环境恶化，经济进入了一个下行的通道，GDP 增长乏力，产能过剩，市场疲软，部分企业因为销售不畅资金紧张，一些企业甚至发生了偿债危机，出现了为逃债而"跑路"的现象。

在我看来，这些问题在宏观经济中的集中表现，就是国民资产负债表中的杠杆率太高，使金融风险加速积累，隐含着出现系统性危机的可能性。怎么来应对经济下行和金融风险，就成为一个朝野所关注的问题。总体来看，主要有两种不同的处理办法：

第一种办法，就是采取强刺激政策。特别在金融业界，持有这种观点的人是不少的，就是要求放松银根，增加投资，拉动 GDP 的增长速度。这种办法的好处是能够在短期内提升增长率，缓解一些企业的经营困难，或者使投资者取得更高的回报。但是也有坏处，就是妨碍了效率的提高。因为企业得到政府和社会的补贴以后，反倒会减弱

---

* 本文根据作者 2014 年 10 月 30 日在"2014 金融街论坛"上的演讲整理而成。

提高效率的压力，也会影响经济结构的优化。

目前，中国的国民经济结构里面出现了许多问题，其中一个很突出的问题就是投资率居高不下，经济增长主要依靠投资的注入，而不是依靠效率的提高。本来我们需要解决的问题是去杠杆化，如果用大量注入资金的办法来维持比较高的增长率，就会使杠杆率进一步提高，风险进一步积累起来，发生系统性危机的可能性就会增大。

第二种办法，在控制系统性风险的条件之下，把主要的力量用来推进关键领域的改革，通过全面深化改革来促进效率的提高和结构的优化。长期以来，主要是由党政领导机关来调结构，而不是靠比较完善的市场来调结构，所以见效不大。我们如果能够把主要的力量放在推进全面深化改革上，那么提高效率和优化结构就会有更切实的保证。我个人赞同后一种办法。

全球金融危机发生以后，实际上这两种办法都在用。但是从现实的情况看，第一种办法是失灵的。从 2009 年以来，投资拉动起作用的时效越来越短。2009 年那一次 4 万亿投资和 10 万亿贷款，至少维持了 3 个季度 10% 以上的增长率，然后就逐步下降。经过两年，GDP 增长率掉到了 8% 以下。最近三年几次刺激政策的时效越来越短。就拿今年来说，第二季度以来的刺激强度并不小，可是效果并不明显。这意味着，投资报酬递减规律的作用已经明显地表现出来了。所以，依靠刺激政策看来是没有多大希望的。

采取第二种办法，推进改革，提高效率，可以从根本上解决问题。这种办法的缺点是，在改革的过程中，GDP 增长率在一段时间内可能会下降到 7% 左右，甚至更低。但是中国不能再以 GDP 论英雄，保就业、保民生才是最重要的。而保就业、保民生的关键在于效率的提高。那么怎么才能提高效率呢？只有通过改革，建立一个统一开放、竞争有序的市场体系，让市场能够在资源配置中起决定性作用，才有可能解决效率提高的问题。只有效率得到了提高，劳动者的收入和消费才能够得到较快的增长，中国的发展才能进入良性循环的轨道。

有人会说，你说的道理是很好的，但是这并不能完全消除我们的顾虑。首先，宏观经济当局不采取刺激的办法，不给市场输血，能不能够控制住风险呢？

我对这个问题的回答是肯定的。只要我们采取正确的措施，风险是可以控制住并逐步化解的。为了控制金融风险，我认为应当采取以下的措施：

第一，妥善处理各级政府的债务，发行地方债券要在较强的资本市场约束下进行。

第二，停止那种回报过低或者是没有回报的无效投资，包括各地不问效果、蜂拥而上的"铁、公、基"项目等。现在有一种说法，说是基础设施投资不需要考虑近期是否有回报，东西在那里，早晚会有用。这完全不是经济学的思考方法。经济学考虑问题的一个最重要的前提，是资源的稀缺性。既然资源有限、做了这个就不能做那个，在投资时就必须进行选择。只能做那些效益好、最需要做的事情。在这方面，我们要吸取日本的教训。1986年发生内需不足的问题以后，日本政府为拉动经济增长启动了大规模的公共基础设施投资计划。正是大量无效投资，导致了后来的资产市场大崩盘。

第三，停止对"僵尸企业"输血。现在有一些地方政府用贷款、补贴、减免税收等办法去维持一些根本无法起死回生的企业。政府不是发挥自己应当承担的社会功能，帮助解决企业停产给职工带来的困难，而是支持这类"僵尸企业"继续无谓地浪费社会资源，这只会增加金融风险的积累，而不会给社会带来任何助益。这也是日本政府在经济衰退中举措失当留下的一个教训。

第四，动用国有资本偿还政府负债（包括隐性负债和或有负债）。目前政府最突出的隐性负债是社会保障基金缺口。据计算，其中对老职工的社会保障欠账就高达几万亿元。及早归还这类欠账，既可以减轻偿债压力，还能创造更有效的公有制实现形式。对于这一点，十八届三中全会《决定》有明确的规定，要求拨付部分国有资本充实社保基金。这项决定应当尽快付诸实现，以降低金融系统风险。

第五，对资不抵债的企业实施清盘或者破产重整。采用证券化等手段，通过资本市场消化金融系统的不良资产。对于一些出现了兑付问题的金融企业，要停止现在普遍实行的刚性兑付的办法。采用多种办法来释放风险，化大震为小震，避免风险积累。

第六，努力盘活由于前一时期的过度投资和粗放增长在全国各地形成的大批"死资产"，如"晒太阳"的开发区、绵延好几个街区的"死城"等。虽然有一定的难度，但还是应当努力设法盘活，以便降低资产负债表的杠杆率和出现"资产负债表衰退"的可能性。

由于存在经济下行压力和出现突发性金融风潮的可能性，因而还需要辅之以财政、货币等进行短期调节的宏观政策，保持宏观经济的稳定。

在制定宏观经济政策的问题上，财政政策和货币政策的适当搭配是一个重要的问题。在货币政策的问题上，日本野村研究所首席经济学家辜朝明对于"资产负债表衰退"下货币政策作用的分析很值得注意[1]。他指出，在发生资产负债表衰退、出现普遍的偿债困难的时候，扩张性的货币政策很难发挥作用。因此，如果需要采取扩张性的宏观

1　参见［美］辜朝明著、喻海翔译：《大衰退：如何在金融危机中幸存和发展》，北京：东方出版社，2008年。

经济政策，也应该主要运用财政政策来创造需求。事情的确如此，在资金紧张、"现金为王"的情况下，人们拿到钱以后更愿意投在流动性高的股市而非流动性低、不易抽身的实业上，因此采取扩张性的货币政策并不能促进产业复苏，还会使资产泡沫短时期膨胀和风险进一步积累。货币政策在提供必要的流动性的同时，需要尽力去杠杆。要保持稳健的货币政策，但是财政政策要适当增强力度。

增强积极财政政策的力度意味着增加赤字。目前增加财政赤字还有一定的空间，应当加以利用。增加赤字可以采取的办法有两种：一是增加财政支出；一是减少财政收入。从当前的情况看，我认为主要应该采取普惠性减税的办法来减少财政收入，因为现在中国经济面临的一个很大的问题是不少企业家对未来缺乏信心。当然，税负较重只是造成这种状况的原因之一，但降低税收对于改善营商环境和提高企业家的积极性有好处，则是确定无疑的。

需要强调的是，我们尽力保证不出现系统性的风险，目的在于为改革赢得时间。根本解决问题，还是要靠市场化、法治化的改革。所以在稳住大局的情况下，就要全力以赴地推进改革，消除经济发展方式转型的体制性障碍，从根本上解决问题。

对于依靠改革、市场和法治促进发展方式转型的应对策略，有些论者提出了疑问。他们说，改革是一件长时期才能见效的"慢活"，"远水救不了近火"。

但是，最近几年服务业发展的加快证明，认真进行改革是能够取得优化结构和提高效率的结果的。

从最近三年的情况看，GDP增长率一个台阶一个台阶向下走。2011年是9.2%，2012年是7.8%，2013年是7.7%，到今年的第三季度是7.3%，但是就业的情况良好。去年我们预期要争取的城镇新增就业的目标是 900 万人，执行的结果是新增就业 1310 万人，任务超额完成了 45%。今年前三季度的情况比去年还好一些，登记失业率保持在一个比较低的水平上。这就证明了，增长率和就业之间的关系并不是线性的。那么，是什么样的增长结构使得就业结构能够在增长率下台阶的情况下得到改善呢？基本的原因就是第三产业的发展加速了，服务业的发展加速了。

加快服务业的发展是一个已经提出了十几年的目标。"十一五"（2006—2010 年）规划把经济增长方式转变作为主线，依靠提高效率支持经济增长。当时认为，提高效率要从四个方面入手：第一，要把农村剩余劳动力变成市民，变成有知识、有技术的劳动者；第二，要提高制造业产业链中生产性服务的比重；第三，要发展独立的服务业；第四，要用现代信息技术改造整个国民经济，信息产业本质上也是服务业。但是"十一五"期间服务业的发展情况并没有多大的变化。最近三年情况变了，2012 年第三产业的增长速度第一次超过了第二产业，去年第三产业总量超过了第二产业，这种趋势现在还在进行。

为什么服务业最近三年发展明显加快？主要因为全面深化改革的序幕期间的两项改革，一项是从上海开始的有利于分工深化的"营改增"（营业税改增值税），服务业分工的深化变得非常快速。另外一项就是从广东开始的工商登记便利化，后来成为本届政府转变职能的一项重要举措。工商登记便利化以后，新注册的工商户的数量每年都以百分之几十的数量增加。

这些只是改革的"牛刀小试"，它们尚且能够在结构优化上取得这好的成果，也增强了我们对改革的信心。这表明只要我们能够坚定有序地推进十八届三中全会的要求全面深化改革，就一定能够迎来中国经济柳暗花明的新境界。

锐意改革，才能确立合意的新常态[*]

（2014 年 11 月）

当下中国经济形势的特点，是主要靠投资驱动的旧常态已经不能维持，而合乎我们意愿的新常态又还没有确立。要确立符合我们意愿的新常态，关键要在稳住大局、避免发生系统性风险的前提下，全力以赴地推进改革，优化结构，提高效率，为经济发展增添新的驱动力量。

旧常态已逝，新常态未立

所谓中国经济的旧常态，是指靠海量投资和高额出超推动高速增长的一种经济态势。中国经济的高速增长在维持了相当长时期以后，在 2008 年由于受到全球金融危机的冲击而一度出现增速下降。随后，在 2009 年 4 万亿投资和 10 万亿贷款的强刺激下止跌回升，重回 8%以上的增长速度，甚至从 2009 年第四季到 2010 年第二季度连续 3 个

---

[*] 本文根据作者2014年11月3日在浙江大学公共管理学院的演讲整理而成，发表于《探索与争鸣》2015 年第 1 期，发表时有少量删节。

季度达到 10% 以上增长率，然后就开始掉头向下。近几年来，几乎每年政府都会出台一些保增长的刺激措施，但 GDP 增长率仍然一路下行。从 2011 年到 2014 年的 4 年中，GDP 增长率分别是 9.2%、7.8%、7.7%、7.4%。今年上半年降到 7.0%，第三季度进一步降到 6.9%。今后的走势也未可乐观。以上情况表明，高速增长的旧常态无法维持，已经是一个既成的事实。

与此同时，合乎我们意愿的新常态又还没有确立。

"新常态"（New Normal）这个近年来在国际上十分流行的名词，最先是由美国太平洋投资管理公司（PIMCO）的前首席执行官埃利安（M. A. El-Erian）提出的，用以描述 2008 年全球金融危机后可能出现的长时期经济衰退。

中国领导人也在 2014 年开始用"新常态"来描绘中国正在进入的新的经济态势。不过，中国人所说的"新常态"，当然并不是埃利安讲的那种长期萧条的状态，而是一种增长速度虽不太高却能保持活力和富有效率的发展态势。

根据权威方面的说明，中国经济的这种新常态具有两方面的特征：一方面是从高速增长转向中高速增长，另一方面是从规模速度型的粗放增长转向质量效益型的集约增长。

我们当前面临的问题是，以上两方面的转变过程是不同步的：前者已是既成事实，后者只是期望而非现实。

由于过去许多社会经济矛盾是靠数量扩张来"摆平"的，经济增速下降必然带来风险。如果不能用增长质量的提高去弥补增长数量的损失，许多经济和社会矛盾都会暴露出来，甚至进一步激化。因此，仅有增长减速而没有增长质量的提高，并不是我们希望见到的一种常态。相反，如果能够在增长减速的同时提高增长的质量、优化结构、提高效率，就能减轻增长减速的冲击，甚至能够在中速增长的情况下使人民得到更多的实惠。所以，有较高效率支撑的中速增长，才是符合我们愿望的新常态。

经济增长新动力

虽然近年来政府采取了一系列措施来阻止经济下行的趋势，但是效果存疑。这样，中国的经济发展就面对着经济增长速度换档期、结构调整阵痛期、前期刺激政策消化期"三期叠加"的难题，其中最核心的问题是中国经济发展进入了下行通道。

经济增长速度由什么因素决定？目前有许多人用消费、投资和净出口等"三驾马车"的状况来解释我国经济增长速度的变化。他们认为，我国经济增长速度下降是因为由消费、投资和净出口构成的总需求不足，而总需求是可以用宏观经济政策来加以调节的，因此，政府应当采取有力措施"扩需求"、"保增长"。十分明显，人们在这里运用的，其实是凯恩斯主义的短期分析框架。即使认为凯恩斯主义的理论是正确的，用它来分析中国的长期增长问题，也是一种误用。

在我看来，一个国家的长期增长走势，是由支持经济增长的劳动、资本、效率等供给方面的因素决定的。因此，我们只能用表示产出与劳动、资本、效率等因素之间函数关系的"生产函数"作为基本分析框架来进行分析。

经济增长的第一个驱动因素是劳动力的增加。过去30多年的高速增长得到了"人口红利"（即大量新增劳动力）的支持。但是，早在21世纪初，中国社会科学院的蔡昉教授就已指出"刘易斯拐点"（富余劳动力无限供给的情况发生逆转）的出现，人口红利会逐步缩减以至消失[1]。这种情况已表现得愈来愈明显。

第二个驱动因素是资本的增加,即投资。从第一个五年计划以来,中国一直是靠大规模投资拉动经济。经济学家对投资拉动经济造成的消极后果做过许多分析。例如,马克思在《资本论》里就已指出,当时资本主义国家采取的投资拉动的增长方式,必然引起生产过剩、需求不足的经济问题和无产阶级贫困化、阶级矛盾尖锐化的社会问题。多年来我们靠大规模投资拉动经济增长造成的负面效果到 20 世纪末期日益显露出来:资源耗竭、环境破坏、贫富差距拉大等问题变得愈来愈突出。近年来,以上矛盾不但日益激化,而且造成了宏观经济的失衡。这集中表现为国民资产负债表特别是其中地方政府和企业资产负债表的杠杆率过高。如果继续用大量投资去拉动增长,就会进一步提高杠杆率,甚至导致系统性风险的发生。

第三个驱动因素是经济效率的提高。我国的经济效率在改革开放以后比改革开放以前有所提高,主要原因是:第一,市场化改变了过去城乡隔绝的状态,大量农村低效使用的资源(包括劳动力和土地)转入城市,得到了相对高效的利用。第二,改革开放以后引进外国设备、学习外国技术,很快缩小了与发达国家之间的技术水平差距,推动了效率提高。这些都使技术进步和效率提高对增长的贡献率增加。但是,这种情况在 21 世纪初发生了变化。首先,不论是人口城市化还是土地城市化的速度都在放缓。其次,经过 20 多年改革开放,中国的一般生产技术水平与发达国家日益接近。这样,用学习引进的方法提高技术水平的空间就不那么大了。哪怕是引进外国技术,也要经过消化以后的再创新。这时,原有的体制缺陷就表现出来了。许多经济学家

---

[1] 参见蔡昉:《刘易斯转折点:中国经济发展新阶段》,北京:社会科学文献出版社,2008 年。

对中国潜在生产力的研究都表明，从 21 世纪初开始，效率提高对于增长的贡献率开始下降。

以上分析说明，GDP 增长速度的下降，是由一系列客观因素决定的，而不以人们的愿望为转移。在驱动经济增长的主要因素都发生推力下降的情况下，中国经济就面临会不会陷入"中等收入陷阱"的问题。所谓"中等收入陷阱"，实质在于原来支撑经济增长的一些动力开始减退，如果找不到新动力，就可能陷入陷阱，停留在中等收入水平而无法超越。我们面临的一项迫切任务，就是找到新的增长动力。根据理论分析和各国的历史经验，这个新动力集中到一点，就是技术创新和效率提高。

引领新常态需要新心态、新作为

既然中国经济由高速增长转入中速增长是客观因素决定的，我们就只能用平常心态来对待它。所谓用平常心态对待，就是不要急急忙忙用强刺激和大规模投资的老办法去把增长速度拉起来。

2009 年以来的经历表明，用强刺激的办法去拉动经济增长，时效变得越来越短。经济学所说的"投资回报递减规律"的作用已经明显地表现出来了。另外，用强刺激的办法大规模进行投资，投资回报又很差，结果就使国民资产负债表的杠杆率逐步提高，宏观经济状况变得越来越脆弱。不管是各级地方政府的负债率，还是企业的负债率，都增长得非常快，已经达到甚至超出公认的警戒线。最近个别企业资金链断裂、逃债"跑路"的事件频频发生，一些地方政府发生了偿债困难，这些都发出了警示信号。资产负债表状况的恶化蕴含着系统性风险。一些曾经有过长时期高速增长的东亚国家，比如日本，在爆发了系统性危机以后，不但丧失了原来的优势，还造成了国民经济长期低迷。这是我们必须竭力避免的。

用平常心去对待经济减速的新态势，不等于说我们可以无所作为。如果我们不能在 GDP 增长减速的情况下改善增长质量、优化结构和提高增长效率，过去被 GDP 数量所掩盖的经济和社会矛盾就会暴露出来并趋于激化。具体表现，一个就是减速过快，造成很多问题。另外，在增长速度降低的同时，如果不能通过提高增长质量加以弥补，我们就会陷入"中等收入陷阱"，许多社会的物质文化需要就无法得到满足，许多历史欠账就无法得到补偿。如果减速的同时能够提高增长的质量，提高增长中效率的贡献度，虽然数量增加得少了，可是人民和整个经济所得到的实际好处会比过去的低效率、高增长时期还要多。

从国际范围内看，有些国家的经济增长主要是靠效率提高，所以有 3%、4%、5% 的增长率就是很好的情况了。我们也应该争取这样的结果。所以，现在不应该把主要注意力集中到拉动经济增长的数量上，而应集中到提高经济增长的质量、优化结构和提高效率上。在较高效率支撑下的中速增长，才有可能使我们走出目前的困境，才是一种合乎我们意愿的新常态。

提高经济增长质量、优化结构和提高效率，对于中国来说并不是一个新问题。1981 年 12 月全国人大批准的"十项经济建设方针"，一个核心内容就是提高效率（当时叫作"效益"）。30 多年经济发展的历程表明，经济发展方式转型进行得好不好，在很大程度上取决于体制改革的进度。改革有所推进，体制有所改善，发展方式转型就容易取得成效；否则，即使三令五申，反复动员号召，转型也还是举步维艰，成效不大。

2012 年的中共十八大提出，"以更大的政治勇气和智慧，不失时机深化重要领域改革"。随后，中共十八届三中全会制定了全面深化改革的总体规划，十八届四中全会又提出了全面推进依法治国的纲领。这些，都为实现经济发展方式转型提供了制度前提。

因此，面对目前错综复杂的局势，正确的应对办法只能是在稳住大局、保证不发生系统性风险的条件下，把主要的注意力放在推进改革开放上，通过全面深化改革来促进经济发展方式的转型，实现结构优化和效率提高，从根本上解决我国经济发展长期存在的不平衡、不协调和不可持续的问题。换言之，推进改革开放才是新常态的治本之策。因为只有通过建立市场化、法治化和国际化的营商环境，搭建起能够激励创新和创业的平台，才能实现由投资驱动的经济发展方式到效率驱动的经济发展方式的转型。

实现从粗放发展方式向集约发展方式的转型，是整个经济和社会长治久安的重要基础。只要我们按照十八大和十八届三中全会决定，扎实有序地推进改革，就一定能够使中国经济在进入中速增长的情况下，增加经济增长中效率的贡献度，最终确立我们所希望的新常态。

企业家怎样面对经济新常态[*]

（2014 年 12 月）

中国领导人在 2014 年 5 月开始用"新常态"来描绘中国正在进入的新的经济态势，并且在 11 月提出了增强改革力度来适应经济发展新常态的要求[1]。

中国经济发展新常态有两个基本特征：一个是经济的增长从高速转为中高速（也许未来还会向中低速变化）；一个是经济发展方式从要素驱动、投资驱动的粗放型发展转向创新驱动、效率驱动的集约型发展。前一个已经是事实，后者则需要我们着力全面深化改革、建立有利于创新和创业的体制，只有这样，才有可能实现有较高效率支撑的中高速增长。

为了确立我们所期望的新常态，达到有较高效率支撑的中高速增长，社会各界都应该尽自己的努力。我也希望，作为社会中坚力量的

---

[*] 本文根据作者 2014 年 12 月 31 日在"正和岛新年论坛（昆明）"上的演讲整理而成，收入本书时有删节。

[1] 见《习近平在亚太经合组织工商领导人峰会开幕式上的演讲》，新华社北京 2014 年 11 月 9 日。

企业家和大家一起来推进这个伟大的事业。

具体来说，企业家首先需要认识到，过去那种靠政府放水、海量投资和野蛮式增长"赚快钱"的日子已经一去不复返了。在早期不规范的经济环境中，改善企业状况的老手法或者发财致富的捷径，是跟政府官员"勾兑"好关系，取得资源，捞到好处。现在，这种"傍政府"、"捞浮财"的老路子应该已经走到了尽头。如果不能提高自己的竞争力、提高产品的附加值，企业就有可能遇到麻烦，甚至垮台。所以，目前许多企业都处在生死关头。

可是现在，有一些企业家还是习惯于以前的老套路，还有一些人老想回到过去的日子。最近不管在北京，还是在云南，碰到的一些人似乎总是希望重现过去的"幸福日子"。他们提出的问题往往是："央行什么时候会放水？"或者"'一带一路'等'三大战略'会给我们带来些什么项目？"当然，国家的政策应当随着情况的变化有所调整，以便做得更加理性和有效，但是我们不应当希望靠政府放水让企业"赚快钱"的日子重新到来，因为它造成的问题太多了。现在中国的企业处在一个爬陡坡的阶段。我们一定要爬上这个陡坡，把中国经济建立在一个新的、现代市场经济的平台上。

现在总体经济形势就是"三期叠加"，就是经济增长速度换档期、结构调整阵痛期和前期刺激政策消化期重合在一起。"换挡期"指的是经济增长进入了降速时期。"阵痛期"是指把过去的发展方式所造成的结构缺陷纠正过来是要付出代价和有痛苦的，对此必须有充分准备。要开辟经济结构新局面，当然必须要有能够提高增长潜力的投资。但是我们过去有大量的无效的投资，如果不压缩这部分投资，就不可能腾挪出资源去做有效投资。如何实现资源有效的再配置？必须有一个好的资本市场。长期以来，中国资本市场功能定位是帮助企业融资。

这种提法"差之毫厘,谬以千里"。资本市场的真正功能是帮助那些效率好的企业融资;与此同时,还要剥夺那些效率不好的企业浪费社会资本的能力。这样才能解决资本从低效无效企业流向有效高效企业的问题。这也就注定了结构调整是一个痛苦的过程。

还有一个前期刺激政策的"消化期"。消化什么呢?这个说法虽然比较婉转,但它的指向还是十分清楚的,就是要消化前期刺激政策所造成的大量债务,治疗强刺激的后遗症。大量的积累债务是效率低下的高速增长付出的代价,现在我们正在消化这份苦果。所以政府再度大量放水,不利于我们国家和企业自身的健康发展。

企业家要认清形势,从提高自己企业的核心竞争力找出路,做企业家应该做的事情。这不外是学会发现和抓住商机,不外是善于发现人才和让人才发挥作用,不外是咬定创新不放松,不外是努力学习适应全球市场和国内市场上新的贸易与投资规则。好在中国还处在市场经济的早期阶段,机会广阔,中国企业也都还青春年少,精力充沛。只要善于学习,努力创新,我相信,在座的企业家都有能力提高自己的核心竞争力,有能力做好自己的企业,靠奋力拼搏在中国甚至全球市场经济的大舞台上一显身手。

现在中国的部分市场激流涌动,生机勃勃,但这并不是全部。最近我们接触到的一些事情说明,没有一个好的体制,企业家的创新和创业才能无法充分发挥,不能够大显身手。

前两天我到本地一个企业考察。这是一个混合所有制的上市公司,但是它并没有按照《公司法》运行。现行体制下,国有资产的主管部门管人、管事、管资产,高层经理人的任免和薪酬都不是按照《公司法》由董事会决定,而是由国有大股东决定的,不管它是100%的股东,还是控股股东、参股股东。这样,非国有股股东的权益就受到了损害。

而且所有和经营貌似分开了，实际上没有分开，这使经营者的才能不能够得到充分的发挥。怎么办呢？十八届三中全会《关于全面深化改革若干重大问题的决定》要求国有资产管理的办法要向以管资本为主转变。实现这项改革就是解决上述问题的途径。今天在参会路上一位做网上医疗保健的朋友跟我讲，他们这个行业牵涉到医疗体制改革。当前医疗改革是改革的一个大难题，如果医疗改革无突破，医药行业也很难健康发展。

诸如此类的事实表明，只有推进国有企业、医疗体制等改革，使其走上正轨，才能实现效率的提高，让企业家大显身手。实现制度的变革离不开政府的作用，但是企业家并不是看客。我们都是公民，是这个国家的主人，而不是改革的旁观者，我们都有责任支持政府推进全面深化改革，有责任督促政府官员推进全面深化改革。只有大家共同努力推动改革，推进现有体制向有利于创新和创业的体制转化，才能确立我们需要的新常态。

全面深化改革任重道远，让我们一起努力。

关于"新常态"的若干思考[*]

（2015年2月）

1. 对于目前中国经济"旧常态已经不能维持，新常态还有待确立"的态势，要有清醒的认识。

在新常态的两个基本特征中，"从高速增长转向中高速增长"已经是既成事实，而"从规模速度型粗放增长转向质量效益型集约增长"还没有实现。如果不能经过努力实现第二点，就有出现失速过快的危险，陷入美国太平洋投资管理公司（PIMCO）的埃利安（M. A. El-Erian）2009年最初定义的那种长期萧条的"新常态"。而且，如果增长数量方面的损失得不到增长质量方面的补偿，就会使过去靠数量扩张掩盖、抑制和"摆平"的矛盾暴露出来，引发难以处理的经济社会问题。这样，也就很难建立起一种符合我们愿望的"常态"，即增长数量适度、增长质量较高的态势。

树立清醒的认识，才会积极努力动员各方面的力量去建立这种合乎我们意愿的新常态。

---

[*] 本文是作者2015年2月26日在"中国经济50人论坛：新常态的理论与实践问题"研讨会上的发言要点。

2. 因此，我们的基本方针，应当是在保证不发生系统性危机的条件下，把主要注意力放在推进改革和提高增长质量（即转变发展方式、优化结构、提高效率）上。

之所以要这样做，是因为近20年来转变经济发展方式的曲折历史已经清楚地表明，只有全面深化改革才能实现经济发展方式的根本转变，也才是解决我们面对的各种问题的根本出路。

3. 在当前连年积累下来的问题过多的不利环境下，要实现向我们希望的新常态的平稳过渡，必须标本兼治，把长期政策和短期政策结合起来。我据此提出以下具体工作建议：

（1）继续实施积极的财政政策和稳健的货币政策。中央经济工作会议关于"积极的财政政策要有力度，货币政策要更加注重松紧适度"的意见很重要。积极的财政政策应当指向有利于发挥企业积极性的方向。加强财政政策力度的主要办法不应是增加支出，而应是减低税收。货币政策总的方向还是要去杠杆，但在方法上需要灵活多样（例如美联储在实施量化宽松政策时并没有太多地增加货币供应量，他们的做法就很值得研究借鉴）。

（2）采取多种方式"去杠杆化"，堵塞漏洞，释放风险，降低巨额债务的压强，防止出现系统性风险，如：停止无效率、无回报的投资，包括基础设施投资；划拨国有资本偿付社保基金缺口等政府的巨额或有负债；对技术上已经资不抵债的企业分别情况，或者在破产保护下进行资产重整，或者破产清盘；采取多种方式，对大额债务进行债务重组；各级政府都要制定计划，盘活"晒太阳"的开发区等死资产存量；等等。

（3）检查总结执行全面深化改革总体规划的情况，加快利率市场化、土地流转、地方债务管理和消减、证券市场监管、市场准入的负面清单和政府职权的正面清单、司法体系、科教体系等方面的改革，务使我国的市场活力和经济效率在近期有明显的提高。在诸项改革中，国有经济改革对于提高整个国民经济效率的重大意义，应当得到足够的重视。国有经济在全社会经济活动总量中占比虽然不足三分之一，但国有企业控制着战略产业，占用了大部分重要资源，它们的效率高低，乃是决定中国经济兴衰的重要因素。最近中纪委巡视组初步揭示出来的国企贪腐的严重情况令人触目惊心。这更加警示我们，国有经济的改革刻不容缓，必须按照十八届三中全会《决定》的要求加快进行。

（4）民营经济是我国社会主义市场经济的重要组成部分，占有我国经济的大半壁江山，但是目前它们在相当大的范围内呈现信心不足和活力衰退的趋势，甚至出现资金外逃的情况。因此，亟须仿效1998年我国政府应对亚洲金融危机、释放中小企业活力的做法，对民营企业特别是中小型民营企业的经营环境和思想动态等进行全面深入的调查研究，采取切实措施解决民营企业安全感不足和融资困难等问题，使它们的积极性和创造力得以发挥。

（5）建设有效率的国家创新体系。改革开放以来，创新活动日益活跃，特别是近年来，在网络和一些新兴的产业领域，新技术发明如雨后春笋般出现。但是，这些创造发明的商品化和产业化状况却很不理想。问题的症结在于：由于在很大程度上沿袭苏联式的行政主导模式，政府虽然投入不少，但效果却并不明显，反而因为创新创业的积极性、创造性受到抑制而造成许多损失。我以为，解决问题的途径，是在"使市场在资源配置中起决定性作用"和"更好发挥政府作用"原则指导下，进行顶层设计，建立起政府、市场和企业各司其职、各尽其能的有效率的国家创新体系。

（6）民气和民力是我们克服困难、构建繁荣可以依靠的基本力量。

因此，党和政府的各项政策，都要根据团结一切可以团结的力量，形成同舟共济、共度时艰合力的要求进行调整和完善。做到了这一点，确立新常态的努力取得成功就有了根本保证。

天下没有不破的泡沫，我只能提醒大家谨慎[*]

（2015 年 4 月）

金融客平台：您如何看待现在实体经济疲弱、股市猛涨的状况？

吴敬琏：过去在农村，农忙的时候大家都埋头干活，农闲的时候大家有空就赌博。美国经济学家加尔布雷思（John K. Galbraith）有一本书讲美国的股市，叫作《1929 年大崩盘》[1]，生动地描述了投机狂热支撑起来的繁荣景象和股市崩盘后的惨象。在他的另一本书《金融狂热简史》[2]中，加尔布雷思在历数从 17 世纪初荷兰的"郁金香疯狂"到 20 世纪 80 年代的金融投机狂潮和随后不可避免的大崩盘以后慨叹道，美国人太健忘了。对于金融事件的记忆极其短暂，最多不超过一代人的时间。在美国，每隔二三十年就有一次从产生幻想到幻想破灭，

---

[*] 本文根据作者 2015 年 4 月 16 日接受"金融客平台"微信公号采访编辑而成。当时中国股市热潮涌动，股民竞相进入股市。但是两个月后，上证指数在 6 月 12 日达到 5178.19 的最高点后掉头直下，引发了一场严重的股灾，股民损失惨重。

[1] ［美］约翰·肯尼斯·加尔布雷思著（1955）、沈国华译：《1929 年大崩盘》，上海财经大学出版社，2006 年。

[2] J. K. Galbraith. *A Short History of Financial Euphoria*（《金融狂热简史》）. London：Penguin Books,1990.

再到产生幻想的循环。在金融崩盘若干年后，每当股市走牛的形势再次出现时，"就会有生气勃勃、充满自信的年青一代为之欢欣雀跃，认为在金融甚至更大的领域内出现了辉煌的创新发现"。

现在看来，中国人更健忘。目前证券市场的情况不太正常，如果继续放钱和扩张信用，问题会更严重。

天下没有不破的泡沫。泡沫迟早是要破的，但什么时候破没有人知道。美国1929年那次大危机之前就有七年的繁荣，很多人觉得这个时候如果袖手旁观会错过发财的良机。

现在中国股市一片狂热。根据过去的经验，在这种情况下，估计说什么都没有用，我能做的大概只是提醒大家要谨慎。

听说现在大量进入股市的都是没有交易经验、缺乏理性、没有风险承受能力的新投资者，如果用自己的钱还好，但如果是借钱加杠杆炒股，就更加危险。

股市和房地产等资产市场泡沫的生成，与货币超发、信用过度扩张有直接的关系。我曾推荐美国经济学家辜朝明的著作《大衰退》[1]，这本书剖析了美国大萧条与日本大衰退的根源，对金融危机有深刻分析。他说，在实体经济疲弱时，不能用货币政策，而要用财政政策，因为发多少货币都不会到实体经济中去。有经验的人都知道现金为王，一定要投到容易变现的股市等领域，而不是投到实业里。所以即使有必要采取积极的宏观经济政策，也不要单独采用货币政策一个工具。

金融客平台：上证50和中证500期指上市会对股市发展产生什么影响？

吴敬琏：这要看做股指期货的人是否根据市场规律做出自己的决

1　[美]辜朝明著、喻海翔译：《大衰退：如何在金融危机中幸存和发展》，北京：东方出版社，2008年。

策。如果按照市场规律行事，涨得太多就会有更多的人选择做空，那么股市的热度就可以降下来。如果他们也揣摩政府托市的意图，就会跟着做多。股指期货如果不理性对待的话，是会放大波幅的。期货的重要功能本来是发现价值，但弄得不好反而会扩大市场风险。这也许可以说是非规范市场经济的悲哀。

金融客平台： 您怎么看现在也很火的新三板？

吴敬琏： 那地方更危险。新三板是OTC（over-the-counter，"柜台交易"，又称"场外交易"）交易，应该是专业投资者充当做市商（market maker）的市场。零散的OTC本来是证券市场的基础，先有柜台交易，再有证券交易所的集中交易，但我们倒过来了，叫作"倒爬楼梯"。

金融客平台： 存款保险制度已经出台，利率市场化如箭在弦，民营银行、非银金融的放开、注册制等也将次第实施。有人说，这些改革会对中国经济产生意想不到的影响，任何行政干预都将逐渐丧失作用，您觉得是这样吗？

吴敬琏： 金融改革的方向就是要发挥市场在资源配置中的决定性作用，但是如果在发挥市场作用的同时，政府的行政命令还保持过去那样的主导作用，就会引起混乱。

金融客平台： 最近政策开始给房地产交易松绑，您怎么看住房消费对中国经济的刺激作用？现在关于一线城市楼价飞涨的问题存在的意见分歧比较大，有人说楼市的泡沫非常严重，可能会崩盘，也有人说楼价会继续猛涨。想请教一下，您的意见怎样？

吴敬琏： 很多人认为，大量新进城市人口的住房需求是"刚需"，所以房地产继续涨价是必然趋势。我觉得这种说法不太确切。首先要搞清楚什么是需求。经济学讲的需求，是有购买能力的需求。人们想要拥有自有住房是欲望，这并不等于需求。房地产和一般商品一样，它的价格涨落是货币现象。房地产价格飞涨的根源乃是货币超发和信用膨胀。如果政策目标是用刺激政策"扩需求"、"保增长",就会大量往市场里投钱,通过乘数效应,带动其他的投资和消费,就使市场转起来了。

资产市场跟一般的商品市场不一样。在一般的商品市场,价格离供求均衡点越远,拉回均衡点的力量就越大,但是资产市场的特点是"越涨越抢,越抢越涨,越跌越抛,越抛越跌"。

膨胀到什么时候才会破呢?不知道。但是有一条,泡沫越大,破起来的时候破坏性就越大。譬如说,1929年美国股市崩盘和大萧条前,股市猛涨维持了七年时间,这七年里那些预言泡沫早晚会爆破的经济学家天天被骂。不管经济学家会不会被骂,我们也一定要清醒地认识到,天下没有不破的泡沫。

在现代社会里,因为资产市场的规模非常大,超发的货币有可能被资产市场所吸纳,造成资产泡沫,而居民消费价格指数(CPI)并不一定上升。比如1985年五国集团(G5)的《广场协议》[1]签订以后,日元大幅升值,出口需求疲软,日本政府为了增加内需,从1986年开始实行扩张性货币政策。直到1989年大藏省和日本央行(Bank of Japan)达成一致要实行紧缩政策之前,居民消费价格指数(CPI)都没有上涨。因为货币都流到资本市场去了,所以房价和股价泡沫急剧

---

[1] 1985年9月22日,美国、日本、联邦德国、法国以及英国的财政部长和中央银行行长(简称G5)在纽约广场饭店达成协议,由五国政府联合采取措施,诱导美元对主要货币特别是日元和德国马克的汇率有秩序地贬值,以解决美国巨额贸易赤字问题。因该协议在广场饭店签署,故又被称为《广场协议》。由于日本承诺对日元升值不进行干预,《广场协议》签订后,日元对美元大幅度升值。到1986年末,日本对美元的汇率升值46%,剔除通货膨胀因素后,日元的实际有效汇率升值30%。

膨胀。日本央行早就主张采取紧缩性货币政策，但是大藏省怕影响经济而不同意。由于泡沫太大和动手太迟，1989年末刚开始紧缩，资产泡沫就爆破了，日本经济一蹶不振，到现在还没有恢复过来。

日本教训惨痛，我们应该认真吸取，避免重蹈覆辙。

金融客平台：您如何看眼下的全民创业、万众创新？这是否有助于中国经济的转型？

吴敬琏：转型要靠创新，但激励创新不能用老办法，不能由政府决定支持哪种技术和哪些企业，抑制哪种技术和哪些企业。现在各级政府手里都有大量支持产业发展的扶持基金。如果他们支持行业里的一部分企业，就意味着其他企业受到不平等的对待。而且，政府不可能知道什么样的技术是最终能被市场接受的技术，也不可能知道什么样的产业结构是最好的产业结构。由政府官员去决定这一切，问题会很大。其中的道理，看看我国光伏行业的发展历程就会明白。所以政府支持创新应该有更有效的办法，主要致力于完善市场，建立一套激励创新和创业的体制。

对当前宏观经济形势的估量和政策建议[*]

(2015 年 9 月)

1. 当下我国经济形势的特点,一方面是靠海量投资驱动高速增长的旧常态已经不能维持;另一方面,尽管近期出现了一些积极的动向,但靠效率提高支撑经济稳定增长的新常态还远未确立。

解决这一矛盾的关键在于能否按照十八届三中全会和四中全会的要求,建立起有利于创新和创业的体制与环境,以促进结构优化、提高效率,或者说,实现经济发展方式转型。

面对这种形势,盲目悲观是没有根据的,但也不能够盲目乐观。我以为,政府应当采取的方针,是在保证不发生系统性风险的前提下,集中主要力量按照十八届三中全会和四中全会的决定推进改革,靠良好的经济体制和法治来推动经济发展方式的转型以及效率的提高。

2. 目前,我国国民资产负债表的杠杆率过高,债务总额达到 GDP 的 250%—300%,已经积累了比较大的金融风险。个别企业资金链断裂、个别地方政府债券违约的情况时有发生。因此,防止局部风险演

---

[*] 本文是作者 2015 年 9 月 16 日在"中国经济 50 人论坛:更好引领新常态,加快经济发展方式转变,促进经济稳定增长"研讨会上的发言要点。

化为系统性风险，就成为一项必须完成的任务。

只有实现经济发展方式的转变和效率的提高，才能从根本上消除发生系统性风险的可能。但是，与此同时，也需要采用一些短期政策措施来稳住大局，以便为推进改革和转变发展方式赢得必要的时间。这类措施主要包括两方面的内容：第一，是堵塞漏洞和化解风险；第二，是采取货币和财政等宏观经济政策进行短期调节。

3. 为了堵塞漏洞和化解风险，需要采取多方面的措施。其中包括：（1）妥善处理各级地方政府的债务。财政部向地方下达2万亿元地方政府债券额度置换存量债务，需要在较强的资本市场约束下进行。（2）要抑制回报过低和完全没有回报的无效投资，例如各地不问效果、蜂拥而上的"铁、公、基"项目等。（3）停止刚性兑付，以便降低无风险利率水平和防止道德风险。（4）动用国有资本偿还政府的或有负债。目前一项最重要的或有负债就是社保基金的缺口，数额很大，成为隐患。十八届三中全会决定拨付国有资本补充社保基金，但迄今没有具体行动。（5）停止对"僵尸企业"输血，并对资不抵债的企业实行破产清盘和破产保护下的重整，化大震为小震，使局部性风险得以暴露和释放，而不致积累成系统性风险。（6）采用证券化等手段，通过资本市场消化金融系统的不良资产。（7）努力盘活由于粗放增长方式造成无效占用的死资产存量，例如各地"晒太阳"的开发区。

4. 由于存在经济下行压力和出现突发性金融风潮的可能性，还需要以短期政策作为补充，维持宏观经济的基本稳定。我认为，去年12月中央经济工作会议提出的"积极的财政政策要有力度，货币政策要更加注重松紧适度"是正确的，应当审慎地加以实施。

各国救助金融危机的经验表明，在资产负债表出现问题、资产泡沫破灭的情况下，由于人们都要"捂紧钱袋子"和保持流动性，扩张性货币政策对提振经济并没有太大效果。前一时期释放的流动性并没有达到支持实体经济的目的，却刺激了股市泡沫的膨胀，就是明证。因此，即使在需要采取适度扩张的宏观经济政策进行刺激时，也主要应采取财政政策，而非货币政策。

货币政策要把提供必要的流动性和去杠杆结合起来，不要变成了大水漫灌，进一步提升杠杆率，加剧风险积累。

增加积极财政政策的力度意味着增加赤字。目前我国预算赤字离公认的警戒线还有一些距离，增加财政政策力度还有一定的空间。增加赤字有两种办法：一是增加支出；二是减少收入。在目前的状况下，我倾向于更多地采用普惠式的减税。因为现在一个大问题是企业家们对未来的经济增长缺乏信心，没有投资的积极性。近期汇率波动较大，人民币贬值预期增强，资金外逃也在增加，这也与信心不足有很大关系。需要改善营商环境，提高企业家们的信心。减税会对提高企业的积极性有所帮助。当然，这不是主要的，还需要针对他们的思想顾虑和实际困难采取一些其他措施，例如纠正某些地方发生过的冤假错案，积极改善营商环境，来扭转这种消极倾向。

5. 既然推进改革开放是克服当前困难和确立新常态的治本之策，切实推进改革，就变成了各项工作的重中之重。十八届三中全会《决定》明确建设"统一开放、竞争有序的市场体系"的目标，要以此为标尺，总结十八大以来各方面改革的已有进展，切实推动进一步的改革。

早在十八大召开前后，就已经按照建立竞争性市场体系的方向进行了一些试验性的改革，比如企业注册登记的便利化、营业税改增值税等，并且取得了有目共睹的成效。十八届三中全会和四中全会以来，改革开放也取得了一些新进展。但是，各方面改革的进度差异很大。即使进展比较快的行业和部门，也还有不少不尽人意的地方。例如，金融领域在推进利率市场化和汇率市场化方面取得了较快进展，但是在其他方面，比如完善市场监管制度方面，就进展得很慢。最近发生市场波动以后，出现了股市注册制改革将要推迟的传言，引起了人们对改革放缓的担心。

国有企业掌握着大量重要资源，并且在许多重要行业中处于支配地位，因此，如果国有企业仍然处在效率低下的状态，国民经济效率就很难得到提高。最近中共中央、国务院下发了《关于深化国有企业改革的指导意见》。这一文件较之前几个月的征求意见稿有一些进步，但是有些思路还不够清晰。例如，在国有企业定位和分类管理的问题上，就有和十五大、十五届四中全会《决定》不相衔接的地方。对于如何贯彻十八届三中全会对国有企业的管理要从过去"管人管事管资产"转向以"管资本"为主的决定，也不十分清楚。这些问题都会对国有企业改革的效果产生重要影响。

6. 现代市场经济的有效运作，离不开党政官员在创设良好的营商环境和提供公共服务方面的作为。强力反腐以来，党政官员"乱作为"的情况大为收敛，但"不作为"的情况却有所蔓延。这既是源于这些官员"为人民服务"意识的不足，也与官员职权不够明晰，使人认为"多做多错、少做少错、不做不错"有关。中纪委王岐山书记以前说过，先治标后治本，用治标为治本赢得时间。我觉得，在反腐高压势态已经建立的情况下，应当大力加强制度反腐，把权力关到法治的笼子里。与此同时，要按照李克强总理所指出的政府"法无授权不可为"的原则，加快建立党政官员职权的正面清单，使官员们行使职权有规可循。

此外，对前期救市有一种批评的声音，认为有些做法限制了法人和自然人的财产权利，有违法治原则。这表明，法治建设和法治教育都还有待加强。

推进结构性改革，提升供给质量[*]

（2016 年 2 月）

我想讲四点意见。

第一点，去年 11 月中共中央领导提出着力推进供给侧结构性改革，推动经济持续健康发展的要求。这是一个非常重要的决定。做出这个决定就意味着我们从原来主要靠凯恩斯主义式的刺激政策来保增长，转向以提高供给质量、提高增长效率为主的宏观经济政策。这是领导决策思路的重要改变。

长时期以来，主流思想是从需求侧的因素分析探查中国经济增速下降的原因和寻求应对的方略的。由此得出的结论是，经济减速的原因是投资、消费、净出口等"三驾马车"的力量不足，所以应对的方略就是实行强刺激政策，"扩需求"、"保增长"。但是执行这个方针若干年以后，我们现在陷入了一个困境，出现了两个现象：

一个现象是投资回报递减。这些年来，刺激的力度并没有减弱，但是"保增长"的作用不断衰减，近来已经几乎没有作用了。

---

[*] 本文根据作者 2016 年 2 月 19 日在"中国经济 50 人论坛 2016 年年会：深化供给侧结构改革，全面提升发展质量"上的主题发言整理而成。

另外一个现象是杠杆率不断提高。去年中国的杠杆率应该说超过了公认的警戒线，现在还在继续提高。这样就蕴藏着发生系统性风险的可能。事实上，我们再也不能继续用这样的方法来应对经济下行的挑战了。

多年来许多经济学家都提出过，不应该用需求侧因素的分析去探查经济下行的原因，而且由此提出的凯恩斯主义式的强刺激政策对于支持中国的长期持续发展来说是无效的，甚至弊端很大。现在决定从供给侧去找原因和寻对策，是一项完全正确和十分重要的决策。

第二点意见，从供给侧的分析得出的最重要的结论是，必须努力实现从投资驱动的发展模式到创新和效率驱动的发展模式的转型。

从刚才易纲副行长在他的主题发言中演示的宏观经济图式中可以看到，对于GDP增长率的变化，既可以从需求侧去分析，也可以从供给侧去分析。供给侧因素主要是三个：第一是新增劳动力；第二是新增资本投资；第三是全要素生产率（TFP）提高。中国为什么发生经济增长减速？因为供给侧的几个因素都在减弱，人口红利消失，增加投资难以为继，加上全要素生产率（TFP）提高变慢，潜在增长率也在下降（有很多文献，包括白重恩教授的研究[1]、伍晓鹰教授的研究[2]，都说明了这一点）。

根据这样的诊断，正确的处方就是通过纠正资源错配（或称经济结构优化）和建立兼容的激励机制，来提高资源的配置效率和国民经济的运行效率。

---

[1] 白重恩、张琼：《中国经济减速的生产率解释》，《比较》辑刊2014年第4辑。

[2] 伍晓鹰：《测算和解读中国工业的全要素生产率》，《比较》辑刊2013年第6辑。

所谓提高资源配置效率和经济运行效率，其实质就是转变经济发展方式。从过去那种主要依靠投资实现的增长，转变到主要依靠效率提高实现的增长。

第三点意见，加快经济发展转型成败的关键，是能不能通过全面深化改革消除实现转型的体制性障碍。1995年制定"九五"（1996—2000年）计划的时候就正式提出实现经济发展方式转型，已经过去20多年了，但是直到现在转型还没有能够完全实现。2005年制定"十一五"（2006—2010年）规划的时候曾经讨论过，为什么发展模式转型进行得这么缓慢？讨论得出的结论是：因为存在着体制性障碍。我当时写过一本叫《中国增长模式抉择》的书，其中比较具体地谈到存在哪些体制性障碍。归结起来，就是政府还在资源配置中起着主导作用，使市场的作用不能够发挥。

这个问题到现在仍然没有解决。

怎么才能解决呢？那就要靠全面深化改革，通过改革来消除这些体制性障碍，使市场能够发挥有效配置资源和形成兼容激励机制的作用，以此来推动发展模式的转型。

说到这里，我觉得有一个概念需要澄清，就是什么是"结构性改革"。在过去的中国经济学文献里很少用"结构性改革"这样的说法，但在西方国家这是一个经常使用的概念。我查了一些文献，他们所说的"结构性改革"指的是政治、社会、经济制度架构的改革，也就是我们说的体制改革。在全球金融危机爆发以后，一些国际组织在欧洲力推结构性改革。2014年，英国《经济学人》杂志的 The Economist Explains（"经济学人解释"）栏目发表过一篇文章，解释"什么是结构性改革，它为什么很重要"。文章写道："《经济学人》杂志经常建议用'结构性改革'作为解决问题的处方。这个术语的具体含义是什么？用最简单的话来讲，结构性改革就是指改变政府的工作方式。"[1]

但是在我们这里，这种体制架构的改革常常和经济结构（比如说产业结构、地区结构）的调整混为一谈。现在可以看到很多这样的报道，一些地方的结构调整实际上回到了老办法，就是直接用行政手段调结构。我很担心，用这种办法恐怕不能取得我们预期的效果。

第四点意见，从近几个月执行中央决定的情况看，有两个问题亟须解决。第一个问题，实现"三去一降一补"（去产能、去库存、去杠杆和降成本、补短板），提高供给质量，是主要依靠市场的力量，还是主要依靠行政手段？这是一个很大的问题。从理论上说，现在大多数人都承认市场力量能促进资源从供过于求、效率低下的部门企业流出来，转向供不应求、效率较高的部门企业，实现结构优化，也承认市场能够通过奖优罚劣，有力地激发创新和创业的活力。但是建立健全市场机制是很不容易做到的事，而且需要相关的机构和人员放弃一切既有的权力和利益，所以往往步履维艰。对于政府机关和官员来说，最顺手的就是老方法，就是用行政手段去调结构。一方面下达指标压缩过剩产能，消除房地产库存，要求电信运营商提速降费；另一方面设置各种各样的扶持基金和高新技术开发区，企图用高投资、高补贴推出一个技术创新的高潮。可是多年来的经验证明，优化结构必须主要靠良好的体制机制，再辅之以必要的行政手段。主要依靠行政手段调结构是很难取得成功的。

另外一个需要我们注意并加以改进的问题，是要加强决策部门和执行部门之间的衔接。

十八届三中全会为全面深化改革做了很好的顶层设计。近两年来，

---

[1] What Structural Reform Is and Why It Is Important（《什么是结构性改革，它为什么很重要》），见 *The Economist* 网站 2014 年 12 月 9 日。

改革项目指导意见或者方案设计，也得到了中央全面深化改革领导小组的批准。但是这些顶层设计、指导意见和一些具体实施方案与执行部门的衔接好像还存在一些问题。

例如，我跟电力行业的人做了一些讨论。最近发布的电力改革指导意见大体上回到了国务院 2002 年的 5 号文件的改革设想，但是，它所附录的配套文件有些还停留在保持电网公司市场权利的老套路上。最近，有学者对所谓"改革空转"现象提出批评，说是领导部门忙着发文件，下级部门忙着学文件，一个文件还没有学完，第二个文件又来了，使改革出现"冰上开车"的空转现象。这些批评也许有言过其实的地方，但是无论如何应该引起我们足够的警惕。

为了把那些设计得不错的改革指导意见和改革方案落到实处，领导部门和执行部门一定要紧密协作，牢牢扭住全面深化改革的主要项目落实主体责任，拧紧责任螺丝，提高履职效能，使各项改革都能落地生根。

"去杠杆"和"防风险"都要靠改革*

（2016年6月）

关于"去杠杆"和"防风险"，我想讲以下几点意见：

（1）"去杠杆"是一项必须完成的重要任务，因为杠杆率太高使风险积累，如果遭遇外部冲击，后果不堪设想。但需要注意一点：从根本上说，"去杠杆"是"去产能"和"补短板"，即纠正资源错配、实现经济结构优化的结果，而不是相反。如果不解决资源错配的问题，高杠杆率的问题也解决不了。

（2）解决资源错配问题，要以发挥市场机制的作用为主。2004年以来的经验表明，主要用行政手段"有保有压"、"有扶有控"地"调结构"，效果很差，甚至越"调"越扭曲。例如2008年山西用国有龙头企业对煤炭业进行兼并重组的结果就是这样。不能再依靠这种办法了。

（3）问题在于，目前我国"统一开放、竞争有序的市场体系"还没有完全建立，限制市场发挥作用的因素还很多。因此，唯一的出路是

---

* 本文是作者2016年6月14日在"中国经济50人论坛：去杠杆、防风险的难点与对策"研讨会上的发言要点。

努力通过全面深化改革，把这一经济体系建立起来。只有这样，才能发挥市场有效配置资源和建立兼容激励机制的作用，实现经济结构的优化和降低杠杆率。正因为这样，现在才需要强调着力推进结构性改革。

（4）我觉得现在在阐述供给侧结构性改革的文章中有一个值得注意的问题，就是往往把"优化经济结构"所说的"结构"和"结构性改革"所说的"结构"混为一谈。其实两者不是同一个概念。前者指的是资源配置的结构，而后者指的是体制机制的结构。如果把"结构性改革"理解为政府自己动手用行政手段"调结构"，恐怕结果只会是加杠杆，而不是去杠杆。

（5）用改革推动市场机制去纠正资源错配和实现资源优化配置，从而去杠杆，这将是一个相当长的过程。从短期看，为了防止经济失速和市场崩盘，需要灵活运用宏观经济政策。某些局部（如中央财政）或某些时段可能还得加杠杆。但是从全局和长期看，还是要去杠杆，否则会使风险继续积累，那将是很危险的。

（6）现在社会上对许多问题存在不同意见，应当进行讨论。任正非在全国科技创新大会上的发言提出了一些很深刻的问题[1]。他的一些困惑可能是很多企业家都有的。我觉得有关领导应当认真研究并给予回应。对于一些重大的政策问题也存在争议。例如最近观察者网发表的九位著名经济学家的集体访谈，就对权威人士的看法[2]提出了质疑[3]。对有关的问题，应当进行讨论，尽可能形成共识。

1　任正非：《以创新为核心竞争力，为祖国百年科技振兴而奋斗——2016年5月30日在全国科技创新大会上的汇报发言》。
2　龚雯、许志峰、吴秋余：《开局首季问大势——权威人士谈当前中国经济》，《人民日报》2016年5月9日。
3　高艳平采访整理：《中国经济怎么走？他们的声音值得倾听》，见观察者网2016年6月7日，http://www.guancha.cn/ZhangJun/2016_06_07_363210_s.shtml。

什么是结构性改革，它为何如此重要？*

（2016 年 6 月）

我今天要讲的题目是："什么是结构性改革，它为何如此重要？"

着力推进供给侧结构性改革，这是 2015 年 11 月中央财经领导小组和 12 月中央经济工作会议确定的重大举措，也是今后一段时期贯穿整个经济工作的主线。

但是，围绕供给侧结构性改革实际上还存在不少争论。比如说，中国经济发展进入下行通道，究竟是因为总需求的强度不够，还是由于供给侧的效率低下？再比如，什么是结构性改革？它到底是要改结构，还是要改体制？对于这些问题，不管在理论上还是在实际工作中都存在不同的意见。

我今天想着重讲一讲我对后一个问题的理解，也就是讲什么是结构性改革，它为什么极为重要。

结构调整和结构改革

"供给侧结构性改革"的提法，实际上包含两个含义不同的"结

---

* 本文根据作者 2016 年 6 月 30 日在清华大学经济管理学院举行的"新浪·长安讲坛"（第 300 期）的讲演整理而成。

构"。

第一层含义的"结构",是指经济结构,也就是资源配置的结构。

在从供给侧探究中国经济减速的原因时,我们发现,最主要的问题是,由于资源错配,经济结构发生了扭曲,导致效率下降。

从供给侧观察,经济增长由三个基本驱动力量推动,这就是:新增劳动力、新增资本(投资)和效率提高。从21世纪初期开始,中国经济增长原先所依靠的驱动力量开始消退,例如人口红利逐渐消失,工业化和城市化过程中产业结构改变(即所谓"库兹涅茨过程",Kuznets Process)导致的效率提高也开始减速。与此同时,粗放增长方式(即主要依靠投资驱动的增长方式)所造成的资源错配和经济结构扭曲却愈演愈烈。在这种情况之下,中国经济的潜在增长率从21世纪第一个十年开始下降,出现了经济下行的趋势性变化。

从以上分析得出的治本之策,就是通过资源的再配置,优化经济结构,提高供给侧的质量(效率)。

第二层意义上的"结构",是体制机制的结构。"结构性改革"讲的正是这后一种结构的改革。这两种"结构"不可混淆。如果把它们混为一谈,就会用调整经济结构去取代改革体制结构。我国的历史经验表明,这样做会造成十分消极的后果。

由政府直接"调结构"不但无效,还会产生反效果

针对中国经济存在的问题,无疑需要进行资源的再配置,以便改善经济结构,提高效率。当前改善经济结构的重点是实现"三去一降一补"(去产能、去库存、去杠杆、降成本、补短板)。

问题是怎么才能真正做到资源的优化再配置。进行资源的再配置

可以有两种不同的方式：一种是按照国家的计划和规划、政府的要求或者长官的意愿，通过行政命令来调整国民经济的企业、产业、地区等结构；另外一种是在反映资源相对稀缺程度的价格信号的引导下，通过市场的作用来实现资源的优化再配置。

在过去相当长的时期，中国沿袭计划经济时代的传统，由政府用行政手段来"调结构"。但是，历史经验表明，这种方法通常是无效的，甚至具有相反的效果。

早在改革开放初期，政府领导人就已经意识到，中国的产业结构存在严重扭曲，效益受到损害，需要进行调整。所以，在20世纪70年代末和80年代初曾经进行过两次大的经济调整。在当时政府主导资源配置的条件下，这种调整是通过行政手段进行的，比如规定哪些产业或部门应该缩减，哪些产业或部门应该增强，然后用行政指令或诱导政策促其实现。在原有体制下由政府进行结构调整的根本问题在于：结构扭曲往往就是由体制缺陷和政策偏差造成的，而且政府没有办法判定什么样的结构才是好的结构。因此，调整通常会产生两方面的负面结果：一方面由于政府并不确切地知道什么是好的结构，即使调整到位，也并不一定能够实现结构优化，弄得不好，还会越调越差；另一方面由于造成资源错配、结构扭曲的体制和政策因素并没有改变，即使调整成功，过不了多久，旧的结构重新复归，又需要进行另一次调整。

在当时的情况下，市场还没有生长起来，政府处在资源配置的绝对主导地位，用行政手段为主进行结构调整，自然是唯一可能的选择。后来通过80年代中期的初步改革和90年代以后的系统性改革，市场已经逐渐地成长和发育起来了，但是许多政府部门还是习惯于老办法，认为用行政命令那只看得见的手进行调整，才能很快见效。所以，在

20 世纪 90 年代甚至直到 21 世纪，各级政府仍然偏好用行政手段调整结构，结构扭曲问题也一直没有解决。

2004 年出现经济"过热"以后，对宏观经济到底是"全面过热"还是"局部过热"发生了争论。当时有三种不同的意见：第一种认为没有发生过热，也不赞成采取总量紧缩政策，说是"股市刚刚起来，不能一盆冷水泼下去"。第二种认为出现了经济过热，主张采取紧缩措施，防止股票和房地产市场泡沫膨胀，最终导致崩盘。不过，这两种意见都没有被领导接受。最后被肯定的是第三种意见，就是认为中国经济只是出现了"局部过热"而并没有发生"全面过热"，因此，只要采取措施抑制过热部门的扩张，就能保证国民经济的稳定协调发展。

在这种思想的指导下，国务院在 2005 年颁布了《促进产业结构调整暂行规定》。《暂行规定》要求国家发改委会同有关部门编制将技术、装备及产品划分为鼓励、限制、淘汰等类别的《产业结构调整指导目录》，以之作为政府引导投资方向，管理投资项目，制定和实施财税、信贷、土地、进出口等政策的依据：一方面对所谓的"过热产业"进行控制和清理；另一方面对政府选定的产业进行扶持。但这种"有保有压"和"有扶有控"的调整并没有见效，经济结构的扭曲反而变得更加突出了。

在这种情况下，国务院在 2006 年 3 月发出了《关于加快推进产能过剩行业结构调整的通知》，指出钢铁、电解铝、电石等行业产能已经出现"明显过剩"，要求根据不同行业、不同地区、不同企业的具体情况，有保有压，"坚持扶优与汰劣结合，升级改造与淘汰落后结合，兼并重组与关闭破产结合"，"进一步优化企业结构和布局"。文件虽然也照例提到要深化改革和充分发挥市场配置资源的基础性作用，但是由于市场化改革依然缺乏实际行动，调整结构的主要办法就只能是下发"淘汰落后产能"的指标和对要扶持的产业给予种种优惠与补贴。因此，结构调整的工作进行得并不顺利。比如钢铁行业是2006年化解产能过剩的重点产业，可是调控的结果却是越调越多。全国钢铁产能从2003年的2.5亿吨左右提升到2012年的将近10亿吨。

2008年全球金融危机发生以后，中国除了面对部分行业产能严重过剩的问题之外，还遇到GDP增长速度下降的问题。这时，除了"扩需求"、"保增长"外，国务院还做出决定，把大力发展战略性新兴产业作为重点经济工作之一，要求用财政、金融和其他手段大力扶植七项战略性新兴产业。由于用补贴、政策优惠来扶植指定产业造成价格扭曲和成本失真，光伏、LED等受到各级政府扶持的产业很快也变成了产能过剩的产业。

这样，2013年国务院和有关部委连续发出七个文件，要求对一系列"产能严重过剩的产业"进行治理。国务院发出的《关于化解产能严重过剩矛盾的指导意见》指出，我国的"传统制造业产能普遍过剩，特别是钢铁、水泥、电解铝等高消耗、高排放行业尤为突出"，要求通过五年努力，化解产能严重过剩矛盾工作取得重要进展，达到产能规模基本合理、发展质量明显改善等目标。

总的来说，用行政手段解决结构扭曲的问题，效果很差，有时还适得其反，过剩产能越调越多，而有的政府大力扶持的产业却又成为新的产能过剩产业。

转变发展方式提了二三十年，仍未见效的原因

提高供给质量、优化经济结构、实现发展方式转型，并不是21

世纪初才提出来的新要求。这一问题实际上已经提出几十年了，但一直没有得到解决。

早在1981年，全国人民代表大会就批准了国务院提出的"十项经济建设方针"[1]，"十项方针"包括多项改善产业结构的要求，希望能够通过它们的贯彻，"围绕着提高经济效益，走出一条经济建设的新路子"。1995年制定的"九五"（1996—2000年）计划又正式提出了"转变经济增长方式"的要求，其中非常重要的内容也是改善经济结构；到2002年，十六大提出"走新型工业化道路"。后来2007年讲的"转变经济发展方式"，2013年讲的"跨越中等收入陷阱"，针对的其实都是同一个问题，就是优化经济结构和提高效率。但是多年来成效不大，其中的经验教训很值得吸取。

由于在第十个五年计划（2001—2005年）期间，经济增长方式转型出现了反复，经济结构有进一步恶化的趋势，引发了2005年到2006年制定"十一五"（2006—2010年）规划期间的一场要不要转变经济发展方式、怎样才能转变经济增长方式的大讨论。这场讨论得出的一个很重要的结论是：这一转型之所以步履维艰，是因为存在"体制性障碍"。当时说的体制性障碍，核心内容就是政府仍然在资源配置中起着主导作用。

我在参加这次大讨论的过程中写了一本书，叫作《中国增长模式抉择》[2]。书里介绍了当时讨论的情况。对于为什么增长模式转型、结构调整不能取得预期成效，列举了很多具体的原因，比如把GDP增长作为政绩的主要考核标准、政府拥有过多的资源配置权力等。归

---

[1] 见赵紫阳：《当前的经济形势和今后经济建设的方针——1981年11月30日和12月1日在第五届全国人民代表大会第四次会议上的政府工作报告》。

[2] 吴敬琏：《中国增长模式抉择》，上海远东出版社，2005年。

结起来，就是十六届三中全会《关于完善社会主义市场经济体制若干问题的决定》所指出的"体制性障碍"，或者如十八届三中全会《关于全面深化改革若干重大问题的决定》所说：政府仍然在资源配置中起着决定性的作用，抑制甚至排斥了市场机制作用的发挥。

"三去一降一补"要靠市场发挥决定性作用

中国经济目前面对的结构问题越来越突出，所以需要通过"三去一降一补"来实现资源的再配置和经济结构的优化。不论过去的历史经验还是经济学的理论分析都告诉我们，要实现这一任务，必须依靠市场在资源配置中发挥决定性的作用。当然也要更好地发挥政府的作用。

在这里，市场的作用和政府的作用都要有准确的定位。

为什么实现经济结构优化和"三去一降一补"要靠发挥市场的决定性作用呢？因为市场有两个主要的功能：一是能够有效地配置资源；二是能够建立起激发创新创业积极性的激励机制。说到底，"三去一降一补"就是要靠这两个最重要的机制才能够实现。市场机制具有实现资源有效配置和建立正确激励机制这两个方面的优势，它们是行政手段所无法做到的。比如要压缩钢铁业的过剩产能，老办法是由行政机关规定计划指标，要求限期压缩多少万吨"落后产能"，然后把计划指标层层分解下达到各个部门、各个地区和各个企业。压缩任务通常只能按企业的大小、设备的新旧等"硬指标""一刀切"，否则就压不下去。然而根据这样的标准，被切掉的往往并不是效率最差的设备和企业。而且每个行政部门都要保护自己的产业，甚至纵容企业增加产能。再比如"补短板"的实质是加快效率较高、供不应求的产业的发展。用行政的办法也跟市场激励的办法很不一样，前者主要靠政治动员和运用政府的财政政策、信贷政策和其他优惠政策去扶植一些政府认定应该发展的产业和应当做强做大的企业，这和依靠市场机制奖优罚劣实现优胜劣汰，效果就完全不一样了。

在发挥市场在资源配置中的决定性作用的同时，政府应当怎样更好地发挥作用呢？据我理解，所谓"更好地发挥作用"，是不要落入过去政府包办一切的老套路。政府要做的不是直接出手去调结构，而是提供公共品；不是操控市场和干预微观经济，而是为市场的运作提供更好的条件，为企业和创业者提供稳定的宏观经济环境和良好的法治环境。当然，它还要在市场不能起作用的一些地方发挥作用，比如说用社会保障体系来对下岗职工的基本生活需要进行托底，支持基础科研，建立基础教育体系等。总而言之，它的作用是提供公共品，而不是直接干预微观企业的经济决策。

为什么要"着力推进结构性改革"

如果说理论分析和实践经验都表明，要实现结构优化的目标，必须主要依靠市场的力量，那么问题的症结就在于：能够使市场在资源配置中起决定性作用的制度基础，即1993年的十四届三中全会《决定》和2013年的十八届三中全会《决定》所说的"统一开放、竞争有序的市场体系"，还没有完全建立起来。中国在20世纪末宣布已经初步建立了社会主义市场经济的基本框架，但是市场体系还不完备，其中许多重要的子系统还没有建立起来，即使已经初步建立，也还很不完善，存在诸多缺陷。总之，还不足以承担有效配置和再配置资源的重任。

在这种情况下，唯一的出路就是尽快通过改革，把统一开放、竞争有序的市场体系及其法治基础建立和完善起来。

正是在这样的背景下，2013年的十八届三中全会通过了《关于全面深化改革若干重大问题的决定》，2014年的十八届四中全会通过了《关于全面推进依法治国若干重大问题的决定》，2015年中央领导又提出了着力推进结构性改革的要求。

人们常常以为"结构性改革"是一个中国特有的提法，其实并不是这样。"结构性改革"（structural reform）是一个在市场经济国家文献里常见的说法。一个国家的市场经济制度已经建立起来，但其中的某些制度架构仍然存在问题，还需要对这些不够完善的、存在缺陷的制度架构进行改革，这种改革就被称为"结构性改革"。我们习惯于把从计划经济到市场经济的改革叫作"体制改革"。当这个短语被译成英语的时候，也常常用structural reform，即"结构性改革"来表达。

像我这样年纪的人，最早接触"结构性改革"这个说法，大概是在20世纪60年代"共产主义论战"中中方的批判文章里。当时的大批判文章[1]指出，意大利共产党总书记陶里亚蒂主张对西方国家进行"结构改革"，意味着用改良主义代替无产阶级革命。后来接触更多的是，近十几年来，一些市场经济国家一再提出要进行结构性改革。比如说，我今天讲演的题目，就是从英国《经济学人》杂志The Economist Explains（"经济学人解释"）栏目2014年12月的一篇文章What Structural Reform Is and Why It is Important（《什么是结构性改革，它为什么很重要》）借用来的。

总之，结构性改革是市场经济国家常用来指称社会经济体制的局

---

[1] 见《人民日报》社论：《陶里亚蒂同志同我们的分歧》，《人民日报》1962年12月31日；《红旗》杂志编辑部：《再论陶里亚蒂同志同我们的分歧——关于列宁主义在当代的若干重大问题》，《人民日报》1963年3月1—4日。

部改革。既然中国已经宣布初步建立社会主义市场经济的基础框架，现在要对其中部分架构进行改革，也是题中应有之义。所以，在这个意义之上，运用这样一种说法来概括当前要进行的改革，也是完全可以的。

其他国家进行结构性改革的实践对我们是有启发意义的。2004年，国际货币基金组织（IMF）曾经建议一些国家进行结构性改革，当时的 IMF 首席经济学家兼研究中心主任拉詹（R. Rajan）写了一篇短文来解释他们所建议的改革，题目叫作 Why Are Structural Reforms So Difficult？（《结构性改革为什么那么难？》）[1] 文章说，结构性改革取得的成果、带来的益处是长时期的，但是从短期来说，有一部分人的利益会受损，所以很难被人们所接受。我在这里要说的不是结构性改革的难易问题，而是拉詹对什么是结构性改革所做的言简意赅的界定。跟我们现在遇到的情况类似，当时有些人认为许多经济问题是由于需求过剩或不足造成的。拉詹表示不同意这种判断。他指出："许多经济问题是由市场运行中的问题造成的，而不是因为资源短缺或者总需求过剩或不足。在大多数经济学家眼中，此时显然需要进行结构性改革，即改变支配市场行为的制度架构和监管架构。"

总之，需要明确的是，"结构性改革"讲的是针对部分体制架构的改革。通过这种改革，把统一开放、竞争有序的市场体系建立起来，并且通过市场作用的发挥，来实现经济结构的优化和供给质量的提高。

六个方面的改革需要抓紧推进

为了完成建设统一开放、竞争有序市场体系的宏伟任务，我们需

---

[1] 中文译文载《比较》辑刊 2016 年第 2 辑。

要进行多方面的改革。十八届三中全会规定了336项改革任务，其中直接跟经济有关的就有200多项。这些任务当然有轻重缓急之分，不可能一蹴而就。根据最近各界人士提出的一些迫切需要重点进行的改革项目，我认为以下六个方面的改革特别需要抓紧进行。

一是简政放权的制度化，加快制定和执行市场进入的负面清单。十八届三中全会决定采取市场经济和法治国家的通行做法，对市场进入实行负面清单制度。根据企业和公民个人"法无禁止即可为"和各级政府"法无授权不可为"的原则，国务院部署制定两个清单：一个是市场进入的负面清单；一个是政府授权的正面清单。政府授权的正面清单看起来比较困难，但市场进入的负面清单是市场经济的一项基本制度，必须加紧制定。这不但涉及公民的基本权利，还牵涉到对外经济关系，比如在最近的中美投资协定谈判中，这就是一项重要议题。

二是全面推进金融改革。金融改革的核心议题——利率市场化和汇率市场化进行得比较顺利，甚至超出了原来的预期。但是仅有这两项重要的价格改革还不足以保证整个金融体系改革的完全成功，其他方面的改革也必须加快。比如说金融市场的监管体系，十八届三中全会要求从事前的审批为主转变为事中事后的合规性监管为主，就需要加快实现。在当前杠杆率居高不下的情况下，一方面民间的投资意愿低落，另一方面由于资产负债表衰退，人们不愿意把资金放到流动性比较低的实体经济中去。此时加快金融体系改革就具有更为重要的意义。

三是国有经济改革。这是一个很重要的领域，因为虽然国有经济在整个国民经济中所占的比例只在三分之一左右，但它掌握着最重要的社会资源，它所处的行业又往往是国民经济中的制高点，具有居高临下的地位。目前相当一部分国有企业效率低下，而且存在继续下降的趋势。如果这种情况不能较快改变，就会拖住整个国民经济的后腿。十八届三中全会《决定》对国有经济改革有一个重大突破，就是要把对国有企业的管理由直接管企业，即"管人管事管资产"为主，转变为"管资本"为主。这是一项具有重大意义的改革，因为只有这样才能在国有控股公司和国有参股公司中建立起有效的公司治理结构，也才能实现各类企业之间的平等竞争。

四是竞争政策的贯彻。我们过去把贯彻竞争政策叫作"反垄断执法"，现在国际上通行的说法是"贯彻竞争政策"。后一种说法可能比前一种来得确切。我们必须清醒地认识到，竞争是市场制度的"灵魂"。正如"二战"后德国社会市场经济体制的缔造者艾哈德（L. W. Erhard）所言，战后德国"经济奇迹"的实质，乃是"来自竞争的繁荣"[1]。前几天，国务院发布了《关于在市场体系建设中建立公平竞争审查制度的意见》，为确立竞争的基础性地位迈出了重要的一步。文件指出，在当前的现实生活中，"地方保护、区域封锁、行业壁垒、企业垄断，违法给予优惠政策或减损市场主体利益等不符合建设全国统一市场和公平竞争的现象"还广泛存在。加之在我们国家有些人还受到传统政治经济反竞争思维的影响，认为"竞争和无政府状态"是资本主义腐朽性的集中表现，而且在社会主义条件下，不同所有制企业之间也不应当有平等竞争。事实上，没有公平竞争就不可能发现价格，也不可能实现奖优罚劣、优胜劣汰和促使企业努力创新。所以抓紧贯彻竞争政策仍是一项重大的改革任务。

五是加快自由贸易试验区的建设。现在自由贸易区试验已经从上

---

[1] 参见［西德］路德维希·艾哈德著（1958），祝世康、穆家骥译：《来自竞争的繁荣》，北京：商务印书馆，1983年。

海一地推广到全国好几个地区,但是看来这一试验的质量还有待提高。中央领导人曾经明确指出过,自由贸易试验区的意义在于"营造市场化、法治化、国际化的营商环境","促使贸易投资便利化"。贸易和投资规则的进一步提高是一个世界性的趋势,中国需要努力适应。自贸区试验不但在对外经济关系上有意义,而且直接有助于促进统一开放、竞争有序的市场体系的建立和完善。所以这方面的试验应该加快进行,防止把营造市场化、法治化、国际化的营商环境的试验等同于过去的政策优惠等低层次的做法。

六是坚持建设法治国家。一个良好的市场体系一定要建立在法治的基础之上。自从1997年十五大提出依法治国、建设社会主义法治国家的治国方略以来,这方面的工作有所进展,但是离建设法治国家的要求还有相当大的距离。中国是一个具有悠久人治传统的国家。进入现代以后,政府的政令在社会经济运行中始终起着主导的作用,法治观念和法治实践十分薄弱。因此,建设法治国家是一项非常重要然而也极其艰巨的任务。十八届四中全会做出了《关于全面推进依法治国若干重大问题的决定》,建设法治的工作还需加快进行,因为不厉行法治,市场运转交易缺乏严明的规则,也就不可能平稳有效地运行。

为了推进以上这些改革,不只要提出任务,做出设计,还需要采取切实措施,克服思想上和实际工作中的障碍,抓紧施行。

必须真刀真枪地推进改革

今年以来,中央全面深化改革领导小组的第20次(1月11日)、第21次(2月23日)和第25次(6月27日)会议都着重讨论了如何切实推进改革的问题。6月27日的第25次会议特别指出："改革是一场革命,改的是体制机制,动的是既得利益,不真刀真枪干是不行的。"那么,怎样才能防止改革空转,真刀真枪地推进改革呢?我认为,需要在以下三个方面取得突破。

首要的问题,是要把各级领导的思想统一到十八届三中全会和十八届四中全会的决定上来,形成对改革的共识。

以国企改革为例,包括我自己在内的许多人都觉得国企改革似乎进展得太慢。十八届三中全会决定改革国有资产管理体制,国有资产管理机构由直接管企业转向管资本为主,以若干资本运营公司为投资主体掌握原有的国有企业的股权。但是从传媒发布的意见看,在这个问题上存在很不相同的认识,比如有些在国资部门工作的朋友就认为,他们还必须继续管人、管事。在这种情况下,认识上求得统一,恐怕是国企改革能够迈步往前走的一个前提条件。

第二,要抓实改革的机制保障,把执行各项改革决定的主体责任落实到位。以公平竞争审查为例,国务院发布的《意见》是十分重要和及时的,而且要求从今年7月1号开始对新制定的政策预先进行审查。然后还要对原有的各种制度和政策进行审查,逐步清理、废除妨碍全国统一市场和公平竞争的规定与做法。但是仔细读这个文件,仍然觉得它在抓实机制保障上有不足的地方。比如说,中央全面深化改革领导小组要求在公平竞争审查中"把自我审查和外部监督结合起来,加强社会监督",但具体的工作部署只提出由制定政策的机构进行自我审查,而没有明确外部监督和社会监督由谁负责和怎样进行。如果民众投诉某一个政策规定不符合公平竞争原则,那么由谁来接受投诉,谁来做出处理?如果没有明确的责任主体,审查就容易落空。

其实过去在《反垄断法》执法上就存在类似的问题。反垄断执法由三个部门分别负责，它们之间的互动和协调就往往存在问题。当然，在三个部门上面还有一个国务院的反垄断委员会。但这个委员会不是一个常设机构，而是一个部际议事机构。所以，过去在讨论执行竞争政策和执行《反垄断法》的时候，中外有许多学者提出要建立一个高层次的、拥有权威性的反垄断机构，或者叫作执行竞争政策的机构。我以为，为了建立公平竞争审查的机制保障，这个建议也是值得认真考虑的。

第三，加强督察工作，落实主体责任。要按照中央全面深化改革领导小组的要求，"理清责任链条，拧紧责任螺丝"，抓紧完善对负有责任的机构和人员的督办协调、督察落实和责任追究等工作机制。督查工作还要落实到人员的任免上，做到像习近平总书记在第25次中央全面深化改革领导小组会议上所说的那样，"形成改革者上、不改革者下的用人导向"。

现场答问

提问：我认为中国经济有两个要素，一个是生产，一个是消费，是不是可以同等重要地解决这两个问题呢？

会议主持人易纲：我先抛砖引玉。中国经济正在向消费越来越重要的经济形态转型。原来需求方的拉动主要是靠投资和出口，消费在总需求中占比很小。这几年消费占GDP的比重越来越大，这条路无疑是正确的。简单回答你的问题，消费占总需求、占GDP的比重将会越来越重要。

提问：您提了一个"补短板"的概念，能举一个例子吗？在补短板政策的调节中，有没有普通人的机会？

吴敬琏： 当然所有人都应该有机会。

在我看来，"补短板"这个说法可能消极了一点。结构改善，一方面是资源从效率低的、供过于求的行业和企业流出，另一方面是资源流向效率更高的、供不应求的部门。后者用政策的语言就叫作"补短板"。所以换句话说，"补短板"就是发展那些效率更高的企业和行业。在这个过程中，创新和创业者是有很多机会的。我们不能把创新创业这件事想得太高、太神秘，好像创新创业是一件高不可攀的事情。有各种各样的业务，有各种各样的创新，每个人都可以根据自己的能力、自己的兴趣爱好来选择。当然，这里有一个如何创立有利于创新和创业的制度环境的问题。政府有责任准备这样的环境。有了这样的环境，所有的人都会有机会。

易纲： "补短板"有很广的含义。比如扶贫，我们还有几千万的人口，他们的消费比较低，年轻的同学如果去贫困地区支教一年，对扶贫和对落后地区的教育做出贡献都是在补短板。

提问： 我想问一个题外话，最近万科的事件，吴老师您个人有什么看法？

吴敬琏： 我不大知道这件事的台前幕后。但这里有一个基本问题，就是能够在所有者和经营者之间建立起制衡关系的公司治理机制，是现代公司制度的核心。完善公司的治理结构要按照规则，即按照建立公司治理制度的规则来进行。在现在的万科问题争论中，许多人好像都在追求实质正义。但是每个人对实质正义的判断标准都不一样，分别诉诸谁的贡献大、谁的情怀高等，结果就变成"公说公有理，婆说婆有理"，莫衷一是。在我看来，还是应当采取程序公正优先的原则，《公司法》所规定的公司治理规则和证监会所规定的公司治理指引，才是所有人都应该遵循的。

提问：我有一个困惑，体制的变化和结构的调整在我理解是两个概念或者是两个范畴，调整了之后，如果它变化，它的效果会不会有一些折扣？或者说它在执行的过程中还是会有一些迟缓？

吴敬琏：经济结构调整，或者叫作资源再配置，可以有两种方法：一种方法是由政府根据自己的理解，确定哪些产业和企业应该上，哪些产业和企业应该下，然后用行政的手段，包括财政补贴、税收、信贷等政策，甚至直接下达计划指标来进行调整；另一种方法是通过市场机制，借助反映资源相对稀缺程度的价格机制实现资源的再配置，即通过市场奖优罚劣、优胜劣汰的作用使资源从效率低的地方流出，转到效率高的地方去。

这两种方法相比较，前一种方法看起来好像简单易行、直接有效，但基本的问题是，没有人知道——政府也不可能知道什么样的结构是好的结构。于是按照长官意志用行政手段"调结构"，就会出现许许多多不好的后果。比如说，十多年来政府一方面下达硬指标压缩钢铁等行业的过剩产能，另一方面采取多种办法扶植战略新兴产业，结果怎么样，大家都已经看到了。历史经验表明，最好的办法是主要通过市场的不断试错把资源引导到最合适的地方去。当然在这个过程中会有波动，会有曲折，但靠市场信息来引导资源配置，从中长期看是最有效的。

提问：我们已经看到经济结构靠国家的行政调控是不可取的，而且有反复，需要靠市场，但同时又看到完善的市场体系还没有建立。吴教授说我们得出的结论是必须要全面深化改革，但同时我也听到说差不多从20年前我们就已经意识到要建立市场经济和法治社会，但是效果并不好。您也提到要真刀真枪地改革，我请问您，您认为这次"真刀真枪"是一个口号，还是真的会"真刀真枪"呢？

吴敬琏：真刀真枪地进行改革，这是包括我在内的大多数人的希望。至于说这一愿望能不能实现，显然不是我个人所能够左右的。我只能说，建立市场化、法治化的社会是大势所趋，人心所向；除此之外，中国别无出路。所以，我们每个人要做出努力，为民族、为国家争取美好的未来。

提问：对于经济学我是一个门外汉，但是我想问一个大众特别感兴趣的问题，现在房价的高涨对结构性改革、对经济转型到底是有益还是有害？

吴敬琏：在我看来，过高的房价肯定是不利的，因为它会造成中低收入者的困难和企业营运成本的猛升，对"补短板"和发展高效率的企业也会有负面的影响。但重要的问题不在于此，而在于追寻造成房价飙升的原因，这样才能找到釜底抽薪的对策。我想最重要的原因是货币超发和信用膨胀。在货币超发、信用膨胀足以引发资产负债表衰退的情况下，人们要寻求一个保值的避风港，并且随时准备逃跑。于是就造成了货币涌入资产市场和房价高涨的结果。而且房地产泡沫的过分膨胀，有可能导致市场崩盘和触发系统性风险。所以我认为必须避免滥用扩张性的货币政策去拉升 GDP 增长速度。

易纲：刚才吴敬琏老师给我们做了非常精彩的讲演，我们要学习吴老师的一些方法，比如他的理论框架、他的逻辑和他的推导过程。吴老师从两个不同的结构概念说起，讲经济结构的优化，讲促进结构性改革。为什么过去我们优化经济结构总是效果不好？吴老师得出的结论，就是政府运用行政的办法去调结构，效果当然总是不好。分析来分析去，原因是在体制层面，所以要进行体制机制的结构性改革。在具体方法上，吴老师讲到了负面清单的改革，还有国有企业的改革、竞争政策的贯彻和自贸试验区的推广等，并对如何真刀真枪地改革提出了三点建议。我们在座的各位同学，还有从网上收听收看吴老师讲座的广大观众，如果能够从吴老师这一个多小时的精彩讲演中认真研究分析问题的方法、框架、逻辑，以及如何通过论证得出令人信服的结论，我们就可以学到很多东西。

深化结构性改革,完成有效率的调整＊

（2017年2月）

跟去年的年会一样,我讲五点意见。

第一,2016年经济工作要达到的主要目标,是抓好去产能、去库存、去杠杆、降成本、补短板,简称"三去一降一补"。关于"三去一降一补",有两种不同的理解。一种认为这就是供给侧结构性改革本身;另一种认为这是供给侧结构性改革引申出来的结果,或者要达到的目的。我个人比较同意第二种说法。从供给侧结构性改革要达到的目的看,在过去一年中,"三去一降一补"取得了一定的进展。其中去产能、去库存和补短板等方面的成绩比较明显,但是,降成本和去杠杆的成效并不显著,特别是杠杆率还在继续上升。这导致产能过剩和需求结构升级之间的矛盾更显突出,经济增长内生动力不足,金融风险有所积累,部分地区困难增多。

第二,在我看来,"三去一降一补"得失互现的主要原因,在于结构性改革推进得不够快、不够实。这就使市场无法通过激励创新和

＊ 本文根据作者2017年2月17日在"中国经济50人论坛2017年年会:供给侧结构改革:产权、动力、效率"上的发言整理而成。

奖优罚劣纠正资源错配，实现经济结构优化、提升供给效率的目的，而只能主要依靠行政手段实现"三去一降一补"：一方面通过行政系统层层下达指标的办法压缩产能，消除库存；另一方面设置多种多样的扶持基金和政策优惠，企图用高投资、高补贴堆出一个科技创新高潮。

在这里，如何理解"结构性改革"中的"结构"一词可能具有关键意义。"结构性改革"是经济学论坛和国际传媒久已使用的一个词语。它是指体制架构包括政府监管架构的改革。但是由于"结构性改革"和"结构调整"都使用了"结构"这样的说法，就很容易把"体制机制的结构性改革"和"经济结构的调整"混为一谈，甚至用"调结构"取代改革。

第三，在当前统一开放、竞争有序的市场体系还没有完全建立的情况下，一定程度地使用行政手段和选择性产业政策来纠正资源错配和调整经济结构可能是难以避免的。但是一定要清醒地认识到，由于行政机关并没有确定什么是最优经济结构的能力，用行政手段调结构，进行资源再配置，具有很大的局限性，甚至有不小的副作用。

一个问题是，哪怕在计划经济条件下，计划指标和实际执行结果往往也是差异巨大的，在当前的条件下更有种种办法绕过这类指标。比如，2016年2月国务院发布的《关于钢铁行业化解过剩产能实现脱困发展的意见》提出，用5年时间压减粗钢产能1亿—1.5亿吨。2016年压缩指标为4500万吨，但实际上，去年钢铁产能是增加的。粗钢产量不降反增，增加了1.2%。事实上，大概是从粗钢产能为2亿吨的时候就开始提出去剩余产能，结果是越去越多，到现在已经达到11亿吨了。

另外一个问题是，领导机关下达的指标往往并不符合优胜劣汰的原则，有时还恰恰相反。被压缩的往往是有更高效率的企业，而低效的企业并没有压缩，这肯定无助于国民经济整体效率的提高。

第四，在这样的情况下，显然出路只在于切实推进结构性改革，使市场能够在稀缺资源的配置和再配置中起决定性作用，通过发挥统一开放、竞争有序市场体系的作用，实现"三去一降一补"，完成有效率的调整。

所以我很赞成习近平总书记2016年5月在中央财经领导小组会议上做出的论断：供给侧结构性改革的"本质属性是深化改革，推进国有企业改革，加快政府职能转变"。

第五，2016年中共中央、国务院发布了多项改革的指导意见和实施方案，有关"四梁八柱"改革的文件大部齐备了。这些文件方向明确，措施得当。问题是在执行上。说得婉转些，就是执行得还不够得力。这使许多非常重要的、民间反映良好的文件，无法及时发挥它们应有的作用。

例如，去年中共中央、国务院发布的《关于完善产权保护制度依法保护产权的意见》，提出要改变过去那种分等级保护的状况，在立法上废止按照所有制的不同类型所制定的市场主体法律和行政法规，开展部门规章和规范性文件的专项清理。这就涉及立法部门的工作。《意见》提出坚持有错必究，抓紧纠正一批社会反映强烈的产权纠纷申诉案件，这涉及司法部门的工作。另外，要宣传平等保护各种所有制经济产权的方针政策和法律法规，使平等保护、全面保护、依法保护观念深入人心，营造公平公正、透明稳定的法治环境，这又涉及宣传部门、意识形态部门、传媒等。可见，只有各部门密切配合、积极行动，《关于完善产权保护制度依法保护产权的意见》才能真正落地。

所以，2017年改革要在执行上花更大的力气，使中央的决定得到真正的落实，为我国的资源有效再配置和供给效率的提高提供一个坚实的制度基础。

开拓思想市场，研究基本问题，探索中国长期发展的路径[*]

（2017年4月）

这些年来，我在参加经济界的一些讨论会时常常提出这样的经济学工作方向，叫作"开拓思想市场，研究基本问题，探索中国长期发展的路径"。其中的关键，是"研究基本问题"。

改革开放以来，经济学界的同仁们做出了很多贡献。但是有一个问题始终困扰着我们，就是对基本问题研究得不透，流于对经济现象的表面解释。于是，一个新的现象出现以后就热闹一通，但是浅尝辄止，没有深入下去把基本问题弄明白。过了几天，某些因素发生了变化，可能只是一种很偶然、很次要的短期因素的变化，但由于现象表现和从前有所不同，便以为出现了一个全新的问题，又引发一次就事论事的讨论。如此周而复始，对基本问题的研究难以深入。

为什么同样的事情以有所不同的形式出现时人们会觉得是一个全新的问题？这是因为对前后现象的共同本质没有认识，所以当新现象

---

[*] 本文根据作者2017年4月17日在上海交通大学上海高级金融研究院"SAIF·CAFR名家讲堂"上的演讲整理而成。

出现的时候，以为遇到的是一个全新的事物。在新一轮的讨论中，原来得到的认识不但没有深化，反而被遗忘，或者变得模糊了，需要从头再来一遍。这样一遍又一遍地重新再来，每次都从零点开始，总也走不远。

所有现实问题都需要研究，但现象是许多规定的综合，不但混沌难解，而且千变万化，只有本质是比较稳定和长期存在的，所以要研究基本问题，掌握事物的本质；然后再以之为观察现实的基准点和参照系，来提示矛盾和推动我们对现象做出解释。据我理解，这也就是马克思在《〈政治经济学批判〉导言》[1]中所提倡的"从抽象上升到具体的科学方法"：研究的过程就是抽象的过程，一直抽象到反映本质的"越来越简单的概念"和"越来越稀薄的抽象"，直到"达到一些最简单的规定"。然后，再放松原来的假设，一层一层地把次要的因素加进去，最后就浮现出整个现实。如果在每一次浪潮到来的时候我们都把基本问题弄清楚，如果每一轮讨论都能够"站在前人的肩上"，继承原来取得的成果，再把新的因素加进来研究，就能够步步加深我们对现实的理解。

对中国来说，贯穿过去几十年经济发展的有两条主线：一个是增长模式转型，一个是体制变革。我想就这两个问题谈一谈什么是我们需要弄清楚的基本问题。

一 关于增长模式的转型

为了解决经济发展所面临的效率低下问题，提出过一系列口号，

---

[1] 见《马克思恩格斯选集》第二卷，北京：人民出版社，2012年，第700—708页。

而且每一次都会组织学习讨论。但由于没有把基本原理的认识留下来，尽管每一次的口号都是对的，基本问题却一直没有解决。

改革开放之初，国务院所属部门和咨询机构做了很多研究，1981年末全国人民代表大会批准了国务院在政府工作报告里面提出的"十项经济建设方针"，包括加快农业的发展、降低重工业投入、把消费品工业的发展放到重要地位、发展商业等。总起来说，就是要"围绕着提高经济效益"这个"根本出发点"，"走出一条速度比较实在、经济效益比较好、人民可以得到更多实惠的新路子"。[1]

因为当时我们的经济学和海外隔绝，"效率"这个概念很少有，而是叫作"效益"。至于"效益"是什么，也不十分清楚。但是中国经济存在的问题大体抓准了，采取的调整措施也是正确的。只是为什么要采取这一套方针所依据的经济学原理并没有讨论清楚，一些长期流行的错误观点也没有得到清理。因此，传统的理论就很容易卷土重来。1982年，一位理论家、政治家发表了一篇在《红旗》杂志上连登三期的长文[2]，指责理论界出现了"否定生产资料优先增长的原理"、"否定经济建设要以重工业为中心"，违反了"马克思主义再生产理论的基本原理"[3]的偏向。文章认为，在调整时期，属于长线的重工

---

1 赵紫阳：《当前的经济形势和今后经济建设的方针——1981年11月30日和12月1日在第五届全国人民代表大会第四次会议上的政府工作报告》。

2 邓力群：《马克思主义再生产理论的基本原理必须坚持》，《红旗》杂志1982年第5—7期。

3 斯大林命名的"马克思主义再生产理论的基本原理"由以下的原理组成："关于社会生产之分为生产资料的生产与消费资料的生产的原理；关于在扩大再生产下生产资料生产的增长占优先地位的原理；关于第I类和第II部类之间的比例关系的原理；关于剩余产品是积累的唯一源泉的原理；关于社会基金的形成和用途的原理；关于积累是扩大再生产的唯一源泉的原理。"（见斯大林 [1952]：《苏联社会主义经济问题》，载《斯大林选集》下卷，北京：人民出版社，1979年，第600页）

业可以发展得慢一些，属于短线的轻工业可以发展得快一些，但是从长远来说，"还是要坚持生产资料优先增长的原理"。从那以后，"十项经济建设方针"也就很少有人再提了，但是靠投资拉动的增长模式造成的后果却重新变得越来越严重。

到了1995年，国家计划委员会在研究中发现，我们的许多经济问题都是源于这种靠投资驱动的经济增长方式，因此他们建议中央采用苏联人在20世纪60年代后期提出来的口号，要求转变经济增长方式，实现从粗放增长向集约增长的转型。1995年制定的"九五"（1996—2000年）计划又正式提出要实现两个根本转变：一个是实现从粗放增长方式到集约增长方式的转变；一个是从计划经济体制向市场经济体制的转变。

加在"增长方式"前面的"粗放"（extensive，或译"外延"）和"集约"（intensive，或译"内涵"）这两个定语，是苏联经济学家从马克思《资本论》第二卷中找出来的，用以表示增长主要是靠资源和投资驱动，还是靠技术进步和效率提高驱动。但是大多数中国官员和民众并不确切了解粗放增长和集约增长这两个概念的内涵。虽然匈牙利经济学家J. 科尔奈的《社会主义体制》这本书里面专门写了一节来解释"转变经济增长方式"这个苏联口号的含义[1]，但也没有引起太多人的注意。因为没有把基本概念说清楚，所以过了若干年以后，就发生了我称之为"引喻失义、数典忘祖"的情况。虽然人们还在使用这个口号，但在多数情况下已经不知道经济增长方式是要从哪里转到哪里去了。

由于1993年11月十四届三中全会以后经济改革迈出了大的步子，"九五"（1996—2000年）期间经济增长方式转变取得了一定的效果。

---

[1] ［匈牙利］雅诺什·科尔奈著（1992）、张安译：《社会主义体制：共产主义政治经济学》，北京：中央编译出版社，2007年，第171—178页。

但是，在"十五"（2001—2005年）期间情况发生了很大的变化。一些人认为，中国进入了"重化工业化"的工业化后期，应当大规模地向资本密集型的重化工业投资，以实现产业结构的"重型化"。

这一次对投资驱动和产业重型化做出的理论论证有一个新的特点，就是不再以苏联的"社会主义工业化路线"和斯大林的"马克思主义再生产理论的基本原理"为依据，而是改用德国经济学家约翰·霍夫曼提出的"工业化后期将是重化工业化阶段"的"霍夫曼经验定理"。霍夫曼的"定理"之所以被称为"经验定理"，是因为它是生活在工业化中期的霍夫曼根据工业化早期和中期的经验数据外推做出的预言。虽然"霍夫曼经验定理"早已经被后来的经济学家根据先行工业化国家的发展实绩所否定，却在21世纪初期被一些经济学家所引用，用以论证重化工业化是中国经济发展的必经阶段。这种理论被很多人特别是地方领导人所接受，于是21世纪初期在全国范围内掀起了用大量投资推动"产业重型化"的热潮。因此，2001—2005年"十五"计划期间的增长方式转变出现了倒退。到"十五"计划后期，经济结构扭曲问题就变得十分突出了。

这样，在研制"十一五"（2006—2010年）规划的时候爆发了一场大讨论：经济发展到底应当采取哪种方针呢？最后，从投资驱动转向效率驱动的意见占了上风。2005年制定的"十一五"规划重新肯定了"转变经济增长方式"是"十一五"工作的主线。但是由于改革没有太大的起色，2003年中共十六届三中全会通过的《关于完善社会主义市场经济体制若干问题的决定》基本上没有得到执行，转变经济发展方式的进展也很小。

2007年中共十七大提出的"加快转变经济发展方式"，2010年制定"十二五"（2011—2015年）规划时提出的"跨越中等收入陷阱"，针对的其实都是同一个问题，就是优化经济结构和提高效率。比如"跨越中等收入陷阱"有各种说法，我认为世界银行增长和发展委员会的解释比较可信，就是在中等收入阶段有些增长的驱动力量已经弱化，需要找到新的动力，这个新的动力就是提高效率。如果不能提高效率，就有落入中等收入陷阱的危险。

2014年和2015年相继提出了"引领新常态"和"着力供给侧结构性改革"的要求。"新常态"也有基本问题讨论得不彻底不透彻的问题。根据权威方面的解释，新常态有两方面的特点：一方面是经济增速下降，这已经是事实；另一方面是结构改善和效率提高，这还远未实现。所以中国当务之急，是要认真研究怎样达到第二方面的要求，提高整个国民经济的效率。可是许多文章认为，中国已经在新常态里面了。须知只有增速下降而没有效率提高的态势，并不是我们期望的"新常态"。

然后就是"供给侧结构性改革"了。在我看来，供给侧结构性改革这个概念可以分为两个部分：一是要从供给侧找问题、求对策，因为以前总是从需求侧找问题，结论都是增加需求，特别是采取刺激政策，增加投资。二是要靠结构性改革解决效率不高的问题。也就是说，通过对体制机制架构进行改革，把统一开放、竞争有序的市场体系建立起来，这样就可以依靠市场奖优罚劣、优胜劣汰作用的发挥，来纠正资源错配，实现经济结构的优化和供给质量的提高。

可是在一些报刊和网站上，"供给侧结构性改革"不知怎么就变成"供给侧改革"了，还把供给侧结构性改革直接等同于"三去一降一补"，调整经济结构。实际上，如果不靠推进改革和发挥市场的作用去纠正资源误配，就只能用直接的或间接的行政手段调结构了。比如钢铁"去产能"就是层层下达指标，要求企业具体降多少产能。这就与供给侧结构性改革的原意有相当的差距。当然,在市场还不完善的情况下,行政手段的适当使用是不能避免的,但是无论如何不能把行政措施和政策倾斜作为主要的调节手段,不能用经济结构的调整取代体制结构的改革和市场作用的发挥。

从围绕增长模式转型的诸多口号来看,不管是哪一种具体做法,最后都要回到基本问题上来,归结为索洛的增长模型所表达的供给侧三要素(资本、劳动力、全要素生产率)和产出总量之间的函数关系,即:

$$Y=K^a \cdot L^{1-a} \cdot A$$

用这样的理论框架来进行分析,我们在经济增长方面所面临的基本问题是:过去中国经济高速增长依靠的,一个是人口红利(L 的增长),一个是海量投资(K 的增长),还有一个是改革开放推动结构变化带来的效率提高。但是这几个方面都碰到了问题。中国的人口红利大概在 2006 年左右就已经消失,劳动力总量从去年开始下降。靠海量投资来支撑经济增长的模式也早已维持不下去了。

那么,效率(TFP)的情况呢?由于城市化过程进入后期,劳动力和土地等资源从农村到城市的转移放缓,加上中国技术水平的大幅度提高,与发达国家迅速接近,简单利用产业技术上的后发优势从发达国家引进技术的空间缩小,以及改革开放的迟滞,21 世纪头一个十年的中期最晚至 2007 年以后,全要素生产率(TFP)增长明显下降。

供给侧三大要素的增速下降,就是中国经济增速下滑的根本原因。未来的增长不能依靠人口红利和海量投资,只能依靠效率提高。只有认识清楚这个基本问题,才能不被眼前的现象变幻所迷惑,找到中国长期增长的正确应对方针,并且坚定不移地沿着这条道路走下去。

二 关于体制变革

体制方面的基本问题是计划经济和市场经济、政府和市场的关系问题。

在这方面,第一个需要认真回答的问题,是市场经济为什么优越于计划经济?虽然现在大多数人接受了中国要建立市场经济的政治决定,但是这个"为什么"的问题并没有真正讨论清楚。

其实,早在 20 世纪初期,就有以帕累托(Vilfred Pareto)为代表的主流经济学家论证过计划经济可以跟市场经济一样有效率。他们说,在信息充分的情况下,计划经济通过计算能够得到跟市场竞争同样的结果。这一结论曾经得到许多人的赞同。后来奥地利学派的经济学家哈耶克(Friedrich August von Hayek)对此给出了致命的一击。他指出,充分的信息机制不可能在计划经济条件下建立,因为经济活动的信息是分散地产生和存在的,怎么可能把这些分散的信息集中到一个制定经济计划的机关,然后通过计算做出有效率地配置稀缺资源的决策呢?

计划经济所遇到的难题,首先不是技术问题,而是利益问题和激励兼容的问题。我过去在经济研究所工作、参加国家计划委员会的计划制定工作时,曾发现这样一个"秘密":计划制定工作首先要把下面上报的信息集中起来,但下面对产出的信息通常都会留有余地,而对投入的信息都倾向于多报,否则就是给自己找麻烦。国家计委也知道这个情况,所以就要对下面上报的数据适当核减。下面也知道国家计委要在数据上砍一刀,所以就会比本来多报的数据还要多一点,这就叫"头戴三尺帽,不怕砍一刀"。由于信息归根到底是由千千万万具有自己的感情、欲望和追求的个体掌握的，所谓"本地信息"（local knowledge，或译为"本地知识"）的集中处理就成为一个很难解决的问题。

有人说有办法，现在计算技术不是很厉害吗？运用大数据技术就能使这个信息机制问题迎刃而解。其实追根溯源，这种解决办法的基本思路早就由计划机关模拟市场和确定价格的"市场社会主义"的倡导者、波兰经济学家兰格（Oskar Lange）在20世纪60年代提出过。我们知道，兰格在20世纪30年代的"社会主义论战"中最先提出由计划机关模拟市场的市场社会主义设想。可是，他在1964年发表了一篇题为《计算机与市场》的文章，说是如果当年有电脑的话，自己就不会写1936年那篇《社会主义经济理论》的文章了，因为计划机关不需要通过不断试错来模拟市场竞争，只要把数据放进电子计算机，几秒钟就能得到反映资源稀缺程度的价格向量。后来苏联按照兰格的模式试验过，建立全国网络，将重点企业的数据直接连接到国家计委，但是没有成功。有人说苏联太大，可是齐奥塞斯库领导下的罗马尼亚和阿连德总统领导下的智利也做过，都没有成功。因为对不成功的根本原因没有讨论清楚，所以不断有人对市场经济的改革方向提出质疑。

第二个问题是政府和市场的关系。这是一个非常重要的问题。正像中共十八届三中全会《关于全面深化改革若干重大问题的决定》所说，"经济体制改革是全面深化改革的重点，核心问题是处理好政府和市场的关系"。现在一些人总是引用十八届三中全会《决定》，强调市场的作用和政府的作用都要同等加强。其实，习近平总书记关于《决定》的说明讲得很清楚，"市场作用和政府作用的职能是不同的"。根据十八届三中全会《决定》，市场的职能是在资源配置中起决定性的作用。关于政府的职能,《决定》的原话是"更好发挥政府作用"。请注意"好"这个副词。怎么更好地发挥政府作用呢?就是要转变政府职能。根据十八届三中全会《决定》的规定:"政府的职责和作用主要是保持宏观经济稳定,加强和优化公共服务,保障公平竞争,加强市场监管,维护市场秩序,推动可持续发展,促进共同富裕,弥补市场失灵。"

总之,只有把有关的基本问题研究清楚,才能避免有意无意的曲解。

清华大学经济管理学院院长钱颖一教授发表过一个题为"理解经济学原理"的讲演[1],把这个问题解释得十分清楚。他说,因为本质是贯穿在各种现象中间的,只有把本质的问题抽象出来,观察才能深刻,结论才有一般性。所以对本质问题研究清楚以后,观察的覆盖面就可以更宽。如果只是就事论事而不弄清楚基本理论,也无法把知识迁移运用到别的现象上去。

从本质上说,中国的改革就是适应生产力发展的需要不断变革生产关系,和对上层建筑进行相应的调整。体制变革与增长转型是贯穿整个中国改革历程的两条主线。由于基本问题始终存在,所以中国改革迄今没有完成。

当前,在中国经济的增长率仍然在世界范围内名列前茅的同时,不少人对经济增长的前景感到迷惘。国内和国际环境具有不确定性,具体矛盾千变万化、层出不穷,许多问题需要解决。经济学家能做的事情,首先是研究这些具体问题背后的基本问题,只有这样,才能够提出有效的应对方策。

---

[1] 载《比较》辑刊 2016 年第 5 辑。

早在 80 年代，波兰经济学家布鲁斯（W. Brus）就曾提出，"自由而切实地讨论是改革能够成功的基本前提"。因为只有经过自由而切实的讨论，才能形成正确的认识、正确的意见、正确的方针和政策。2011 年，诺贝尔经济学奖获得者科斯（Ronald H. Coase）曾指出："如今的中国经济面临着一个重要问题，即缺乏思想市场，这是中国经济诸多弊端和险象丛生的根源。开放、自由的思想市场，不能阻止错误思想或邪恶观念的产生，但历史已经表明，就这一方面，压抑思想市场会招致更坏的结果。一个运作良好的思想市场，培育宽容，这是一服有效的对偏见和自负的解毒剂。在一个开放的社会，错误的思想很少能侵蚀社会根基，威胁社会稳定。思想市场的发展，将使中国经济的发展以知识为动力，更具可持续性。而更重要的是，与多样性的现代世界相互作用和融合，能使中国复兴和改造其丰富的文化传统。假以时日，中国将成为商品生产和思想创造的全球中心。你们中的一些人，或许将有机会看到这一天的到来。"[1]

总之，开拓思想市场，研究基本问题，努力探索中国长期发展的路径，这就是我们经济学者的责任。

---

[1] 2011 年 12 月 14 日科斯在"《财经》年会 2012：预测与战略"的视频致辞，见财经网，http://www.caijing.com.cn/2011-12-15/111524268.html。

第四编 探讨中国转型之路

"发展集群"发挥积极作用的体制前提[*]

——对 T. 佩尔松教授论文《国家治理体系、治理能力和经济发展——中国的问题和建议》的评论

（2013 年 12 月）

我拜读了 T. 佩尔松教授和 T. 贝斯利[1]教授提交给本次会议的论文《为什么发展中国家税收那么少？》[2]，也读过两位教授给中共十八届三中全会提出的改革建议《中国面临的挑战：通过制度改革提升政府能力》[3]，很受启发。特别是其中对"发展集群"三因素[4]的分析，

---

[*] 本文是作者 2013 年 12 月 18 日在"第四届财新峰会"上对斯德哥尔摩大学国际经济研究所（IIES, Stockholm University）T. 佩尔松教授（Torsten Persson）论文《国家治理体系、治理能力和经济发展——中国的问题和建议》所作的评论。收入本书时有修订。

1　T. 贝斯利（Timothy Besley），英国伦敦政治经济学院经济学和政治学教授。

2　参见《比较》辑刊 2015 年第 2 辑所载文本。

3　参见《比较》辑刊 2014 年第 5 辑所载文本。

4　指法治能力（legal capacity）、集体能力（collective capacity）和财政能力（fiscal capacity）。法治能力就是国家支持市场、让市场良好运作的能力；集体能力就是在市场失灵的情况下，国家有能力补充市场的功能；财政能力反映国家是不是能够为其支出征收足够的收入，是不是有一套对税收的监管和征收系统。

对于改进中国的社会治理和促进中国的社会经济发展，很有借鉴意义。

不过正像两位教授在上述文章中谈到过的那样，必须强调，只有在特定的体制框架之下，"发展集群"才能够发挥积极作用，促进社会经济的发展。如果没有这样的体制前提，恐怕就不能用这个框架去分析了。

譬如，要加强什么样的能力，就是一个十分重要的问题。1993年十四届三中全会通过一个全面推进市场化改革的决定，把财税改革放到了很重要的位置。从1994年开始的财税改革获得了成功，使预算收入在GDP中的比重从11%提高到30%（还没有包括预算外收入），财政能力有很大的提高。当时流行的观点认为，财政收入的增加意味着国家能力的加强。但是对此也有争议。在昨天财新峰会的讨论中，北京大学的周其仁教授就批评了这种观点。他认为，国家能力应当主要表现在它用了多少资源为民众做了多少事情，而不是其他[1]。从中国曾经经历过的历史看，他的这一意见是很有道理的。

所以我认为，"发展集群"这个理论框架的应用是有条件限制的。关键在于，一个国家到底是建立在汲取性体制的基础上，还是包容性体制的基础上。如果说大体上是包容性的体制，那么这个分析框架就能够解决技术性的问题，即可以通过推动三个因素之间的良性互动，来促进经济社会的持续发展。

目前中国体制处在什么样的阶段呢？我大体上同意《国家为什么会失败》[2]这本书作者的观点。他们认为，改革开放以后，中国在原有的汲取性体制框架下打开缺口，开辟了一个新局面，包容性体制，特别是包容性经济体制，在某些方面建立起来了。但是，中国改革并

1　参见周其仁：《国家能力再定义》，《新世纪周刊》2014年第3期。

2　[美]德隆·阿西莫格鲁、詹姆斯·罗宾逊著（2012），李增刚译：《国家为什么会失败》，长沙：湖南科学技术出版社，2015年。

没有完成，在很多方面仍然保留着沉重的旧体制遗产。因此，国家能力的加强，有时候对经济发展、提高国民收入有帮助，有时候则会压制市场，抑制市场活力。

中国现在面临的许多问题，就是因为旧体制的遗产不但没有消失，而且在某些时候某些方面还被强化了。比如说，在过去几年里，国有经济加强了对整个国民经济的控制，有些部门甚至出现了所谓"国进民退"的现象。

长期以来，中国经济在追赶先行工业国家的发展阶段，发挥"后发优势"，靠模仿、引进发达国家的先进技术实现了高速度的增长。一些经济学家认为，中国以这种方式实现高速增长仍然有很大的余地。但是，更多的经济学家认为，这种"后发优势"已经接近强弩之末，中国亟须向创新驱动型经济转型，以创新作为经济发展的真正动力。在这种情况下，政府的作用就需要重新考量和重新定义。

我们知道，以日本为首的东亚发展主义国家，政府支持的追赶型经济起了很重要的作用。但是，当这些国家进入新的发展阶段，需要用创新来支持增长的时候，发展主义政府所起的作用就不那么好了，甚至起了负面的作用。因为政府掌握了过多的资源，对微观经济进行直接干预，反而影响了经济的正常发展。

一般认为，新技术会招致一些利益受损者的反对，他们会阻碍技术创新。也许更严重的是另外一种情况，就是政府把资源用错了地方，市场竞争被扭曲。例如，2010年以后，各级政府投入了海量的资源去支持中国政府要求加快培育和发展的七大"战略性新兴产业"[1]。政

---

[1] 见《国务院关于加快培育和发展战略性新兴产业的决定》（2010年10月10日发布）。国务院要求培育和发展的七大战略性新兴产业包括：节能环保产业、新一代信息技术产业、生物产业、高端装备制造产业、新能源产业、新材料产业、新能源汽车产业。这一宏大规划，被业内人士看作继4万亿投资计划后中国政府启动的最大规模的产业扶持计划。

府指定产业，指定技术路线，对这些产业和技术执行"倾斜的"财政、信贷等政策甚至直接的补贴，导致价格扭曲、资源错配和严重的产能过剩，大量有创新能力和创业才能的企业被窒息，效果并不好。这样的例子有很多，教训很深刻。

所以，要运用两位教授提出的"发展集群"理论框架，前提是要改变我们的体制，建立真正的包容性体制。除了经济体制，政治体制也要从汲取性的转变为包容性的。中国改革的最终目标，就是要全面建立起包容性的体制。

对话 J. 科尔奈：中国转型之路[*]

（2013 年 12 月）

许成钢： 在中国重启改革的关键时刻，我们有幸再次请到科尔奈教授与他 30 多年的老朋友吴敬琏教授对话，讨论中国经济改革面对的重大问题。下面，我们就开始进入问题。我们这里多数的问题是首先请科尔奈[1]教授来回答，然后再请吴敬琏教授回应。

---

[*] 本文是作者 2013 年 12 月 27 日与科尔奈的对话，对话由香港大学讲座教授许成钢主持，2014 年 1 月 21 日"凤凰财经"网站播出，见 http://finance.ifeng.com/news/ special/kenwjl/。凤凰网的"编者按"指出："科尔奈教授和吴敬琏教授就经济增长模式、国企改革、政府与市场的关系、改革中的集权和分权的平衡、贫富差距、开放和民族主义等各方面的议题进行了深入探讨。在历经十年的国进民退之后，科尔奈和吴敬琏教授在谈话中高屋建瓴的深刻思想能够厘清人们思想认识上的错误，对十八届三中全会之后全面深化改革、重塑市场力量能够提供极其重要的思想资源。"

[1] 雅诺什·科尔奈（János Kornai，1928— ），匈牙利经济学家，匈牙利科学院、美国艺术与科学院、欧洲艺术科学与人文学院院士，长期担任美国哈佛大学与匈牙利布达佩斯高等研究院教授。1978 年任世界计量经济学会主席，2002—2005 年任国际经济学会（IEA）主席。他的《反均衡论》（1971）、《短缺经济学》（1980）、《社会主义体制》（1992）、《思想的力量》（2008）等书被普遍认为是 20 世纪分析社会主义经济最重要的著作。

论经济增长模式转型

许成钢：中国的改革始于20世纪70年代，当时的中国是世界上最贫穷的国家之一，也曾经向东欧经济改革大量地取经。现在的中国正在转变增长模式，从出口导向的外延式增长转向集约式增长，比中国发达得多的东欧国家30年前也经历过类似的转变。和这个相关的有以下三个问题：第一，从外延式增长转向集约式增长意味着什么？第二，在增长模式的转变时期，增速的下降是不是不可避免？第三，增长模式转变对于资源配置扭曲等各种扭曲的含义是什么？

科尔奈：亲爱的朋友们，谨向各位致以来自布达佩斯的问候。我非常高兴，得益于奇迹般的技术，我坐在布达佩斯却能见到我的老朋友、尊敬的经济学家吴敬琏教授的面孔，也很高兴看到我在哈佛大学最聪明的学生之一许成钢教授。

我非常高兴跟大家一起来进行探讨，向参加这次盛会的各位贵宾问好。

我现在想同你们讨论一个很难回答的问题。中东欧地区出现过增长，但是，中东欧地区和苏联从来没有出现过中国这么快的高速增长。中国是一个增长奇迹。看得见的增长奇迹让我感到钦佩和欣喜。同时，我又有一些担心，我必须要实话实说，我确实有点担心。因为中国经历的不是简单的外延式增长（extensive growth，或译"粗放增长"），而是突进增长（rush growth），是不平衡的。某些经济部门增长迅速，而另一些部门增长滞后。更确切地讲，我担心的主要是GDP在投资和居民消费之间的分配比例。

几十年来，中国的投资率在世界上都是首屈一指的。在经济史中，没有哪个国家能长期保持中国这么高的投资率。这也意味着，在经济史中，没有哪个国家在高速增长的过程中居民消费占比如此之低。这种差距反映出生产和消费失衡，消费增长滞后。这种现象引起我严重的担忧。

我的印象是，中国已经开始着手纠正这种结构失衡。中国增长奇迹的基础在于中国人民的牺牲。因此，勤劳的中国人民有权在将来分得 GDP 中更大的份额，这既是收入分配公平这一伦理原则的要求，也涉及代际收入分配，即当代人消费多大比例，子孙后代消费多大比例。当代人有权在 GDP 中享有比原来更大的比例。除了公平性这样的伦理原则之外，扩大消费也是提升效率的要求。

伴随着中国的增长，生产率也在不断提高，中国需要教育、技能和健康水平更高的劳动力。我们期待相关产业行业能够加快发展，但经济结构的转变会导致经济增速放缓，这也是为过去的增长奇迹所支付的代价。

经济之所以放缓，是因为投资率必须要降下来，同时工资也在上涨，进而降低中国的出口竞争力，所有这些因素都导致经济增长放缓。

但我们无须担忧，这既是经济增长方式转变的结果，也有助于中国进入更和谐的增长。

我曾经写过一本书，书名叫《突进增长还是和谐增长》[1]，书中的内容就是我现在想对中国说的。我想，我在书中倡导的和谐增长方式可供中国在未来增长中参考。我的印象是，和谐这个概念既符合中

1　János Kornai（1971）. *Rush versus Harmonic Growth: Meditation on the Theory and on the Policies of Economic Growth* (《突进增长还是和谐增长：关于经济增长理论和政策的沉思》). Amsterdam: North-Holland Publishing Company, 1972.

国的精神，也植根于中国的传统。

许成钢： 谢谢！下面我们再请吴老师对同样的问题做他的解答。

吴敬琏： 刚才科尔奈教授讨论了从突进增长到和谐增长的转变过程，而且希望中国比较快地能够实现和谐增长。确实是这样。中国其实从改革开放开始之日起，就进入了希望从过去那种突进增长或者加强版的粗放式增长向和谐增长或者集约式增长的转变过程。但是这个转变过程并不是一帆风顺、没有曲折的。

过去30多年中国经济高速增长其实是两种力量合力的结果。一种力量是政府。政府仍然像过去一样，倾向于用海量投资支持高速度的增长。另外一种就是改革开放所释放出来的市场力量。市场力量使得我们的经济效率得到了提高，效率对于增长的贡献也增强了。

改革开放以来，随着市场的开放和生产要素的流动，大量劳动力和土地从低效运用的农村转向了比较高效的城市，使效率得到提高。另外一个方面就是通过开放，通过引进外国设备、学习外国技术的方法，我们产业的技术水平也提高了。这两个因素都使得效率提高在增长中的贡献增加了。由于旧的增长模式仍然起作用，它带来的各种弊病仍然存在。

因此，1995年制定的"九五"（1996—2000年）计划要求，实现从粗放型增长模式到集约型增长模式的转变。但是这个转变的过程是艰巨、曲折的。特别是21世纪初以后，政府的作用在增强，国有经济对一些重要部门的控制也在增强。粗放型增长方式大有卷土重来之势。

刚才科尔奈教授讲的弊病，比如说投资占比太高、消费远远落在后面等，都是因为旧的增长模式不愿意退出，而且有的时候还增强了的缘故。所以，现在我们面临的任务就是要推进这个增长模式的转变。

但是,"九五"(1996—2000年)、"十五"(2001—2005年)、"十一五"(2006—2010年)和"十二五"(2011—2015年)前三年的经验告诉我们,不改变体制,不管党政领导怎么号召转变经济发展模式,实际上都是转不过来的。

所以,真正实现转型,必须依靠改革。依靠改革建立起包容性的经济体制和政治体制,才能够从根本上解决我们的问题。

论国有制

许成钢:经过30多年的改革,国有部门已经不再是中国经济里面最大的部门。但是它仍然控制着主要行业,而且严重缺乏效率。问题就是,是不是应该坚持国有制的统治地位?在中国经济里面有大量国有企业的存在。国有企业的出路是什么?请科尔奈教授回答。

科尔奈:我可以简单地回答:不是。让我们说得再具体点,国家并不善于配置资源。苏联、东欧等国家长期的社会主义实践已经充分证明国家并不善于配置资源。国有企业也有少数的例外,但一般是亏损企业。

我通过阅读中国的论文、报告、统计数字了解到,有相当一部分中国的国企也处于亏损状态。企业如果长期亏损,就只能由国家来人为地维持生命。这种资源运用方式成本非常高,效率非常低。我们运用了很多政策工具来维持亏损企业的生命。我把这些人为维持企业生命的政策工具称为"软预算约束"。这是一种综合征,多数国有企业都患上了这种综合征。通常,亏损企业能得到国家的补贴、税收减免,或者即便不纳税国家也睁一眼闭一眼。格外重要的是信贷优惠。

我知道,这种软预算约束现象也困扰着中国。它不只是效率问题,而且带来宏观经济风险。它会使整个银行业充斥不良贷款，引发一系列问题。我可以给大家提出一个警示，这是中国面临的一个亟待解决的问题。

软预算约束的后果是什么？如果国有企业恰好也是垄断企业，那么软预算约束的后果就尤为严重。

竞争是市场经济的本质所在，一个好的市场经济需要竞争。我出了一本新书，现在只有英文版，叫作《活力、竞争和过剩经济》[1]。在这本书中，我强调了竞争的重要性。但是，现状难以改变，国有经济的势力仍然强大，它与政治精英和高级官僚紧密交织。

对于你问的最后一个问题，出路何在？我想有三项工作可以平行展开。

一是取消特权，就是国企不再享受特权。二是硬化预算约束，引入竞争。如果国企能够适应竞争，生存下来，那说明它们是适者生存；如果它们在预算约束硬化的条件下不能够适应竞争，就应该让它们退出市场。这是一种自然选择的过程，通过物竞天择，缩小国有经济的规模。三是把一些国有股权卖给私人投资者。

我可以给你们提供中东欧地区的一些负面经验，那就是搞国有资本低价大甩卖。甩卖国有企业将一无所获。要用正常方式按市场价格出售国有企业的股权。不要让国有企业扩张投资，而是要让民营经济增长得相对快一些。

这样中国就会有未来。与此同时，如果国有企业仍旧存在，但是国有经济相对份额缩小，假以时日，国有经济所占比例就会有很大的

---

[1] János Kornai. *Dynamism, Rivalry and Surplus Economy: Two Essays on the Nature of Capitalism*（《活力、竞争和过剩经济：关于资本主义本质的两篇论文》）. New York: Oxford University Press，2013.

变化，民营企业就能够崛起。

论地方债

许成钢：刚才科尔奈教授的解释里面大量地应用"软预算约束"这个概念。这个概念是科尔奈教授发明的，现在已经是经济学的标准概念。这个软预算约束的问题，从过去东欧、苏联碰到的问题和过去中国碰到的问题到今天有了新的形式。今天中国面对的很危险的一个问题，就是中国地方政府的债务问题。

下面我们请吴老师从软预算约束的角度来讨论一下中国地方政府债的问题。

吴敬琏：财政体制是和政府体制直接相关的。改革前中国的政府体制和苏联东欧国家社会主义的政府体制有相同的地方，就是它们都是威权主义的政府。但是，它们之间还是有一点区别，即后者是一种集权式的或者叫作单一式的（unitary）威权主义政府，而中国则是一种分权式的威权主义政府。

于是它就产生一个新的问题，特别是在开始改革以后，地方政府出现了一种现象，叫作地方政府的"公司化"。就是政府把本地区当作一个政企合一的公司来管理，党政机关的主要领导人变成了公司的董事长和CEO。

苏联东欧社会主义国家存在的软预算约束，是国有企业在没有产权约束也没有市场约束的情况下只受政府的约束，而政府通常对国有企业采取"父爱主义"的态度，用各种办法来关爱企业。

在中国这种分权式的威权主义政府的情况之下，软预算约束就变成了每一个地方政府都用"父爱主义"的态度来对待本地的企业。而这些政府本身也是在软预算约束之下，这就造成了许许多多使我们感到十分头疼的问题。比如说政府运用自己的权力，把大量的资源投入到"形象工程"、"政绩工程"建设上，这就造成了一系列的问题。第一个问题是城市化建设的投资效率和建成城市的效率很低；第二个问题是腐败蔓延；第三个问题是相当多的地方政府债台高筑，使得资产负债表的杠杆率（即债务对GDP的比率）居高不下。两天前中国社会科学院发布的一份报告[1]说，2012年中国各级政府债务总额已经达到28万亿元，占当年GDP的53%，如果加上其他方面的债务，比如国有企业的债务、民营企业的债务等，债务总量已经达到GDP的215%。

虽然我们的宏观当局认为，全国资产负债表的杠杆率虽高但还在可控范围之内，但是杠杆率这么高，无疑还是存在发生系统性风险的可能性。所以现在需要采取措施。有几项措施恐怕是一定要采取的。第一，是政府——不管是中央政府还是地方政府——要退出对微观经济活动的直接介入。第二，要把地方政府的债务纳入预算的管理，受到各级人民代表大会的监督。此外，还要采取一些其他措施，例如资产和债务重组，来防止发生系统性的金融风险。

政府与市场关系

许成钢：在中国新的改革规划中，改革政府和市场的关系是一个核心的主题。之所以变成核心的主题，是因为中国政府控制和干预太多。我们下边想听一下科尔奈教授对于政府的作用有什么样的看法。

---

[1] 中国社会科学院"中国国家资产负债表研究"课题组：《国家资产负债表编制与风险评估》，2013年12月25日发布。

科尔奈：这不是中国特有的问题，而是一个世界普遍存在的问题，中东欧地区也是如此。它也是备受争议的一个问题。

我可以给大家介绍一下我自己的观点。政府和市场就像婚姻，而且是不可能离婚的婚姻，必须要一直过下去。不过，婚姻既有幸福的，也有不幸的。在幸福的婚姻里，夫妻之间有一定的互补性，谁也不是完美的，两个人相互倾听，相互补台。

从婚姻的角度看市场，市场也是不完美的。经济学者都讲到过市场的不完美性、市场的失灵等。不过政府也有失灵的地方。因此，市场和政府的婚姻要想幸福，就要让政府去纠正市场失灵。纠正市场所导致的收入分配不公就是很重要的例子。待会儿我们还会回到收入分配不公这个问题上来。政府应该发挥作用来纠正市场的不完美。

不过也有不幸的婚姻，一方要主导家庭，迫使另一方去当顺从的奴仆。但风险在于，在中东欧、中国等国家正在经历的转型过程中，政府仍旧难以抵抗权力的诱惑，它大权独揽，对经济横加干预、对市场指手画脚甚至渗透到市场活的肌体（living texture）之中。

有两个重要的例子。一个是过度扩张国有企业，作为国家控制市场的一种方法；另外一个就是吴教授和我刚才谈到过的软预算约束。

国家还有很多其他手段，例如微观干预、间接行政控制、对部分产品和服务进行价格控制，另外就是干预政府订单的招投标。在总需求中，政府订单占有很大的比例。行政机构想挑选胜出者，谁能中标不是由公平竞争产生，而是由官员和政治精英说了算。还有就是政府干预信贷的分配，比如，政府领导给银行打招呼，要求把款贷给这家而不是那家企业。这些其实都是政府对市场的渗透。再就是官商勾结，这在苏联东欧地区广泛存在。

根据我读到过的关于中国的报告，中国也有这种现象。当然，政府还是应当对经济进行必要的干预。我们需要政府，我不赞成无政府主义。我们需要政府发挥它恰当的作用。不过也存在一种危险，就是国家变成洪水猛兽。所以，要保护市场，让它免受政府权力过度扩张的危害。

许成钢：下面我们有请吴老师也对政府的作用发表他的看法。

吴敬琏：正像刚才科尔奈教授指出的那样，政府官员往往有一种倾向性，就是总想去控制企业，去"驾驭"市场。这在中国也是一样的，我们的上届政府首脑多次讲过，政府管了许多不该管或者管不好的事情，有许多应该管的事情又没有管或者没有管好。话是这么说，可是一直没有能解决这个问题。这对一个国家的治理来说是一个根本性的问题。

问题还在于，哪些是市场应该管的，哪些是政府应该管的，它们之间的界限在哪里？这是改革30多年来学界、政界和企业界一直在讨论的问题。

最近的一个好消息是，中共十八届三中全会通过的《关于全面深化改革若干重大问题的决定》试图在这个问题上划出一个明确的界限，来回答在资源配置中到底应该由市场起决定作用还是由政府起决定作用的问题。《决定》回答说：市场应当起决定作用。那么政府应当起什么作用，它应当做一些什么呢？《决定》也做出了明确的界定。

按照现代经济学的共识，政府应当起作用的范围，简单地说就是提供公共品，比如说提供好的法治环境，提供稳定的宏观经济环境，提供其他一些市场所不能提供的公共品和公共服务，而不是去干预微观经济活动，更不能直接从事营利性的活动。当然这只是一些原则上的界定，在改革中还会进一步把它们具体化，探索出正确的道路。

论集权和分权

许成钢：下面一个问题，是讨论集权和分权。集权和分权是中国改革中的一个热点问题，长期以来一直如此。在东欧的改革中，这也是一个非常重要的问题。

这个问题首先要问科尔奈教授。您在大约半个世纪以前就曾经深入研究过这个问题，您的博士论文的题目就是"过度集权"。现在在中国重新启动改革之时，又有一个重新集权的趋势。下面我们的问题就是：重新集权是不是有利于经济改革？

科尔奈：谢谢您提出这个问题。这也是我几十年来的研究中最感兴趣的问题之一。我不是一概反对集权，一定程度的集权还是绝对必要的。很多机构需要集权，比如说军队、大型企业、政府机关。问题在于集权过度，就会过犹不及。

这显然也关系到竞争。搞集权一旦搞到为竞争制造壁垒的程度就过分了。集权一开始有它的优势，因为可以消除重复臃肿。但再往下走，从效率角度来讲，就会带来非常不利的后果。虽然一些顶尖经济学家能制订出很好的计划，但需要基层能执行到位。这就需要有激励措施，而且要有搜集信息的手段，此时分权，才更贴近激励因素和信息。所有政令都出于中央，强求一致是不可能的。

比如，中国一些省份非常大，不可能事事都由中央决定。各个地方之间情况千差万别，不管是收入、财富、文化、传统都有很大的区别。因此，一些决定由地方来做可能要比由中央来做更好。在维护中央政令统一的同时，也要认识到各地的差异性，不论是大小城市之间的区别，还是各民族之间的差异，这些多样性都需要统筹协调、综合考虑。

另外一个警示是,似乎有人觉得,一搞改革就是要分权,权力一分下去就大获全胜、万事大吉。但是,一劳永逸是不可能的,集权倾向会不断卷土重来。就像龙被砍掉一个头,就会再长出一个新头来。你以为过度集权结束了,可是过一段时间,它又会重新抬头。

我非常担心,包括我国在内,很多国家本已分权,但又重新集权。所以,我们需要坚持不懈地和过度集权做斗争。

许成钢: 下面请吴老师来回答同一个问题。

吴敬琏: 刚才科尔奈教授的讲话里面有一点是很有启发的。他指出政府有一种集权的倾向。在我们这里恐怕也是这样的。许多政府官员对于社会事务的管理存在一种想要集中更多权力的倾向。这造成了刚才科尔奈教授列举的那些弊病。特别是在中国这么大的国家,把权力都集中在中央,会造成很多经济和社会问题。

因此,就需要采取一些改革的办法,来消除权力集中所造成的负面影响。我看最近中共十八届三中全会的《决定》就做了一些方向性的探索。比如说《决定》提出要推进国家治理体系和治理能力的现代化,这一点就是跟我们刚才讨论的问题相关联的。《决定》指出,国家治理不只是政府的治理,还要激活社会组织的力量,使这些民间的社会组织能够在一些局部性的公共事务中实行自治,发挥它们的治理作用,"实现政府治理和社会自我调节、居民自治良性互动"。这显然是一种改变过去政府高度集权倾向的有益探索。

另外一个讨论得比较热烈的问题是财政体制的改革。因为过度集权,我们的财政体制里面就发生了一个问题,就是地方政府的事权和它的支出责任不匹配。支出责任大量都在地方政府,而事权却集中在中央,所以就要采取措施使事权的分布合理化,而且事权和支出责任要匹配。

那么这个原则在哪里呢？目前我们实行的大体上是一种财政联邦制度的体制。在这种体制下，必须划分全国性的公共品和地方性的公共品。全国性的公共品，比如说国防、社保、义务教育等，它的事权和支出责任应该都在中央。而地方性的公共品，应该把事权和支出责任放在地方。当然，这只是解决问题的基本原则，具体的做法还要在今后的改革过程中逐步地完善。

论不平等问题

许成钢：再下一个问题给科尔奈教授。现在的中国，不平等，包括收入的不平等、财富的不平等和机会的不平等，已经成为一个尖锐的社会经济问题。我们想听一下科尔奈教授对这个方面有什么评论。

科尔奈：之前，社会主义经济体制搞平均主义分配。不是绝对平均，是平均过头了。一个人即便表现优异，也得不到足够的回报。这样就弱化了激励机制的作用。这是另一种形式的"大一统"。

开始搞市场经济以后，收入差距拉大，这是市场经济不可避免的结果。不过，我们可以影响收入差距的程度。

首先，就中东欧地区的经验而言，固然整个中东欧地区的整体收入差距扩大了，但不能一概而论。各国做法不同，情况有别。在一些中东欧国家，例如保加利亚、罗马尼亚，还有我的祖国匈牙利，收入分配悬殊。但是斯洛文尼亚等另一些国家，收入差距几乎没有扩大。因此，不能够笼统地讲中东欧国家普遍如何。

说到中国，我仔细地研究了我能够拿到的统计数据和研究成果。如果我讲错了，请纠正我。根据我所看到的数据，似乎可以得出一个结论，中国的收入差距实在太大了。现在，中国成了世界上贫富差距最为悬殊的国家之一。这也是我们前面提到的突进式增长的弊端之一。当然，我现在人不在中国，只能靠读报告来了解情况，群众对收入差距满是怨气。不论是在匈牙利、在中东欧地区，还是在中国，群众对收入差距都有怨气。在个别国家，民怨与日俱增，有时甚至达到了愤慨的程度。

收入悬殊是导致社会不满和激化社会矛盾的重要原因。我们必须认真研究，严肃对待。一方面，富者非常富；另一方面，穷者非常穷。就像一些城乡接合部、城中村那样，都市高楼林立，乡村农舍简陋。

这样的情况会导致民怨沸腾。出路取决于政策。中东欧国家和其他国家的收入差距很大程度上也源自政策。

我想谈谈政府在收入分配中的作用。政府可以有所作为，也必须有所作为。政府应该干预收入的分配，从而发挥应有的作用。在这个方面，也可以采取一系列的政策手段，比如，再分配性的累进税收就是一种手段。中东欧地区也采用了这种政策工具。西欧比北欧力度更大。另外，为困难群众提供财政支持，还可以提供免费的基础教育和医疗服务。当然如果为全民提供，那么财政负担就很大。如果财力不足，免费的基础教育和免费的基础医疗服务对于困难群众可以多支持一些。

另外一个工具就是地区间的资源再分配。也就是说，从发达地区转移到相对贫困的地区。刚才吴教授也讲到过类似的制度，这也涉及财政的集权和分权问题。要开展资源再分配就需要集中掌握一部分财力，不能都分下去，否则国家就无法实现这种再分配。国家越大，这项工作越困难。不过我相信你们有这样的专业经验和知识来做好这项工作，谢谢。

许成钢：下面请吴老师来讨论一下中国的不平等问题。

吴敬琏：我首先想重复刚才科尔奈教授做出的一个判断，他刚才说：贫富差别的扩大、不平等程度的扩大是突进式增长（用我们的话来说就是粗放型增长）的一个最有害的结果。

这个判断在我们这里常常被人们所忽视。我们现在不平等程度加剧，它的基础正在于粗放型经济增长方式。粗放型经济增长方式的特征，是增长主要依靠投资拉动。资本对劳动的比率增长过快，一定会造成资本所有者的收入增加得很快而劳动者的收入增加得很慢，这是第一点。

我要补充一点：和发达国家比较起来，中国有一个特殊的情况，就是不平等主要是来自机会的不平等。虽然结果的不平等现在也变得越来越严重，但不容否定的是，当前贫富悬殊的主要原因还是机会的不平等，而特权和寻租的体制是造成机会不平等的主要原因。从这个角度看，市场的发展对所有的人提供相同的机会，与实现机会平等是正相关的，就是说，是有利于消除目前中国严重存在的机会不平等的。

在解决前面这两个问题，即粗放型增长模式问题和机会不平等问题的同时，结果不平等的问题也应当加以处理。在解决这个问题的时候，我同意刚才科尔奈教授说的，政府要起很大的作用。第一，政府要采用有效的再分配政策；第二，在它的支持下建设社会保障体系；第三，中国的民间公益事业正在取得进展，这也需要得到政府的支持。

中国改革建言

许成钢：苏联和东欧早在20世纪60年代就开始改革，这个改革实际上是科尔奈教授在匈牙利设计的放弃中央计划经济开的头。但是经过20多年的长期改革，苏联和东欧在1989年到1991年期间政体崩溃。那么，问题是：在苏东国家的改革过程中，经济增长的放缓在多大程度上导致了体制的崩溃？中国的改革应该从中吸取什么样的经验和教训？请科尔奈教授来解答。

科尔奈：这既是一个非常重要的问题，也是一个很敏感的问题。我们是朋友，所以我会讲得比较坦率，有话直说恰恰是友情的表现。

我在回答前一个问题的时候讲道，我们不能够把很多的国家混在一起来讨论，一言以蔽之。因为每个国家的情况都不同，区别不同情况对回答您刚才提出的问题尤为重要。我们必须把中东欧国家和苏联分开来说，因为它们的情况大不一样。

我先谈谈东欧，东欧的政权并没有崩溃，所以用"崩溃"这个词是错误的。我反对用这个词，因为这个词没有正确地描述东欧的情况，这个词用得很不到位，我们不该使用这个词，这个词会令人误解。

东欧国家和平地转型为议会民主制。在这个过程中，没有出现暴力，而是通过平静的谈判商定了新的规则体系。所以我说，东欧国家没有崩溃。后来确实出现了严重的经济问题，但是经济也没有崩溃，只是严重衰退。衰退的原因并不是政治变革，而是由生产率低下和其他经济原因造成的。

我想谈谈其中的经济原因。之前，苏联带头成立了"经互会"。后来，经互会解散。各个国家的市场重心发生了转变，从以往的经互会成员间的贸易转而面向西欧等西方发达国家。这个冲击导致了经济衰退。另一个原因是国有制大规模急速转向私有制，中央计划转向市场经济，这都加剧了衰退。但是也没有到崩溃的程度，转型相对来讲还是平稳的。

为什么会这样平稳地转型呢？我们在这方面有几个经验教训可供参考。

首先，东欧国家之所以平稳转型，是因为大家对转型的实质含义心中有数,而不是出乎意料、措手不及。特别是在波兰和匈牙利,对于转型的后果做过大量的智力准备,召开了许多公开的会议来讨论如何改革,在平面媒体上也发表了很多文章,甚至在电影、戏剧中也都有反映。开放的讨论使大家能够更好地了解转型的前景是什么样的。这一点很重要。

我想提出来的第二个因素,是旧有权力的代表并没有进行抵制。他们还是比较放心自己能在经济生活、文化生活甚至是政治生活中找到自己的位置。比如说,共产党的后继党派多次赢得大选,而且在不少国家还被议会选举任命为政府总理。

我们再转回头讨论一下苏联的情况。苏联的情况不同于中东欧,它更为复杂,因为这里有三大进程交织在一起:

第一,是多民族帝国解体,分裂成几个民族国家。这一解体也是通过比较快速高效的谈判来完成的。没有流血,没有暴力,也没有搞什么独立战争等武装冲突,而是通过和平协议来实现的。这一点非常重要。

第二,是转向议会民主制。这方面出现了一些动荡,但是也没有多大的暴力,没有流血,是相对和平地通过协议的形式完成的。不过我们必须记住,这不是一个一帆风顺的过程。其中既有进步,也有退步。无论是在苏联时代还是后苏联时代,有的时候迈向完全的民主议会制,后来又继之以某种形式的独裁体制。在今天也有这种反动现象发生。

在苏联转型的过程中还有第三大进程,就是从集中计划体制转为市场经济。国有经济大规模地进行了私有化,但没有搞好,现在仍备受争议。在转型过程中有一些方面没有能够做到准备有序,而且操之过急,但最终经济还是稳定了下来,实现了正常化。

大家可以看到,整个情况是很复杂的,并不是用"崩溃"这么一个词就能够概括的。这也是多种因素相交织综合起作用的结果,不是一个不寒而栗的恐怖过程,而是转变,没有暴力的转变。有很多正面的结果、积极的作用,也有一些在所难免的负面效应和政策错误。

这个问题如此重要,以至于我还想多花些时间再谈谈苏东地区的这一段历史。我想做四点评论:

第一,要注意,在世界史中,1989—1990年的转变并不是国家治理方式转型的唯一模式。还有其他例子,例如,西班牙独裁者佛朗哥(Francisco Franco)在"二战"之后很多年间逐渐弱化权力,和平地还政于民,转为宪政民主制度。第二个例子是智利,智利曾经有一个残暴统治者皮诺切特(Augusto Pinochet),他是智利军政府首脑。智利也是通过谈判和平转型为议会民主制。再往前看,英国、法国的历史当中都有这样的过程。所以我们研究历史时要仔细甄别。

第二,关于政府,问题是中央的权力应该是不受制约的绝对权力,还是受到宪法限制的权力?我认同的政治哲学,是每个公民、每个组织、每个机构都应该受制于宪法。这一点是最重要的。必须有对中央权力的限制,也就是英语中所说的对于中央权力"制度化的制衡机制"(institutional checks and balances)。但是,所谓权力制衡,并不是意味着只靠一套机制来制衡,而是需要有多种制衡机制。我们需要有一些独立的机构,比如说独立的中央银行、独立的反腐机构。同时我们需要独立的法官,这也是极为重要的一点。还需要有独立的媒体,即不是由中央权力控制的独立媒体。另外要有抗议的自由,有批评的自由。历史证明,不受制约的皇权、君权、独裁政体可以通过一系列的步骤过渡为议会民主制。它可以一时停滞,但是总的趋势不可阻挡。

你们让我结合苏联东欧地区的改革经验谈一谈,但是我看到中国是个特例。从某种意义上来讲是没有先例、不可比拟的。也就是说，中国有些情况是前所未有的。中国具有苏东地区不可比拟的改革条件。具体来说，苏东国家是在经济失败、问题丛生的背景下开始改革的，而中国是在多年来经济增长奇迹的背景下推进改革的。苏东地区当年经济增长趋近于零，而中国经济增长即使放缓也还有7%。中国经济是成功的故事，苏东经济是失败的故事。所以，改革的条件大有不同。第二个区别是，苏东集团，特别是匈牙利、波兰等东欧国家，都欠下了巨额外债，几乎不可能偿还。中国是现在全球最大的债权国，国家财力充裕，拥有巨额外汇储备。匈牙利要是有中国外汇储备的1%就会很开心了。另外一个区别就是，苏东地区施行改革是前无古人的首创之举，但中国在改革时，已经有我们的经验教训可用来参照，而不是踏入一个完全未知的领域。所以，可以说苏东地区是改革的试验室，中国已经有我们的试验成果可用来借鉴，这是很大的一个差别。

最后一点，我们前面曾经讲道，中国面临一些难题，社会不满，民怨比较大。我的观点是，如果民众普遍不满，社会矛盾重重，示威抗议频发，那么正确的答案不是去压制，而是要去解决导致群众不满的那些问题。不要堵塞言路，切断人民反映问题的反馈渠道。堵塞言路将会导致严重的社会问题。俗话说：两国交兵，不斩来使。别打压给政府"通风报信"、发出抗议、告诉政府哪里存在问题的那些人。要消除民怨，就要解决导致民怨的那些问题。这是我的一个中心思想。

许成钢：下面请吴老师来讨论一下这个相关的问题。

吴敬琏：我想中国的转型有我们自己的一些特点。刚才科尔奈教授说，中国实现转型有比东欧社会主义国家和苏联当年更好的条件，我把它看成一种鼓励，增强我们更好地推进实现转型的信心。

刚才科尔奈教授对于东欧和苏联的转型谈了很多。我把它归纳为三点，我认为这三点对我们都很有启发。

第一点，就是目标一定要明确。这个目标就是要建立一个权力受到限制的国家，用中国领导人最近的话来说，就是要"把权力关进制度的笼子里"。怎么关？应该说苏联和东欧国家给我们提供了一般性的办法、措施或者途径，不外乎是法治、民主和依宪治国。这个目标应该是明确的、坚定的、不可动摇的。

第二点，各个国家转型的途径和过程确实是有差别的，而且多半是渐进的，不可能一蹴而就。我想这一点也是可以用史实来证明的。比如最长的一个，英国13世纪就出了《大宪章》，限制了国王的某些征税权力；过了400多年，1688年的光荣革命才实现了初步的依宪治国；又经过了几百年，才真正实现了普选式的民主制度。当然中国不可能等那么长的时间。但是这个过程肯定不可能一蹴而就，需要经过艰苦的努力。

第三点，科尔奈教授特别提到了政府在这个过程中的态度，就是对于大众的抱怨、大众的批评甚至是反对的意见不应当采取压制的办法，而要认真地听取，努力寻找产生这些不满的原因，然后针对这些体制上的原因进行改进。也就是说，把消极的东西变成积极的东西，用它们来推进改革。

许成钢：下一个问题提给吴老师，因为这是专门讨论中国现在的事情的。最近十几年里，民族主义在中国大行其道。我们的问题是，为什么会这样？它对中国的改革和中国的发展会有什么样的影响？

吴敬琏：我想，民族主义或者叫作狭隘民族主义在中国大行其道是有它的历史根源和现实原因的。

从历史根源来说，至少从表面上来看中国在18世纪以前可以说是世界上最富强的一个国家，可是因为错过了文艺复兴以后几个世纪主要在西方世界发生的大转变，到了1840年鸦片战争以后中国就沦落为了"东亚病夫"。这样一个在很短时间发生的国际地位的急剧变化，就在中国人的心灵里面造成了极大的创伤。当然这种变化如果经过理性的分析，应该是激起我们的爱国主义的感情。就是说，爱这片土地、爱我们的人民的爱国主义情怀应当推动我们发奋图强、自求进步。但是，人们也可能不能理性对待，没有找到中国积弱的真正原因，于是就在思想上、感情上孕育了一种狭隘的民族主义的情绪，认为我们这个民族从来就是一个优越于其他民族的优势种族，只不过因为外国人的阴谋诡计或者他们凭借着特殊的条件才把我们弄到了这个地步。这是一种不正常的反应。

其实马克思主义从来不提倡民族主义。我们知道，《共产党宣言》提出的口号叫作"全世界劳动者联合起来"。直至现在，党组织开会的时候都要唱《国际歌》。《国际歌》提出的口号是："英特纳雄耐尔（法语'国际'：internationale）一定要实现！"但是后来发生了变化。在苏联实行列宁"一国建成社会主义"的方针之后，就强调苏联的利益高于全世界劳动者的利益。特别到了第二次世界大战以后，原来的理想失去了吸引力，苏联政府就转而利用民族主义去吸引群众，后来进一步演进到民族沙文主义。

在中国的现实情况下，在没有一个理性地讨论问题的环境下，民族主义情绪很容易被调动起来，变成反对改革开放的论据。比如说，在对外开放中的确可能发生由于某些官员的失职或者某些官员有利益的勾结，给外国企业输送利益的情况。中国大陆的某些外国公司得到一些超国民待遇。于是有些人就会利用这种在对外开放中出现的部分问题来反对开放，鼓动民族主义情绪，说对外开放就是卖国。而当许多人不知道自己的根本利益所在的时候，就容易被这种思想所误导，其实这种盲目排外的情绪对中国的发展是有害无益的。

马克思就分析过，全球化其实是一国范围内市场经济的延伸，它是一种必然的趋势。事实上，只要我们自己善于应对，全球化对于我们这样一个发展中国家来说肯定不是威胁而是机会。

现在世界经济体系正面临深刻的变化，或者说是全球投资和贸易规则升级的局面。对待这种局面，有两种不同的态度：一种态度认为这是对中国的阴谋，要把中国边缘化，所以我们要采取对抗的措施。另外一种态度认为这是在与人共赢中发展自己的机会，我们应该主动参加这个变革。比如说中国（上海）自由贸易试验区的一些朋友的设想就是这样：我们只有主动地去迎接这个变革、参与这个变革，才能一方面享有变革带给中国的机会，另外一方面在谈判过程中更好地保护自己的利益。

总之，现在需要我们冷静、理性地思考这些问题，选择一个正确的态度。

许成钢：最后一个问题，您对中国的改革有什么普遍性的建议？请科尔奈教授回答。

科尔奈：你用了"建议"一词。我要怀着应有的谦虚来声明，我并不是政治顾问，也不敢以此来自居。我就是搞研究、做学问的。我依据事实得出结论，包括一些政治方面的结论；我根据人生经历和学术研究成果得出结论。

我要保持谦逊的态度，还因为我住在匈牙利，与中国相距遥远。中国有专家，他们了解国情，他们对中国的了解比任何外国专家都多得多。我就不提什么建议了。我讲了我的看法，你们要以批判的眼光来看待，要立足于中国的现实国情。

不过，我还是想向大家表达一下我的价值观。每一个人都有自己的价值观，对不同的价值进行排序。我的发言中也暗示了我自己对不同价值的排序。我的排序是有高低之分的。我尊重各种各样的价值，我觉得幸福生活是很重要的价值。物质消费、享受文化娱乐、追求现代化和新技术，都是非常有价值的事情。另外，还有一个很重要的价值，就是团结和热情待人。

但在我心目中，排在首位的是自由，也就是有权决定自己的人生、有自尊、有选择的权利、有发展自己人格的自由、服从自己的意志、不屈从于国家或者外界的压力。这在我的价值体系中是居于顶层的。经济学人喜欢用"取舍"的概念，也就是说你失去一些东西的同时也将获得一些东西。可以这边让一点，那边退一点。我绝不会用牺牲10%的自由来增加10%的物质消费。对我而言，首要的价值即自由、人权、自我实现。这些就是我希望传递给大家的信念。

今天的讨论也由此接近了尾声，我非常高兴参加此次盛会。我们都是朋友，我多次提到这一点。这次盛会让我印象深刻，尽管我远在匈牙利，无法亲身出席。

谨给大家献上我最良好的祝愿。并祝愿中国有美好的未来。谢谢！

许成钢：谢谢！因为时间的缘故，我们今天只能到这里了。让我们再一次热烈地感谢科尔奈教授和吴老师这种高屋建瓴的深刻思想对我们的启发。谢谢！

直面大转型时代[*]

——《直面大转型时代》序言

（2014 年 1 月）

本书是 2007—2013 年我的文章选编，收录了这个时期的 50 多篇文章。这些文章不仅记录了我对一些重大问题的思考，也从思想理论的侧面反映了过去一个时期中国改革和发展的历程。

21 世纪的开头十几年，是一个思想上风云激荡的年代。从世纪初开始，随着中国改革进入所谓的"深水区"，一些旧体制和老路线的支持者就以腐败蔓延、贫富分化等现象的存在为借口，用民粹主义和国家主义的口号误导大众，对改革开放展开了攻击，要求回到"计划经济为主"，甚至"对资产阶级全面专政"的旧体制中去。从 2007 年开始，为了纪念改革开放 30 周年，学界对于改革开放的历史经验进行了深入的研究和总结。人们列举大量事实证明，市场化改革是支持中国经济高速度成长的最主要的推动力量。这在一定的程度上回应

---

[*] 本文是作者 2014 年 1 月为《直面大转型时代》（北京：生活·读书·新知三联书店，2014 年）一书所作的序言。

了此前数年间对改革开放的攻击。不过,回到过去还是深化改革,这两种截然不同的方针和路线之间的争论并没有止息,甚至在 2008 年全球金融危机爆发、一些发达国家的经济遭受重创之后变得愈发激烈起来。我自己积极参加了这场争论,本书第一辑收录的文章就反映了我对改革开放 30 年历史的思考。同时还参考历史上国家兴衰、社会转型的经验,对中国面临的挑战和应对的方略进行了分析。

在我看来,改革开放 30 年在取得巨大成就的同时,现有体制从旧体制继承下来的缺陷,也使经济社会的进一步发展面临一系列严峻的挑战。在经济方面,靠资源投入和出口需求驱动的粗放型经济增长方式导致的资源短缺、环境破坏等问题日益突出,内外经济失衡加剧,金融市场面临系统性风险,宏观经济政策也陷入既不能松又不能紧的两难困境。在社会政治方面,经济和政治改革迟滞造成的寻租基础扩大、腐败蔓延和贫富分化导致大众强烈不满,威胁社会安定。因此,我呼吁排除种种障碍,推进改革,建设法治的市场经济。

本书第二辑的文章集中反映了我对于中国经济面临的短期问题和长期问题的看法。

鉴往知来,纪念改革开放 30 周年本来是总结经验、存利去弊,推进改革的大好机会,但是长达 30 年的经济高速增长让国内洋溢着乐观的气氛,对 30 年中国发展成绩的展示和与全球金融危机爆发后发达国家窘境的对比,使人们很难接受对中国现行体制和发展政策的批评。对于这种无视自身缺点和不足的盲目乐观情绪,我感到不安。2008 年 4 月,我在上海的一次讲演中指出,在主要靠投资和出口支持的粗放型增长模式下,中国资产泡沫的严重程度已经不亚于日本泡沫经济破灭和亚洲金融危机前夕的水平,CPI 涨幅也超出了温和通胀的水平。我指出,为了稳定经济,避免发生大的金融和经济危机,除了运用短期政策稳定宏观经济外,还必须采取改革措施,排除增长模式转型的体制性障碍,实现我国的产业升级。

2008年8月的北京奥运会结束不久,早在2007年就冒头的流动性短缺爆发为全球的金融危机。由于出口订单减少,中国经济增长率也出现下降。实际上,金融危机的冲击仅是外因,中国经济困难更多是内因所致。中国旧有增长模式的特点,是依靠大量投入来支撑经济的高速增长;面对这种增长模式必然导致的消费需求不足和产能过剩问题,再用出口导向政策刺激出口,用净出口需求弥补国内需求的不足。东亚国家在发展的早期阶段往往能够利用自己和发达国家之间存在的储蓄—投资差额的"镜像互补"关系,成功运用出口导向政策支持高速增长。但是它们的经验也表明,发展到一定阶段,这种政策就必须进行调整,否则将会造成日本等许多东亚国家都发生过的灾难。总之,经济发展方式的这种特点使中国经济难以持续早在意料之中。救治的方法,也只能是推进改革,消除经济发展方式转型的体制性障碍,实现效率的提高。但主流意见把凯恩斯主义的短期分析方法误用到长期趋势的估量上,以为只要用财政、货币政策创造足够的需求,待到西方国家经济走出危机,增加进口,中国经济就可以全面复苏。在这种意见的影响下,中国政府在2008年末出台4万亿投资和10万亿贷款刺激经济,誓言保持8%以上的经济增长速度。

中国的救市大手笔赢得了国内外的许多赞誉,而我却乐观不起来。从理论上说,我在为阿米蒂·什莱斯的《新政VS大萧条:被遗忘的人和事》[1]中译本所写的序言里,写下了自己对过分依赖凯恩斯主义

---

1 Amity Shlaes. *The Forgotten man: A New History of the Great Depression*. Harper Perennial, 2007;中文译本的书名为《新政VS大萧条:被遗忘的人和事》,北京:中信出版社,2010年。

式的强刺激政策的担心："经济复苏的苗头萌出后人们所产生的乐观情绪，很可能使我们不去继续深化对危机产生机理的认识，不能正确处理后危机阶段的各种后续的政策问题，从而重蹈覆辙。"

经济增长模式从依赖投资和出口驱动的粗放型增长到依靠技术进步和效率提高支持的集约型增长转型，在很长时期内是我的一个研究重点。在2007—2013年期间，我就对经济增长模式转型有关的理论和政策问题反复表达了自己的意见。在我看来，这才是中国实现持续、稳定、协调发展的真正出路。

"十一五"（2006—2010年）期间经济发展方式转型规划执行得不够好，使各级政府加大了它们对发展转型和结构优化的推动力度。但是，命令经济中政府的行为方式在中国仍然保持着强大的影响力，许多党政领导机关还习惯于用政府主导的方式推动技术创新和结构调整，结果抑制了民间创造力的发挥，造成了很大的浪费。本书集中的多篇文章，对政府在经济发展转型和企业创新中的正确作为进行了讨论。

用城市化推动工业化和现代化，是中国社会经济发展的另一个重大课题。在中国应当如何推进城市化的问题上，各界人士发表了各不相同的意见。本书集中了两篇讲话参加这一讨论。

收录在本书第三辑的文章表明了我对于在21世纪初期被重新提出的"中国向何处去"这个重大时代命题的回答，这就是必须尽快重启改革议程。

新世纪以来，由于改革的停滞，在经济繁荣的掩盖下，各种经济社会矛盾在迅速积累。一方面，资源短缺，环境破坏愈演愈烈，甚至人类的基本生存条件——水、土、空气也遭到损坏；另一方面，腐败蔓延，贫富差别悬殊，群体性事件日趋增多，而且暴力化倾向越来明显，甚至出现某些短暂的、地区性的社会骚乱。这些情况表明，中国的社会经济矛盾已经达到了一个临界点，除了法治市场经济和权贵资本主义哪个跑得更快，中国还面临着改革和革命的赛跑。"中国向何处去"的问题比以往任何时候都更尖锐地摆在我们面前，成为亟须解答的时代命题。

由于人们对于这些社会经济矛盾的由来做出了不同的解读，所以提出的解决之道和政治诉求也天差地别。一种主张是强化政府和国有经济对社会的管控和对市场的"驾驭"。有人鼓吹，正是以强势政府控制整个社会经济体系为特征的"中国模式"成就了"中国奇迹"。它也将成为世界仿效的榜样。"中国模式论"开始受到越来越多的宣扬。

我在多个场合批评"中国模式论"，而且我担心，这种被称为"中国模式"的体制如果真的确立起来，将对经济、社会、政治体制的完善造成很大的威胁，早晚会导致严重的社会经济后果。

在21世纪初期发生的"重庆事件"表明，在腐败猖獗、公平正义得不到伸张的情况下，某些枭雄式的人物有可能利用社会矛盾，用"打土豪、分田地"一类极端"革命"的口号，误导深受权贵压榨因而热切希望获得公平正义的大众，把他们引向逆历史潮流而动的歧途，使建设现代中国的进程中断。因此，我大声疾呼重启改革议程，"只有坚持市场化、法治化、民主化的改革道路，建立包容性的经济和政治制度，中国才有光明的未来"。

本书第四辑的文章反映了我对如何重启改革的思考和对改革的建议。

社会各界要求重启改革议程的呼声，在2012年11月召开的中共十八大上得到了回应。十八大重申了社会主义市场经济改革目标，把全面深化改革提上了议事日程。在这种情况下，我们面对的问题已经不是要不要重启改革，而是如何重启改革了。于是，有不少社会组织和关心国家前途的人士认真探索出现问题的体制性原因，积极提出改革建议。根据以往改革的经验，我认为要采用问题导向的方法列出改革项目清单，并且从中筛选出最重要和关联性最强的改革项目，形成"最小一揽子"改革方案，突破关键领域的改革。

我认为，新一轮改革的核心应该是建立竞争性市场经济体系。市场经济是一个复杂精巧的巨大系统，进行系统化的市场经济改革需要预先进行顶层设计和总体规划。

在社会各界的努力下，十八届三中全会通过了《中共中央关于全面深化改革若干重大问题的决定》。它在新的历史起点上，对以完善市场经济制度、推进国家治理体系现代化为总目标的全面改革做出了战略部署，是中国下一轮改革的总体设计和行动纲领。它将引领中国改革开放进一步深入，建立起一个更加成熟的市场经济体制构架和现代国家治理体系，这对实现中华民族的腾飞、中国的现代化转型具有伟大的历史意义。

本书第五辑，记录了知识分子在这个大转型时代的艰难探索。1840年以来，中国一直处在大转型的过程中，其间波涛汹涌，百折千回，好几代中国人为了建设一个现代化国家而努力奋斗。知识分子更是将探索中国现代化转型的道路作为自己的责任，不懈追求，百折不挠。我有幸结识了许多当代的优秀知识分子，他们有的是我的师长，有的是我的朋友，都给予了我教益和帮助。近年来我写了一些反映我与他们交往的文章，在一些文章中我也反思了自己的人生历程。

中国现在站到了一个新的历史起点上，新一轮改革正在逐步展开。在这样的历史时刻，我们必须清醒地认识到，改革是一场除旧布新的革命，必然会遭遇来自陈旧意识形态的阻力，面对来自以权谋私的特殊既得利益者设置的障碍，还要解决在旧体制和粗放型经济增长模式下积累起来的种种实际困难。重重艰难险阻需要我们共同努力去克服。我衷心地希望，大家都参与到推进改革的事业中来，为推动中国的现代化转型增添力量。建设一个富裕、民主、文明、和谐的现代化中国，是我们每一个公民的责任。

希望本书的相关讨论，对于这场大转型的观察者和参与者具有一定的参考价值。

中国改革的脉络和走向*

——田国强、陈旭东《中国改革：历史、逻辑和未来——振兴中华变革论》序言

（2014 年 4 月）

近代中国在政治、经济和社会制度上进行了诸多的试验和探索。这些试验和探索的基本目标就是改变国家的积弱状态，实现民族复兴。然而，晚清政权和民国政府的种种尝试并没有建立起长远发展的制度框架，内外战争更是将 20 世纪 30 年代得来不易的经济发展成果摧残殆尽。1949 年中华人民共和国的成立将中国引入了现代化建设的一个新时期。在"公私兼顾、劳资两补、城乡互助、内外交流"的经济建设方针的推动下，在短短几年内就医治好了战争的创伤，使中国的面貌为之一新。

然而，胜利也有它的阴暗方面。恢复国民经济的伟大胜利，使人们高估了自己的能力和滋长了虚夸的思想。匆忙建立起的苏联式集中

---

* 本文是作者为田国强、陈旭东著《中国改革：历史、逻辑和未来——振兴中华变革论》（北京：中信出版社，2014 年）一书所作的序言。

计划体制非但没有激发起人民大众的创造热情，相反造成了缺乏生机与活力的局面。于是，"经济管理体制改革"就提上了日程。

从20世纪50年代中期开始，中国也同苏联和东欧的一些社会主义国家相类似，试图对集中计划经济体制做出一些调整。中国在1956年提出、1958年实施的改革，就是要在计划经济基本体制不变的条件下向地方政府放权让利，希望以此给经济注入活力。但是，1958年至1976年间的多次"体制下放"，无一例外地陷入了"一放就乱"、"一乱就收"、"一收就死"的循环怪圈。显然，在计划经济体制框架内的修补改良并没有消除其体制痼疾，没有改变信息低效率和激励扭曲的状态，却想靠国家机器的强力压制和管控来实现经济的高速增长，结果是在错误的道路上愈陷愈深，甚至使国民经济和整个社会濒临崩溃。

从1978年5月开始的"真理标准大讨论"，是中国改革真正的思想起点。一篇题为《实践是检验真理的唯一标准》的文章，把一缕探索真理的阳光照射到过去被包裹得严严实实，不允许有丝毫质疑的旧思想路线上，使许多人从蒙昧和迷信中解脱出来。思想解放运动促使1978年12月的中共十一届三中全会果断地中止了"以阶级斗争为纲"、"无产阶级专政下继续革命"以及"全面专政"的错误路线和政策，宣布"把全党工作的着重点和全国人民的注意力转移到社会主义现代化建设上来"。中共中央委员会全体会议指出："实现四个现代化，要求大幅度地提高生产力，也就必然要求多方面地改变同生产力发展不适应的生产关系和上层建筑，改变一切不适应的管理方式、活动方式和思想方式，因而是一场广泛、深刻的革命。"

这样，虽然十一届三中全会《公报》对具体的改革措施着墨不多，但在实际上吹响了中国改革的号角。不过在当时，中国对世界上许多国家和地区在战后几十年的加速发展所知甚少，社会科学界与国际主流也隔绝多年，因此，无论是政府还是民众都对改革的目标究竟是什么并不十分清晰。

在这样的条件下，"摸着石头过河"也就成为中国改革的重要策略。采取这种改革策略的合理性在于，允许下层主体进行创新性探索，中央政府也在不完全否定原有体制的条件下做出一些变通性的安排，使改革试验得以进行。而一旦这些试验取得成功，就继之以在更大范围内的推广，使整个社会分享成果。农村包干到户的推行是如此，对民营工商企业限制的逐步放开也是如此。体制边缘的种种改革，为突破计划经济的僵化体制开辟了一定的空间，促成了20世纪70年代末期和80年代初期经济的迅速恢复和进一步发展。

但是人们很快发现，这种"计划经济为主，市场经济为辅"的体制给社会经济发展带来的活力是有限的，需要确立更加明确的体制改革目标，进行更加全面和系统的新体制建设。正当国内朝野人士积极探索体制改革目标，急需理论支持的时候，时任中国留美经济学会会长的田国强教授和另一位卸任会长易纲博士组织学会同仁编写了国内第一套《市场经济学普及丛书》（共14本）[1]，对市场经济理论在中国的广泛传播起到了很好的作用。经过多年的努力探索和曲折起伏，中国在1992年明确了社会主义市场经济体制的改革目标，并且从1994年展开了以财政、银行、外汇等体制为重点的全面改革。1997年的中共十五大，又启动了以国有经济有进有退的布局调整为中心的所有制结构调整和完善。这样，中国在20世纪末初步建立起市场经济体制，并于2001年加入WTO。改革开放的制度红利，促成了中国

---

[1] 田国强等主编：《市场经济学普及丛书》，上海人民出版社、智慧出版有限公司，1993年。

经济的高速增长。然而，这个新建立起来的经济体制还带有沉重的命令经济的体制遗产，而且没能在法治的支持下运转。这使经济增长的成本高昂，并由此导致贫富差距拉大、寻租腐败泛滥、生态环境恶化、社会道德滑坡等问题。

于是，21世纪初在新的历史条件下爆发了一场"中国向何处去"的新争论：是强化各级政府和国有经济对社会经济的掌控，向国家资本主义倒退，以致陷入权贵资本主义的泥坑，还是推进市场化的经济改革和法治化、民主化的政治改革，建设富裕、民主、文明、和谐的中国，就成为必须面对的问题。

2012年的中共十八大用"必须以更大的政治勇气和智慧，不失时机深化重要领域改革"的决定，对"中国向何处去"的问题做出了明确响亮的回答。2013年的十八届三中全会进一步做出了《关于全面深化改革若干重大问题的决定》，为全面深化改革制定了总体方案。这样，今年迎来了全面深化改革的元年，中国踏上了在新的历史起点上全面深化改革的新征程。

十八届三中全会《决定》要求在2020年前完成的改革多达336项。这么多项改革应该从哪里着手呢？一方面，经济社会体系的改革不能单项突进，而要由若干个相互联系的改革配套进行；另一方面，又不能四面出击，分散地使用力量。因此，对于其间每一个阶段的"最小一揽子"改革方案，需要做认真的研究。每一个阶段，应当选择一些最为重要和关联性最强的改革项目率先进行改革，使发展和改革尽早进入互相促进的良性循环，保证市场体系建设由低到高地向前推进。

就作为改革重点的经济体制改革而言，十八届三中全会《决定》提出的目标，是要建立"统一开放、竞争有序的市场体系"。这是一个很高的目标，有五个特点：第一，它是一个一体化的市场，而不是像过去那样由于条块分割而变得碎片化的市场；第二，它是一个对一切市场主体开放的市场，而不是把市场主体分为三六九等、不能获得平等对待的市场；第三，它是一个竞争性的市场，而不是存在大量行政垄断和缺乏竞争的市场；第四，它是一个有序的市场，也就是说，是建立在规则（法治）基础之上的市场；第五，它拥有完整的市场体系，不仅包括商品市场，还包括各类要素市场。建设具有这样五个特点的市场经济制度应该说是很高的要求，它涉及很多方面的改革。其中的经济体制改革必须与政治体制、社会体制、文化体制和生态文明体制改革协调推进。例如，十八届三中全会提出的一个重要目标，即国家治理体系和治理能力现代化，就需要合理界定政府与市场、政府与社会的治理边界才有可能实现。

所有以上这些改革，都是要在全社会的参与下谋定而后动的。理论界在改革方案的确定和执行上，也有着不可推卸的责任。这也正是田国强教授及其助手和学生陈旭东博士合著的这部《中国改革：历史、逻辑和未来——振兴中华变革论》一书所深入讨论的。在本书中，他们运用现代经济学的基本原理和分析手段，从历史现实比较、国际国内比较、理论实际比较的视角论述了中国改革的基本脉络、问题难点和趋势走向，对各领域如何深化改革提出了许多有价值的见解。

田国强教授受业于机制设计理论之父、2007年诺贝尔经济学奖得主 L. 赫维茨（Leonid Hurwicz）[1]，对现代经济学尤其是激励机制设计有着精深的理解。在本书中，他把自己的学术专长运用到中国改革的

---

[1] 里奥尼德·赫维茨（Leonid Hurwicz），1917年出生于波兰，美国明尼苏达大学经济学名誉教授，2007年获诺贝尔经济学奖。他最重要的研究工作是开创了机制设计理论，激励或激励兼容现在已经成为现代经济学中一个核心的概念。主要著作有《设计中的经济机制》、《市场经济的缺陷与政府干预》等。

实践中，对改革的方法论也多有论述，比如他提出中国改革要取得成功，需要采取"明道、树势、优术、抓时"四位一体的方法。实际上，改革方法论讨论的也就是改革的总体设计如何转化为现实的问题，与机制设计里的执行理论的基本思想有相通之处。

本书以"明道"，即探明改革的路线和战略为主题，其中的论述直抒胸臆，有些问题提得比较尖锐，不一定为所有人认同，但这些都是作者潜心研究、独立思考的结果，值得学界同仁认真研究和共同切磋。毫无疑问，对于改革的理论和实际问题进行自由而切实的讨论，或者如 R. 科斯所说"思想市场"的建立，是改革向前推进的必要前提。在一个万马齐喑的环境下，不可能有真正的改革。这也是东欧社会主义国家的改革者早在 20 世纪 80 年代就已提出并得到实践证明的观点。将它放在全面深化改革的当下，依然具有现实意义。改革从来都是在不同理念、思想、方案之间的碰撞、砥砺和互补中前行的。

"新常态"下的机制设计与发展预期[*]

——与黄明、马斯金等教授对话

（2014年11月）

改革预期与改革成果

主持人：吴敬琏老师多次参加我们央视的《对话》栏目，留下了很多关于改革的声音。我记得有一期《对话》，吴老师提到了改革的现状和改革的预期，列出了几个重要选项：一是政府不再干预市场；二是非国企和国企有一个平等的竞争环境；三是权力寻租的现象消失；四是百姓在干部任免上发言权更大；五是政绩观改变，不再只看GDP。

好几年过去了，您觉得今天的改革成果和当初的改革预期还有距离，还是达到了当初的预期？

吴敬琏：所有这些方面都有所进步，但是并没有达到我们原来预

---

[*] 本文根据作者2014年11月8日在"中欧国际工商学院2014全球管理论坛"上与诺贝尔经济学奖获得者马斯金（Eric S. Maskin）、中欧国际工商学院黄明教授等的对话整理而成。对话由中央电视台《对话》栏目主持人陈伟鸿主持。

期的目标。比如说第一条,政府不再干预市场。1992年的中共十四大上明确提出,中国要建立市场在资源配置中起基础性作用的市场经济。从1994年一直到21世纪初,改革有许多进展。可是到了21世纪初,出现了一些经济社会问题,国内就有了两种不同的意见:一种意见是,继续推进市场化的、法治化的、民主化的改革;另外一种意见是,加强政府的控制,加强政府对于市场的"驾驭"。结果,后一种意见占据上风,政府变得越来越强势。特别是在2004年发生"经济过热"以后,政府对于市场的控制和干预更加强化了,在资源配置中也变得越来越主导。

主持人: 黄明教授怎么看改革现状和预期的距离?

黄明: 权力寻租现象说不上消失,但是近来有所改善,这也许和中央的反腐力度有关。

主持人: 两位都从正面肯定了改革的成果,后面有没有"但是"?

黄明: 政府不再干预市场,非国企和国企有平等竞争环境,这些特别重要,但是我们还没有看到特别明显的进步。

主持人: 是改革力度不够,还是出发点有问题,或者是其他原因?

黄明: 改革是一个漫长的过程,我们现在特别期盼国企改革、司法改革,希望政府逐渐减少对市场的干预,希望所有的企业都处于平等地位。

吴敬琏: 在20世纪90年代的改革过程中,政府对市场的干预削弱了。特别在2002年,中共中央纪律检查委员会提出"从源头上反腐败",开始进行审批改革,大量减少行政审批和改进审批方法。但是2004年出现经济过热以后,提出了一个口号,叫作"有保有压",就是由国家发展和改革委员会决定保什么、压什么,特别是加强对于那些所谓"过热部门"的投资进行审批。这样一来,审批制度比2002

年以前还要严厉。

去年新一届政府一上来，就把简政放权作为转变政府职能的重点，减少、取消审批，不过还没有见到明显的成效，我们希望本届政府把简政放权的政策落实好。

主持人：一直以来，吴老师非常关注政府的角色、作用。时至今日，您对政府和政府所属企业所发挥的作用，是不是依然还有一些担心？

吴敬琏：当然。长期以来，国有资产监督管理委员会对国有企业"管人管事管资产"。比如说，国企领导人都是由国资委甚至是由中共中央组织部任命的，公司所有的重大决策都是由国家这个大股东决定的。这不符合《中华人民共和国公司法》。

去年十八届三中全会通过的《关于全面深化改革若干重大问题的决定》，要求国企改革从国资委"管人管事管资产"转变到以"管资本为主"。这样，国资委就不再是一个行政主管机关，而是一个股东的代理人，它代表政府来掌握国有资本，按照《公司法》通过董事会来运营国有资本。这是一个重大的改革决定，但是怎样贯彻还在讨论之中。

黄明：国企这么多年来还没有实现专业化管理，还是作为政府机构对待，这样就影响了它的效率，尤其对长远发展有很大影响。

中国经济总量发展到全球第二，可是在国际一流市场上进行竞争的中国企业非常少。国企有非常多的资源，但是它们目光比较短浅，没有几十年的研发品牌，没有能力在国际上争夺市场。假如不改革体制，恐怕今后还是这样的情况。

主持人：那么我们为什么不愿意进行这样的改革呢？

吴敬琏：你说的"我们"是谁？

主持人：比如刚刚提到的国有资产管理者。

吴敬琏： 这个你得问管理者。十八届三中全会做出了改革决定，并不等于说所有的管理者都会支持这样的改革。因为无论如何，这涉及他们的权力和利益。

主持人： 需要您继续鼓与呼。

吴敬琏： 我希望我们大家一起，特别是你们央视来呼吁。

什么才是"新常态"？

主持人： 现阶段中国改革处于特殊的历史时期，我们频繁地听到一个词"新常态"。到底"新常态"是什么，新在哪里？

黄明： GDP增速放缓是新常态的一个重要标志。在中国老的增长模式下，不断用投资拉动增长，靠大量消耗资源和廉价劳动力在国际上竞争。这些都一去不复返了。还有很多其他的新常态，包括现在反腐力度加大，企业家赚快钱、赚灰色地带的钱不像过去那么容易了，企业也要适应新常态，要往研发品牌方向发展。

吴敬琏： 据我观察，对于什么是新常态，基本上是两种意见：一种意见是，所谓"新常态"就是从高速增长变成了中高速增长，我们现在已经在新常态里面了；另外一种意见认为，高投资高增长的旧常态已经不可能持续了，但是新常态的建立还存在不确定因素。

我认同后一种观点。在我看来，建立我们所期待的新常态的一个基本条件，是效率要有所提高。所以我对新常态给出的定义是：经济处在效率有所提高、速度有所降低的态势下。这样经济才能稳定下来，发展才能持续。

黄明： 中国要从中等收入跨入高等收入，就得靠知识经济，靠一大批企业在研发、创新、品牌上下功夫。只有逐步提升教育，国民拥有更大的知识优势，才可以保障经济转型到位。

主持人：5年前中欧国际工商学院15周年院庆时，《对话》栏目请几位经济学家来画GDP增长曲线。吴老师当时画了一条先走高、后走低的曲线。事实证明，您对中国经济走势的预言是正确的，真是神勇，既神，又勇敢。

吴敬琏：其实我的图还是不太准确。当时我没有预见到2009年的刺激强度和随后的短期效应那么大。所以我画出的曲线是增长率稍有回升后逐步下降。大家都知道，2008年底中国政府决定用4万亿投资、10万亿贷款来拉动经济增长，结果短期效果比我预计得要好。中国经济保持了3个季度10%以上的增长率，10个季度8%以上的增长率。不过在那以后我的预测就对了。增长率一路下坡，直到现在。我记得那天许小年教授和迈克尔·斯宾塞教授（Andrew Michael Spence）也参加了《对话》栏目。我们三个人都不赞成强刺激，画出的曲线也是相同的。

主持人：像现在这样的经济走势，我们给它来点刺激，让它继续往上走可以吗？

吴敬琏：从最近三年的情况看，投资报酬递减的经济规律非常明显。最近三年其实每年都搞了刺激，可是时效越来越短。今年第二季度刺激政策的力度并不小，但是一个季度都没有保持住。

现在不能再这样干了，因为我们资产负债表当中的杠杆率已经太高了，这么下去很危险，存在发生系统性风险的可能性。如果杠杆率不断提高，出现了像日本1990年那样的崩盘，中国的情况要比日本惨。日本经济到现在还没有恢复起来。

黄明：中国以前担心就业问题，现在劳动力人口开始减少，就业不是问题。但是银行系统经过这么多年的膨胀，资产负债表问题会爆发，这是我所担忧的。

经济增长像骑自行车一样，需要保持一定的速度。假如中国经济增长减速太快的话，会引起很多问题，对改革不利。我还是赞同政府适当刺激。虽然现在边际效应递减，但是政府还可以做高铁、核能等投资，保持经济增长，购买5年到10年的时间。这5年到10年时间里，改革必须到位。如果改革成功，中国经济还有好几十年的机会；如果不成功，确实有资产负债表危机。

主持人：比如说新疆最近通了高铁，就是维持经济增长的办法。吴教授您对此有何评论？

吴敬琏：微刺激有的时候是需要的，关键在于能不能提高效率，包括采取刺激政策时也要注意效率。比如说，在西部地区修建高铁，我就有点怀疑。铁路的短板不在客运，而是货运。如果有足够的资源，首先应该想办法把货运的那些卡脖子地段打通。至于东部地区，客运高铁本身即使不能营利，由于外部效应非常高，对于整个经济发展有推动作用，也值得修建。

黄明：我同意吴老刚刚说的，政府微刺激的时候也要注重效率。从长远来说，不能靠政府微刺激提高经济效益，我希望政府提供好的政治、经济、社会环境，使民间资本和民间企业可以走上提升经济增长质量的道路。

什么叫改革成功呢？成功就意味着广大的民企和国企都愿意像顶尖的国际企业一样，追求一个长期垄断或是半垄断的产品或服务品牌。国企领导人往往缺乏长期投入的激励机制。必须让民营企业家有安全感，不需要寻租、不需要和政府走太近，就可以很好地生存，才敢做十年二十年的投入。改革达到这样的状态，我们就有信心了。

主持人：关于新常态，我们也请在现场的钱颖一教授和张维炯教授谈一谈他们的观点。

嘉宾钱颖一： 第一，新常态意味着增速降低。其实，经济学最基本的规律是经济增长速度与人均收入水平呈反比，所以经济增速放慢本身也是中国经济发展成绩的反映。第二，新常态是结构变化和效率变化。第三，新常态是政府和企业之间的关系发生变化。过去30多年里，中国政府和企业关系比较紧密，既有政府支持经济发展的一面，也带来腐败等问题。

在新常态下，我希望，政府和企业在法治基础上建立新型关系：政府与市场保持一定距离，政府只提供规则制定、市场监管等公共服务，企业才是市场经济的主体，这样才会发挥最大的创造性。

嘉宾张维炯： 经济体系是社会体系的一部分。我们不能只看经济，还要看资源环境、法治环境、社会稳定、文化提升等。如果只看经济，社会会不平衡的。所以我认为，新常态就是一种合理平衡，既能平衡政府和企业的关系，又能平衡经济、文化、法治等关系。

吴敬琏： 有人认为，我们现在已经在新常态里面了。可是这种低效率、高增长是稳定不了的，也不是我们希望要的。我们希望实现的是一种效率比较高的中高速增长。西方国家如果有4%的增长率就很好了，原因就在于它们的增长模式主要是依靠技术进步和效率提高实现增长。中国怎么才能提高效率和技术进步呢？要有一个好的体制，包括好的经济体制、社会体制、政治体制。只有通过全面深化改革，才能建立好体制。

是按照原来的增长模式走，还是改变？

主持人： 现在大家对机制设计的关注热度很高。对改革而言，它透露出了什么样的信号？

吴敬琏：去年十八届三中全会对改革做了总体设计，要求建立统一开放、竞争有序的现代市场体系。在执行的过程中可能有两方面的问题：一方面，原来的设计是否适合；另一方面，把决定落到实处需要克服各种各样的障碍。所以大家都非常关心改革的制度设计问题。

主持人：马斯金教授因为在创建和发展"机制设计理论"方面所做的贡献，获得了2007年诺贝尔经济学奖。什么是机制设计理论呢？我们可以"分蛋糕"的机制为例。谁制定分蛋糕的政策，一定要让他最后拿蛋糕，这样就能保证蛋糕分配的公平。事实上在中国改革的很多领域都有"分蛋糕"问题，很多问题的背后都是因为没有确立好的分配机制。马斯金教授，您觉得机制设计理论对中国改革要解决的一系列问题可以起到什么样的作用？

马斯金：如果泛泛而谈的话，现在中国所面临的问题就是经济转型，从由政府决定企业应该做什么，转向由企业自行决定。这和切蛋糕有点类似，不是政府去切蛋糕，而是让企业们自己去切蛋糕，通过竞争的方式来解决问题。也就是要以有序的方式下放决策权，让公司有动力达到国家所要求的标准。

还有一个重要问题。在没有全球化之前，一个后进国家发挥比较优势，能够提升最底层劳动者的福利。但是在国际贸易普遍深入的情况下，可能就起不了这样的作用，底层劳动者的福利甚至会降低，贫富差距之间有可能会变大。怎么来解决这个问题呢？办法之一就是加大人力资本投入，提升全民特别是最底层劳动者的知识和技能。

政府可以在教育方面直接进行大量投资，还有一种备选的方法，就是让民营公司也参加进来。政府应该提供更多的动力和刺激，包括提供补贴，让民营公司愿意为自己的工人提供培训，让他们参与全球化的竞争。

吴敬琏：前几天，马斯金教授在庆祝中欧国际工商学院建院20周年的学术报告会上通过理论模型阐释了一个重要问题，就是全球化有可能导致贫富差距扩大。我想做两点补充：第一，全球化造成的负面影响不是立即就能够显现出来的。对中国来说，开始对外开放以后相当长的一段时期里，全球化表现出来的是它的正面效应。外国直接投资在中国生产，产品出口到国际市场，大量农民工的收入水平有相当大的提高。这使人对它可能产生的负面效应失去警惕。到了20世纪末期，全球化的负面效应已经变得十分明显了：农民工没有获得与第一出口大国相应的福利。这不仅是经济问题，而且是严重的社会问题。这样，是按照原来的增长模式走还是改变，在2005年发生过一场大争论。有一些学者主张，要转变经济增长的模式，从依靠投资转变到依靠技术进步和效率提高。反对意见认为，中国的优势就在于低价格、低技术的劳动力，中国应该坚持这种比较优势，让农民工继续为出口打工。甚至有政府官员说，中国人应该继续给外国人打工20年、30年。

第二，不能将中国发展成就简单地归因为发挥了静态的比较优势。一个国家的比较优势不是静态的，而是动态发展的。在北京大学举行过一场讨论，我和马斯金教授的学生白重恩教授等主张转变中国经济增长模式和以"发挥比较优势"为理由、主张保持原有经济增长模式的经济学家发生了一场争论[1]。当时，白教授就指出，不能

---

1 参见马娟等整理：《中国需要怎样的工业化道路——2005年1月25日北京大学中国经济研究中心"新世纪中国经济发展战略"主题圆桌讨论会纪要》，载王海明编著：《北京共识》，北京：中国社会科学出版社，2005年，第371—372页。

用静态的比较优势,而应当用动态比较优势的观点来分析问题。守纪律、爱学习的劳动者是中国比较优势的潜力所在,只要帮助他们把提高知识和技术水平的潜力发掘出来,中国就会有新的比较优势。最近中国社会科学院的蔡昉教授也讲,要发掘新的比较优势,提高劳动者的素质。

要做到这一点,就一定要改革教育体制。钱学森在去世之前提了一个问题,为什么中国教育出不了大师?我们现在还深深为这个情况所困扰。一个先进的教育体制应该能够维护学术独立、思想自由、学校自治。在我看来,目前中国教育体制最大的问题,就是行政化和官本位。前一段时候,中国政府制定中长期教育规划,提出大学要去行政化,马上受到一些大学负责人的反对。去年中共十八届三中全会《决定》又提出去行政化,不知道这回是不是能够贯彻。

主持人:黄明教授同时体会过美国和中国的教育体制,中美教育有什么不同?

黄明:两国的教育差别非常大。美国学校不断培养学生的挑战力,美国教授不断鼓励学生标新立异。美国能够不断创新,显然受益于这样的教育体制。中国教育体制应该思考如何培养出一批标新立异的、有研发创新能力的人才,甚至是带着批评精神改变世界的人才。这样一批人才对国家长远发展是非常有意义的。

马斯金:那些非常成功的美国创业者,比如比尔·盖茨、乔布斯,他们年轻的时候都是挑战权威的。他们都不害怕打破规则,不会简单接受书本当中写什么、老师说什么。好的创业者来自一个鼓励创新的教育体系。这个教育体系鼓励学生自己去探寻真相,而不是简单被动地接受现成的观点。

要把权力关进制度的笼子

主持人：中国处于转型时期，还有很多社会热点需要在机制设计上变革创新。现在有官员腐败、国企限薪、房贷证券化等新闻热门，请几位嘉宾选择一个领域来阐述。

吴敬琏：我来说官员腐败问题吧。现在反腐败"老虎苍蝇一起打"，这是必要的。同时我认为，制度建设更加重要。正像中纪委王岐山书记所说的，治标治本要结合起来。先建立一个对于腐败的强势威慑机制，赢得时间，然后抓紧时间治本。

在我看来，"老虎苍蝇一起打"已经让官员们不敢贪腐，治标的目的已经达到，现在需要把主要的力量放在治本上。腐败的根源在于权力太大，官员们手里掌握的资源太多。仅仅用严刑峻法来打击贪腐分子是不可靠的，只有铲除寻租活动的制度基础，才能达到治本之效。也就是说，要把权力关进制度的笼子，什么制度？就是民主法治的制度。

主持人：马斯金、黄明两位教授有什么补充的吗？

马斯金：我想引用新加坡的例子。新加坡解决贪腐的办法，并不是限制公务员的工资，而是给公务员足够高的工资，让贪污腐败没有太大的吸引力。另一方面，公务员违法的后果也非常严重。也就是说，有高工资，也有高效严厉的监管机制。

黄明：也许有人会担心，中国是不是养得起这么多官员？我很同意吴老的观点，一旦降低审批权，减少官员干预市场、社会的各种权力，中国就不需要这么多官员了。官员人数缩小了，就养得起了。

吴敬琏：他们两位说的我都很同意。我想强调的是，最重要的是铲除寻租活动的制度基础，在此基础上以薪养廉，同时要加强监管。

由于可能发生腐败的范围比较小，也就容易监管。现在政府对微观经济活动的干预太多太强，政府官员手里掌握的资源太多太大。为什么国家能源局出了那么多贪官呢？主要的问题是官员掌握着审批电站的大权，一个电站就有几十亿的收入，所以有一位副司长家里能抄出两亿人民币的现金！如果寻租基础非常大，就会变成"法不责众"。

主持人：但是从现在到那一步还需要时日，我们现在可以做的是什么？

吴敬琏：比如说，上海自贸区的负面清单就是一个非常好的制度设计。当然执行需要有一个过程。执行负面清单制度会触及原来掌握审批权的官员们的权力和利益，所以谈判起来非常困难。去年上海自贸区的负面清单非常长，今年有所缩短，今后还会继续缩短。

本届政府转变政府职能的一个重要内容，就是审批制度改革。已经取消了很多项目，也下放了一些。对于下放我有点担心。因为中央政府审批会导致腐败，地方政府就不会吗？许多审批项目本来应该取消，而不是下放。我们的《行政许可法》有明确规定，不是任何一个机构都有权设立审批即行政许可的。21世纪初审批制度改革执行过两年，也取消了几百个审批项目，可是到2004年以后又全面恢复，比以前还多。

主持人：我们之前采访过一个广州的企业家，做房地产的，从拿到土地到建完房子，要跑无数部门，盖一系列公章，他画了一张所谓的"万里长征图"。后来他一气之下，就给广东发改委送了一个牌匾，叫"不发展和阻碍改革委员会"。

黄明：不合理的审批，给企业尤其是想做大事做长期事业的民营企业制造了太多的障碍。除了高薪和监管之外，确实应该限制政府官员的权力，应该取消审批的就取消，这样才可能有效解决腐败问题。

马斯金：像吴敬琏教授所说，只要政府在经济活动中干涉权力越来越少，腐败问题就会随之减少，所以一定要减少政府对经济的干涉。

国企限薪

主持人：黄明教授选择什么话题？

黄明：我选国企限薪。要把国企打造成为高营利能力的国际企业，必须激励高管把自己的利益和股东利益，尤其是股东的长期利益，紧密地绑在一起，因此不能限薪。让所有国企负责人最多只能拿60万年薪，这样的国企是不可能在残酷的国际商业竞争当中做好的。我希望，通过新一轮国企改革，那些副部级、局级层面的官员可以从集团层面指导央企，但是真正在市场上打仗的分公司，应该交给社会化、专业化的职业经理人，应该设立股权激励，这样才可能把国企做好。

吴敬琏：实际上，世纪之交的国企改革就是这么做的。比如说中移动、中石油、中石化和中国联通上市的时候，都设立了职业经理人的期权，但是很快就受到了其他党政官员和民众反对。民众不理解，同级别官员也不理解：都是同级别官员，凭什么在国企的就比在党政部门的多拿那么多钱？！后来就停止执行了。有一些香港上市公司，名义上有期权，但是在行权的时候，差价要收归国家所有。

我觉得，十八届三中全会的《决定》找到了痛点，要从"管人管事管资产"变成"管资本"。政府的代表机构作为股东出现，它在公司里面的权利受《公司法》制约，只能通过董事会，而不能直接任命经理，不能直接决定经理人员的薪酬。不过，这项改革会触及相当多的权力和利益，不会轻易实现。最近我看到一位官员朋友写文章说，实行三中全会所要求的国企改革之后，还得坚持"管人管事管资产"。

主持人： 您没给他打个电话？

吴敬琏： 我没有找到他电话，我碰到他，我会跟他讨论讨论。

主持人： 您有把握可以说服他改变主意吗？

吴敬琏： 因为涉及人的权力和利益，恐怕不那么容易。我相信他不是因为自己，而是代表一个群体，一个很有力量的群体。

马斯金： 从机制设计的角度来讲，薪酬的高低并不是最重要的，最重要的是薪酬的形式。当公司业绩好的时候，管理人员就得到高薪酬。如果公司业绩不好，薪酬就应该低。不能不管他们的业绩如何，而付给他们固定的薪酬。一种可行的方法是，让管理者拥有公司的股票，或者是期权，确保他们的薪酬跟企业业绩挂钩。

房贷证券化

主持人： 请马斯金教授选一个话题。

马斯金： 我选房贷证券化。

原则上讲，房贷证券化是一个非常好的制度，因为它可以使更多资本进入房地产市场，风险由不同的投资者来分担。金融市场也好，实体经济也好，风险分担都是好事。

2008年金融危机警示人们，如果要搞房贷证券化，必须要有足够的金融监管。假如我是一家银行，把房贷证券化了，就相当于让很多投资者来分担我的风险。如果借房贷的人还钱了，皆大欢喜。如果贷款没有收回，不仅银行有麻烦，所有分担风险的人都会遇到麻烦。这就是系统风险。因此，房贷证券化必须有限度，银行杠杆必须有限度，同时必须有监管。如果有足够的监管、房贷质量良好，证券化应该是一个非常有效的经济刺激办法。

主持人：很多人担忧，中国的房贷证券化是不是会重蹈美国次贷危机的覆辙？金融危机的根源就是次贷危机。

马斯金：在美国，房屋次贷市场规模是万亿美元，而整个市场的规模是百万亿，所以说哪怕整个房贷市场崩掉，也不应该影响到其他市场。如果对杠杆有足够的监管，问题本来在萌芽状态就可以被遏制。中国如果做房贷证券化的话，一定要从美国的错误当中吸取教训。

黄明：美国的房贷证券化过程做过了头，中国还没开始做，不要因为美国出问题就影响中国房贷证券化。

这一轮改革的阻力，不是就业，而是银行坏账问题。从长远来说，中国的社会融资不要过度依赖银行，应该把银行的房地产风险分散到社会，这对保障银行不崩盘非常有意义，也为改革提供了空间。如果中国进行房贷证券化，应该要求银行留 5% 的蛋糕自己吃，剩下 95%的蛋糕给社会。如果蛋糕有毒，银行自己也要吃，这样它们才能去选择好的项目。

吴敬琏：在中国，房贷证券化重蹈美国覆辙的可能性更大。所有金融产品都有一个问题，就是信息不对称。要解决信息不对称问题，监管当局有很大责任。如果民粹主义变成了广大民众的想法，也变成了政治家和监管当局的想法，就会放松监管，让那些绝对还不起钱、买不起房子的人也买房子，然后衍生工具不断出现。到最后，根本不知道最先拿到按揭的人能不能还得起钱。像美国那样，有政府设立的"两房"[1]托底，你就大量贷吧。最后就出了大问题。

只注意民众的短期利益，而不重视长期利益，这种民粹观点在中

---

1 指由美国国会设立的两家政府赞助的住房贷款抵押融资公司：联邦国民抵押贷款协会（俗称 Fannie Mae，即房利美），和联邦住房贷款抵押公司（俗称 Freddie Mac，即房地美）。

国比美国还要厉害。现在在地方政府债务中占很大比例的是城市建设融资,有的地方一个大楼盘的居民容量比整个地区的人口数量还多,于是成为"死城"。如果再要托房市、要刺激,问题就会变得更加严重。所以我对房贷证券化有些担心。应该像马斯金教授刚才讲的,房贷证券化在制度设计上考虑防范各种风险。

中国经济体制和发展模式的转型[*]

——中日经济学家之间的交流

（2015 年 3 月）

当前中国正在进行的"全面深化改革"，是对 30 多年改革中形成的经济体制和发展模式的进一步改革。作为当前改革对象的原有经济体制和发展模式，与日本战后建立的经济体制和发展模式有许多相似之处。因此，两国的改革在一些方面可以相互借鉴。

中国早期对改革目标模式的探索

中国在"文化大革命"结束后开始了改革开放。在改革开放初期，为了扭转"文化大革命"十年动乱造成的体制危机和经济衰败，制定了对应的救亡图存办法。开始时并没有明确的目标，采取的办法是陈

---

[*] 本文根据作者 2015 年 3 月 25 日在由中国金融 40 人论坛（CF40）与野村综合研究所金融市场研究委员会（NRI）联合举办的"中日经济学家学术交流会"上的讲演以及随后中日经济学家进行的讨论整理而成。

云提出的"摸着石头过河"[1]，即走一步看一步，试验成功后再加以推广。但与此同时，有人在思考，除了进行一些变通性的政策调整之外，在经济体制和发展方式上都要选定自己的目标模式。

因此，从 20 世纪 70 年代末期开始到 80 年代上半期，在中国展开了有关的讨论。对于改革目标模式选择，存在三种选项：第一种是苏联东欧社会主义国家的改革模式。从本质上说，也就是所谓"市场社会主义"模式。它的特点是在保持国有制的统治地位和计划经济基本特征的前提下，加大市场对国有企业的引导和激励，来提高企业的主动性和积极性。第二种是东亚模式，它的基本特征是政府对市场运作起主导作用。第三种是受过西方经济学教育的学者主张的欧美自由市场经济模式。

从 20 世纪 70 年代末期到 80 年代初期，比较时兴的是苏东改革模式，许多官员和经济学家都热衷于介绍苏联的柯西金改革、匈牙利的改革和南斯拉夫的改革经验。但这种模式很快就失去了吸引力。一方面是因为它们的改革没有取得成功，到 20 世纪 80 年代中期，即使做得最好的匈牙利也陷入了危机。另一方面，在理论上提倡市场社会主义模式的学者也纷纷否定了自己的看法。所以，中国只在 20 世纪 70 年代末期进行了一段试验。这就是从四川开始进行、后来推广到全国的国有企业扩大企业自主权的改革。其基本特征和苏联东欧 20 世纪六七十年代的改革相类似。但这个改革也没有取得成功，相反引起了财政和通货膨胀问题，到 1981 年以后就被多数人所否定了。

一些东亚国家政府主导的市场经济模式在 80 年代中国的改革目

1　陈云：《经济形势与经验教训》（1980 年 12 月 16 日），《陈云文选》第二卷，北京：人民出版社，1995 年，第 152 页。

标模式选择中胜出,为多数人所接受,经济发展也沿着"威权发展主义"(authoritarian developmentalism)的路径进行。

至于第三种模式,把自由市场经济看作改革最终目标的学者也承认,在市场体系还没有初步建立的情况下,完全通过市场来配置资源和进行激励是不可能的。所以人们的共识是,至少在改革初期,政府要承担更多的协调职能。

在1978年开启中国改革的第一个中央会议——即中共十一届三中全会前后,中国派出了许多考察团到各国去"取经"。影响最大的是邓小平1978年对新加坡、马来西亚和泰国的考察。在这三个国家中,他最欣赏的是新加坡,不但欣赏新加坡的对外开放和特区政策,更欣赏新加坡在强有力的政府管制下的严整社会秩序。在干部和群众中具有更广影响的是以理论家、政治家邓力群和重要经济官员马洪等为首的国家经济委员会代表团同年11月对日本的访问和考察。邓力群、马洪等写成的考察报告《访日归来的思索》[1]对日本的经济社会体制赞誉有加,在领导干部和国有企业的管理人员中产生了巨大影响。邓力群在书中得出结论,要学习日本在政府的管控之下发展商品经济。建立这样的商品经济的想法,最早是由邓力群等的日本考察而在中国的中上层干部里普及开来的。

"半统制、半市场"的经济体制

这里需要注意的是,中国和日本的经济发展模式建立的历史背景存在重大区别。日本的战后体制,是在明治维新"脱亚入欧"和战后

---

[1] 邓力群、马洪、孙尚清、吴家骏:《访日归来的思索》,北京:中国社会科学出版社,1979年。

民主改革的基础上演变而来的。中国的经济体制则是从苏联式的集中计划经济体制（State Syndicate 或 Party-State Inc.）演变而来的。因此，在中国的"政府主导的市场经济"和"威权发展主义模式"中，政府的主导作用更加无所不包和更加强劲有力。

即使到今天，许多人还是力主遵循列宁 1921 年关于共产党必须控制"制高点"（Commanding Heights）的教导。1921 年苏联转入新经济政策，恢复市场经济，党内有人怀疑市场经济体制不符合社会主义的基本要求，并且会损害布尔什维克党的领导力。1922 年，列宁在共产国际大会上对政策的怀疑者和反对者做出了回答：社会主义国家的国家资本主义是一种特殊的国家资本主义，其特殊性在于，党和政府控制着"制高点"，一切经济活动都在政府所规定的范围内进行，而且随时可以改变。在中国出版的列宁著作里，"制高点"一词被翻译成"命脉"，所以我们的文献里常见的提法是，国家和国有企业必须控制国民经济命脉。

1984 年的体制设计虽然确定改革的目标是"商品经济"[1]，但同时又强调政府的计划控制，中共十二届三中全会提出改革的目标是"公有制基础上的有计划的商品经济"[2]。

1987 年中共十三大接受了国家计委的几位领导干部在 1986 年提出的意见，把社会主义有计划商品经济的运行机制规定为"国家调节

---

[1] "商品经济"是俄语中对市场经济的另一种叫法。在改革初期讨论中国经济改革的目标模式时，为了回避意识形态的风险，中国经济学家通常把市场经济称为"商品经济"。

[2] 见中共十二届三中全会《关于经济体制改革的决定》（1984 年 10 月 20 日通过）。

市场，市场引导企业"[1]。这就是说，虽然国有企业不再受指令性计划管束，而是由市场引导，但市场是由国家和政府掌控的。这就为政府多方干预埋下了伏笔。到了21世纪，许多文件里出现了党和政府要"提高驾驭市场经济的能力"的提法。这表明，虽然1992年已经确定了社会主义市场经济的改革目标，但在一些人的心目中，社会主义市场经济里的市场，只是国家所驾驭的工具。

1992年的中共十四大确立了市场经济的目标。江泽民总书记在1992年6月9日中央党校的讲话中说，对于改革所要建立的经济体，有多种提法，包括"计划与市场相结合的社会主义商品经济体制"、"社会主义有计划的市场经济体制"、"社会主义的市场经济体制"等等。他说自己倾向于"社会主义市场经济体制"的提法[2]。后来，中共十四大确认了这个提法。1993年11月的中共十四届三中全会根据十四大的《决定》制定了建设社会主义市场经济的行动纲领，即有名的《关于建立社会主义市场经济体制若干问题的决定》。它要求通过整体推进改革，在20世纪末形成"统一、开放、竞争、有序的大市场"。十四届三中全会《决定》对市场经济的理解，与现代经济学的理解非常接近，这可能反映了经济学家的作用。不过，强调政府主导作用的思想仍然有不可忽视的影响。

---

1 这次代表大会批准的中央委员会报告《沿着有中国特色的社会主义道路前进》指出：社会主义有计划商品经济的"运行机制，总体上来说应当是'国家调节市场，市场引导企业'的机制。国家运用经济手段、法律手段和必要的行政手段，调节市场供求关系，创造适宜的经济和社会环境，以此引导企业正确地进行经营决策。"

2 江泽民（1992）：《深刻领会和全面落实邓小平同志的重要谈话精神，把经济建设和改革开放搞得更快更好》，载《江泽民文选》第一卷，北京：人民出版社，2006年，第202页。

由于这种影响的存在，十四届三中全会提出的在20世纪末形成"统一、开放、竞争、有序的大市场"的要求实际上并没有实现。中国在20世纪末建立起来的体制是一种"半统制、半市场"体制，它的"半统制"性质主要表现为：国家部门，包括各级党政机关和国有企业，仍然在资源配置中起决定性的作用。

21世纪初期"中国向何处去"的大辩论

旧体制因素的强化造成了一系列社会矛盾的激化，其中最为突出的两个问题：一个是腐败活动日益猖獗，直至侵入党政军组织的机体；一个是粗放发展导致社会经济问题愈演愈烈。

中国在1995年制定第九个五年计划（1996—2000年）时提出要实现经济增长方式从粗放型到集约型的转变[1]。"九五"时期正好是十四届三中全会以后推进全面改革的时期，各方面的体制都有所进步，经济增长模式转型也取得了一定的成绩。但是"十五"（2001—2005年）期间，情况发生了逆转，城市化加速使政府手里掌握了大量土地资源和资本资源，于是各级政府对经济发展的主导作用变得越来越强，经济的发展方式也变得越来越粗放。因此，中国政府在制定"十一五"（2006—2010年）规划时，重新提出要把转变经济增长方式作为第十一个五年计划的主线，但是由于改革迟滞，经济增长方式的转型十分缓慢。到"十一五"的最后一年，中共中央提出"转变经济发展方式已刻不容缓"。不过，"十二五"（2011—2015年）

---

[1] 苏联在20世纪60年代后期提出要从靠资源投入驱动的粗放增长方式（extensive growth）向效率驱动的集约增长方式（intensive growth）转型。粗放增长的症结在于效率太低，需要提高全要素生产率（TFP）对经济增长的贡献。

前几年，经济发展方式转型仍然没有取得明显成效。资源短缺、环境破坏、宏观经济上的货币超发、债务积累、杠杆率升高以及社会矛盾都日趋严重。

于是，再次爆发了"中国向何处去"的大争论：是依靠重启市场化的经济改革和法治化、民主化的政治改革来从根本上解决我们所面临的问题？还是强化政府作用，推行以强势政府为主要特征的所谓"中国模式"？

在相当长时间里，后一种意见占有优势，直到十八大前夕到达最高峰。但是，强化政府的管控和国有经济的主导地位不仅没有解决刚才提到的两个问题，反而使问题越来越严重，矛盾越来越尖锐[1]。

在这种情况下，中共十八大和十八届三中全会对问题做出了正确的回答。会议提出，"必须以更大的政治勇气和智慧，不失时机深化重要领域改革"。在政治改革方面要"加快推进社会主义民主政治制度化"，"实现国家各项工作的法治化"。在经济体制改革方面，"核心问题是处理好政府和市场的关系，使市场在资源配置中起决定性作用和更好发挥政府作用"。为了达到这个目的，就必须"大幅度减少政府对资源的直接配置，推动资源配置依据市场规则、市场价格、市场竞争实现效益最大化和效率最优化"。"建设统一开放、竞争有序的市场体系，是使市场在资源配置中起决定性作用的基础"，必须按照上述要求加快形成"企业自主经营、公平竞争，消费者自由选择、自主消费，商品要素自由流动、平等交换的现代市场体系"。十八届三中全会《决定》部署的336项改革，就是围绕这些要求提出的。

---

[1] 参见吴敬琏、马国川：《重启改革议程》，北京：生活·读书·新知三联书店，2012年。

确立新常态的核心问题是提高增长质量

中国现在面临的问题则是，在确立新常态的过程中如何贯彻十八大《决定》。这里所说的"新常态"并不是美国太平洋投资管理公司（PIMCO）的埃利安（M.A. El-Erian）所说的长期萧条的"新常态"。从中国领导人的多次讲话看，新常态有两个基本特征：一个是由高速增长转向中高速或中速增长；另一个是由规模速度型粗放发展方式转向质量效益型的集约发展方式。

以上两个基本特征都用了"转向"的说法，但是"转"的进度有明显的差别：前一个 GDP 增速下降已经是既成事实，而后一个即发展模式转变，或结构改善、效率提高，还需要经过艰苦努力才能实现。尤其需要注意的是，经济发展方式由粗放发展到集约发展的转变是制定"九五"计划时提出来的，到今年已经整整 20 年，还没有实现。可见这不是一件轻而易举的事情。

在总结 2001—2005 年的"十五"计划时，我们曾经进行过一场大讨论。多数人把经济发展方式没有实现转型的原因归结为"存在体制性障碍"。最大的体制性障碍则是政府处于主导地位，在资源配置中起决定性的作用。

我对有些媒体把"稳增长"放在当前经济工作的首位是持怀疑态度的。我认为，不应当过分看重 GDP 的增长速度，而应该把依靠改革提高经济增长质量、改善结构、提高效率，即转变经济发展方式放在首位。当然，也要"保底线"，但保的不是某一特定的增长率，而是有一定质量的增长。现在有一种在业界和学界都很有影响的看法是，保增长底线还是要靠扩张性货币政策或增加投资来解决。我认为这种办法是不可行的。

我们当前面临的问题是趋势性的，而不是周期性的；是长期问题，而不是短期问题。对待这样的问题，凯恩斯主义式的扩张性货币政策恐怕有害无益。野村综合研究所的辜朝明博士在他的《大衰退》[1]和其他著作中指出，这些年各国发生的金融危机实质上是资产负债表衰退。当杠杆率过高，泡沫不能支撑而破灭之际，所有人都不愿意借债，也不愿意投资，于是货币流通速度大大降低，出现流动性陷阱。用扩张性货币政策来刺激，很难收到提振经济的效果。我觉得他的说法是有道理的。反观中国，其实最近一年来流动性是相当宽松的。当人们缺乏信心和没有投资意愿时，发行再多的货币都会跑到股市去，而不会投资于实体经济。

去年末的中央经济工作会议提出，要加强财政政策的力度。我赞同这个意见。但是，加强财政政策的力度要落脚到强化信心和提高投资积极性，而不是单纯增加财政支出，用扩大投资去拉动经济增长。

国有企业改革势在必行

前面讲到的体制性障碍，一项重要内容是国有经济的体制性弊病。1997年召开的中共十五大以及1999年召开的十五届四中全会，都对国有经济改革提出了要求，强调除了要对国有企业进行公司化改制，还要对国有经济进行布局调整。有关国有经济的决定保持了"以国有为主导"的原有提法，但对这一提法做了新的解释，说明"主导"并不是所有的行业、所有的领域都要控制。十五大的说法是："对关系

---

[1] 参见［美］辜朝明著、喻海翔译：《大衰退：如何在金融危机中幸存和发展》，北京：东方出版社，2008年。

国民经济命脉的重要行业和关键领域，国有经济必须占支配地位。在其他领域，可以通过资产重组和结构调整，以加强重点，提高国有资产的整体质量。"[1]1999年的中共十五届四中全会则把"关系国民经济命脉的重要行业和关键领域"进一步规定为三个行业一个领域，即涉及国家安全的行业，自然垄断的行业，提供重要公共产品和服务的行业，还有支柱产业和高新技术产业中的重要骨干企业。《决定》要求按照上述原则对国有经济进行有进有退的布局调整。[2]但是，2006年国资委发布了《关于推进国有资本调整和国有企业重组的指导意见》，随后国资委负责人宣布，要加强国有企业的控制，在七个行业进行绝对控制，在九个行业保持较强的控制。这大大加强了国有经济对国民经济的控制。刚才我已经谈到，虽然国有企业已经上市，但还是按照国资监管条例的规定，"人"、"事"和资产都是国资委管理，高级管理人员也由国资委或组织部门直接任命。

因此，国有企业能否按照十八届三中全会的《决定》进行改革，对于解决中国经济发展所面临的问题是至关重要的。

其他改革也很重要。例如法治，这在中国一直是一个问题。关于建设法治国家和依法治国，我认为重要的是不要把"法治"（Rule of Law）变成"法制"（Rule by Law），把"依法治国"变成"以法治国"。当然，要真正做到法治和依法治国很不容易，牵涉到很多复杂的问题，需要以很大的政治勇气和智慧来加以落实。

---

[1] 见江泽民：《高举邓小平理论伟大旗帜，把建设有中国特色社会主义事业全面推向二十一世纪——在中国共产党第十五次全国代表大会上的报告》（1997年9月12日）。

[2] 见《中共中央关于国有企业改革和发展若干重大问题的决定》（1999年9月22日中共十五届四中全会通过）。

讨 论

国企改革：《公司法》VS《企业国有资产监督管理暂行条例》

主持人：国企改革是中国深化改革的重要组成部分，青木昌彦[1]教授也提出要改善中国的公司治理水平。各位如何看待中国国企改革中存在的问题？

福本智之（日本银行北京事务所所长）：中共十八届三中全会提出两个重要观点：一是发展混合所有制经济，二是尝试国有资本投资公司。中国马上要公布国企改革的顶层设计方案，其中最顶层是设立国有资本投资公司，旗下子公司进行混合所有制改革。如果这样做，就很像过去的做法：让一些子公司上市，但是母公司没有改制。这很难彻底解决国企的问题。我想请教，这样的国企改革是否会成功？

另外，有一些人认为，如果允许国有企业倒闭的话，资金流向在国企与民企之间就会更加平等。我想请问青木教授，您是如何看待这种观点的？

青木昌彦：关于是否允许国有企业倒闭的问题，其实我不太熟悉

---

[1] 青木昌彦（1938—2015），出生于日本名古屋，日本东京大学经济系毕业。斯坦福大学经济学教授，日本一桥大学大学院客座教授，2008—2011年任国际经济学会（IEA）会长。1998年获得国际熊彼特学会熊彼特奖，瑞典皇家工程科学院外籍院士。青木昌彦是"比较制度分析"学派的代表，主要著作有《企业合作博弈理论》、《日本的经济制度分析——信息激励谈判》、《经济制度的发展与多元性》、《比较制度分析》等。

这方面的情况。但是，公司治理的强化是非常重要的，为此，国有企业也必须朝着提高透明度的方向去改革。混合所有制也是如此，如果只是进行抽象的讨论，将无法达到预期的效果，必须进行实质性的改革。实际上，关于中国企业的经营情况，很多事情从外部是看不明白的。在中国，很多国有企业都变成了公司制企业，在证券交易所上市了。但是，因为完全国有的控股集团公司并不公布财务报表，所以集团内部发生了什么，经营状况如何，外部根本无从了解。因此，要实现向混合所有制的转换，必须以法治社会的推进作为推动改革的杠杆，不然中国经济将不能实现真正意义上的现代化，不能实现向新常态的平稳过渡。混合所有制不只是增加部分富裕个人的持股，还要通过让养老基金持有国有企业的股份，发挥透明的公司治理的功效。也就是说，要同时引入养老基金的运营竞争和混合所有制企业的公司治理这两种机制。具有公共性的投资者持股企业，且投资者之间也存在竞争。从这个意义上来看，可以说是一种与盎格鲁－撒克逊模式不同的"中国"模式。如果这种模式得到推广，也许中国经济就能避免陷入 T. 皮凯蒂（Thomas Piketty）所论述的不平等扩大的困境，使收入分配更加平等化。

20 世纪 90 年代中期，朱镕基总理在中央银行、财政、公司法等诸多方面推行了改革。其中，关于公司法，当时主要讨论的是"内部人控制"失控的问题[1]。但到了 21 世纪，由于政企相连，内部人控制的问题反而愈加严重，成了孕育当今腐败问题的土壤。我认为现在更要强调企业内部管理和公司治理的重要性。

---

1 参见［日］青木昌彦（1994）：《对内部人控制的控制：转轨经济中的公司治理结构的若干问题》，载吴敬琏等：《公司治理结构、债务重组和破产程序——重温1994年京伦会议》，北京：中央编译出版社，1999年，第14—42页。

吴敬琏： 青木教授讲到的混合所有制，是中共十八届三中全会以来在媒体上讨论得很热烈的一个问题。很多人以为发展混合所有制是一种新的做法，其实1997年中共十五大就已经提到了混合所有制经济。1999年中共十五届四中全会审议通过的《关于国有企业改革和发展若干重大问题的决定》说得更加明确：它要求"除极少数必须由国家垄断经营的企业外，要积极发展多元投资主体的公司"。而且在实际上，1999年以后主要的国企都经过重组在国内外股票市场上市，成为混合所有制的公司。我自己就在中石油（Petro China）和中国联通（China Unicom）这两家国有控股的上市公司担任过独立董事。问题在于，这些国有控股的企业虽然是混合所有制的上市公司，但是并没有按照《公司法》由公司法人三机构——股东会—董事会—执行机构进行治理，而是按照《企业国有资产监督管理暂行条例》经营管理。该《条例》规定，国有企业由国资委直接管理（"管人管事管资产"）：高级管理人员是由中共中央组织部或国资委任免和考核，公司的重大事项由国资委决定，少数股东和代表他们权益的独立董事没有多少话语权。所以，国企的根本问题在于，要能够真正按照2013年中共十八届三中全会《关于全面深化改革若干重大问题的决定》由国资委直接"管企业"转向"管资本为主"，实现国有企业改革，否则因为没有权益上的保证，私人资本不愿意进来。

联系到福本先生刚才对国企改革的提问，我认为，中共十八届三中全会《决定》中提到国企改革的方向，最重要的是从原来国资委直接"管企业"，或者说"管人管事管资产"，转向"以管资本为主"，即政府的国有资本管理机构作为所有者的代表以股东的身份进入公司的治理结构。不管是全资国有公司、国有控股公司还是国有参股公司，都要和其他公司一样，受《中华人民共和国公司法》的调节。这是最核心的问题。如果不解决这个问题,即使建立了混合所有制公司,只要还是由党政机关"管人管事管资产",企业的行为和绩效都不会起实质性的变化。

怎么实现真正的股权多元化呢?在中国的现实背景下,采取大规模私有化的办法非常容易发生权贵瓜分国有资产、侵吞公共财产的问题。所以,我认为首先要执行中共十八届三中全会的《决定》,划拨相当数量的国有资本弥补社会保障基金的缺口,由社会保障基金理事会委托资产管理公司来参与这类混合所有制公司的治理。2001年中国政府曾经制定过一个方案,准备拨付几万亿元的国有资产(股权)给社会保障基金理事会来偿还对国企老职工的社会保障欠账。后来因为种种原因,这一方案没有得到执行。不过,虽然全国社会保障基金理事会掌握的资本并不多,只有一万多亿元,但它们还是进行了一些试验,由它们自己或者招募资产管理公司来经营这笔资本。它们作为公司的股东,完全按照《公司法》参与公司治理。另外,还可以再组织一些国有资产投资公司来运营国有资本。

总而言之,继续"管人管事管资产",还是转向"管资本",是当前国有企业改革分歧的焦点。

张承惠(国务院发展研究中心金融研究所所长):在日本经济转型过程中,曾经出现过出售国有资产的情况,比如国铁[1]。现在中国也面临同样的问题——地方债务非常沉重,国有企业机制不灵活。所

---

1 1949年,日本政府根据《日本国有铁路法》成立了"日本国有铁路公社"(即国营铁路公司,简称"日本国铁"或"国铁")。1987年4月1日依照由日本国会通过的《日本国有铁道改革法》,将日本国铁拆分为六个地区性客运铁路公司(JR东日本、JR东海、JR西日本、JR北海道、JR四国、JR九州)以及一家全国货运铁路公司和另外两家不提供铁路服务的公司。

以，我想请问青木先生，日本国铁的私有化是否成功？有人认为日本国铁私有化并不成功，在接手国铁庞大的债务中，私营部门只承担了31%的债务，而剩下69%的债务是由政府和国家承担的。

青木昌彦：日本国铁被分割成九家企业，各个公司的情况不尽相同。比如，JR九州推行创新的经营理念，而JR北海道则因为工会太强势而经营状况不佳。但是整体来说，我认为日本国铁的分割和民营化是成功的。

宏观经济政策的决策机制需要改革

青木昌彦：吴敬琏先生清晰地梳理了中国经济政策理念的一步步转换，以及经济学、经济学家们在其中起到的作用。但2000年以后改革出现了停滞，其中的原因该怎么理解呢？在中共十八届三中全会上也有很多提案，伴随这些提案也有很多方针被提出来，今后这些方针是否真的会实施？

魏加宁（国务院发展研究中心宏观经济部研究员）：我发现改革开放以来有一个很有意思的规律：经济一冷，我们就下放审批权，推进市场化改革；等过两天经济过热，就开始"加强宏观调控"，被下放了的审批权又都悄悄回来了，在加强宏观调控名义下，很多计划经济的办法又开始恢复。

刚才青木教授也提到，朱镕基担任总理时中国的改革推进得很快。我们知道，当时连贷款规模控制等都取消了，商业银行甚至实行了资产负债表管理，但是不知道什么时候又都恢复了存贷比管制、贷款规模控制等。这种改革的逆转在国外也有发生，比如韩国当年在推行利率市场化改革方面走得很快，但是后来金融危机一来就又回去了。所以，我们应该让改革不断往前走，避免改革成为一种可逆的循环，经济遇冷就推行市场化改革，经济一热就采取计划经济手段进行调控。

吴敬琏：是什么阻止了中国宏观经济政策向紧缩性政策的转变？有些研究者认为，可能是在资产价格大幅度上升的同时物价保持相对平稳，拖延了向紧缩性政策的转变。对于普通公众来说，这可能是他们不觉得需要做出改变的一个原因。但是对于决策者来说，这似乎并不是他们的主要考虑。在我看来，不愿放弃原有的经济发展方式才是最主要的原因。中国原有发展方式的主要特征是靠投资驱动，这样就必然造成消费需求（"最终需求"）的不足。针对这一问题，中国效仿日本的出口导向政策，用低估本国货币的汇率、增加净出口的办法来弥补内需的不足。这种战略在20世纪90年代取得了很大的成功。到21世纪初，这个政策需要有所调整，可是无论是政府还是出口商，都要求保持人民币低估的政策。于是，中央银行频繁地对外汇市场进行干预，通过收购外汇来支撑外币，以保证人民币不升值。这样，中央银行就必然采取扩张性的货币政策，大量投入基础货币。2003年，我通过理论分析和引述日本与中国台湾的实例，和余永定教授一起呼吁改变汇率形成机制，实现经常账户下人民币可兑换，就受到很多人批评，说人民币升值损害中国的国家利益。甚至有人认为我们的观点与中央政策不符，要加以批判。因此，我觉得中国不转向紧缩性政策还有更深刻的根源。

关于宏观经济政策，在央行缺乏独立性，货币政策和财政政策由行政首脑决定的情况下，宏观经济政策可能由于短期考虑而发生比较突然的变化。比如2003年出现经济过热以后，对于经济过热的状况，央行专业人员的估计与相当一部分学者没有什么差别，可是领导下达的任务是"有保有压"。哪些行业要"保"，哪些行业要"压"，由行政部门决定，宏观经济管理就变成了对微观经济的干预。

可见，根本问题还在于宏观经济决策的机制存在缺陷，所以要从基础的制度上着手进行改革。比如说，1993年的中共十四届三中全会《关于建立社会主义市场经济体制若干问题的决定》要求提高央行独立性，其主要任务是保持宏观经济的稳定，之后建立了货币政策委员会。我是第二届货币政策委员会的委员。不过这个委员会只是一个咨询机构，每个季度讨论会我们写一个建议，送给国务院总理参考。货币政策委员会的建议与最后决策的关系似乎不太大。

对于改革的前景，我不是很确定。作为经济学家，我们的责任是尽量做好研究，独立地提出意见，希望决策朝着正确的方向走。2013年的中共十八届三中全会做出了一个非常好的60条决定，即《关于全面深化改革若干重大问题的决定》。不过这个《决定》能不能毫不走样地顺利执行，取决于复杂的因素，会遇到许多不同意见，特别是各个部门和不同的利益集团各有自己的考虑。当然，我们希望努力找到共赢的解决办法。

张承惠： 目前在学术界达成一个共识，即吴教授提到的，威权式的政府领导经济是中国改革的一大障碍。有一些政府部门对改革有抵触的情绪。他们都承认需要改革，但是往往不承认自己的部门需要改革，而只是要求别的部门进行改革。比如说，人民银行认为银监会应该放弃存贷比的监管指标，银监会则认为人民银行应该放弃贷款规模管制。

在放权问题上，也存在一些突出问题：一是政府不放权，或者下放一些无关紧要的权力，核心权力抓在手上不放，甚至有的部门自我赋权，增加新的权力。典型案例就是，一个金融机构到监管部门去审批，在监管部门高层同意的情况下还花了两年多时间才完成。有些审批的每个环节都极其烦琐，每个相关的监管部门都要走一遍流程，甚至其中还存在腐败。

二是权力没有放到企业。现在国家发改委下放投资审批项目，但是权没有放到企业，而是放到了一些政府部门下属的相关机构。比如某个铁路项目需要铁道勘探设计院做可行性研究，全国的铁道勘探设计院是按区域划分的，一个勘探设计院负责一个地区，所以位于这个地区的项目只有到特定的铁道勘探院进行勘探，其他设计院出具的文件没有用。再比如环境评估，也必须到环保部门指定的事业单位去评估，而这些设计院、评估部门同样需要烦琐的流程。

再举一个例子，去年我们调研发现，某个省有八条高速公路对外招标，其中有六条民营资本不来投标，因为标书是由当地的国有交通投资公司设计的。像这样的情况也很普遍。

我向青木教授和吴教授提同样的问题，你们认为如何破除政府部门的既得利益？是不是只有经历一场危机才能使政府有真正的改革动力？

吴敬琏：我希望不要等危机爆发再来考虑改革的必要性，最好能先认识到这一点，自觉地进行改革，防止发生系统性危机。

巫和懋（北京大学国家发展研究院教授）：吴教授提到，政府本身应当随着社会、经济、政治的情况变化而演化，可是中国演化太慢，所以才出问题。我赞同张承惠教授的观点，政府如何才能真正推行改革，诱因非常重要。纵观世界各国历史，我们不要轻信政府本身掌握权力还能不挥霍权力。各国都是随着政治、经济、社会的发展变化最后形成制衡的力量。比如国企改革，一定要有一个负责对象。还有法治等其他问题，必须要有究责的单位。一旦贪污很容易被揭发，发生腐败的可能性就会非常小。

吴老师刚才讲到两个问题：一是粗放式成长，民生问题没有很好地解决，医疗、教育等方面还存在困难；二是腐败问题，只要有究责制衡机构来关心人民福祉，就都不成问题。我们应该完善相应机制，不能指望有权力的人自己把权力放回笼子里面。尤其看看韩国、新加坡和中国台湾地区在经济发展的同时推行民主化的情况，我们更应该推进政治与经济发展相配合。

青木昌彦：处理与既得权益者的关系时，是否需要一个独立于利益团体的强大政府？从日本的情况来看，第二次世界大战之后，出于一些历史方面的原因，政府的力量并不像外国人想象得那样权威，而是致力于协调利益团体之间的利害关系。要进一步深入考察这一问题，对日本德川时期和中国清朝时期的政府作用进行比较，也许会是一个很有趣的研究课题。

对当下发生的这种政企钱权交易产生的腐败必须进行追究。问题发生了就必须解决，对腐败必须进行清理。但是，仅进行事后的责任追究并不能从根子上解决问题，必须对如何构建预防腐败的制度进行讨论。例如，有些腐败的经理人员会将国有资产据为己有，为了防止此类问题的发生，需要独立于政府的董事会去行使监督职能。中国正处在经济发展的转型期，强化公司治理的体制构建也是向新常态转型的重要内容之一。

政府的作用：法无授权不可为

主持人：看来很多专家都认为政府的权力过大，很多政府部门成了既得利益者。那么如何才能将权力关到笼子里去？

井上哲也（野村综合研究所金融IT创新研究部部长）：到目前为止的讨论中有一个很有趣的情况，中方各位专家认为应该减少政府的干预，把主导权交给民间，但是在日本，谈到经济结构改革这一课题时，对政府产业政策作用的讨论会更多一些。在与安倍经济学相关的放松政策限制论中也能感受到这种倾向。

吴敬琏： 这在中国确实是一个很大的问题。本届政府在政府职能改革里强调要简政放权，并且已经采取了一系列措施，也得到了民众的好评。不过，我们一定要注意吸取上一轮审批制度改革的教训。20世纪末期有过一次围绕"官倒"问题进行的腐败问题大讨论。这次大讨论的一项积极成果，是当时的中共中央纪委书记尉健行受到经济学家关于寻租问题论述的影响，在2000年提出了"从改革体制机制入手，加大从源头上预防和治理腐败"的口号[1]。什么是腐败的源头？主要源头就是日益泛滥的行政审批。为了加大从源头反腐败的力度，2000年12月的第十五届中共中央纪委第五次全体会议要求进行行政审批制度改革，规范行政权力[2]。接着，国务院建立了行政审批制度改革工作领导小组，大量取消了行政审批项目。根据国务院行政审批制度改革工作领导小组办公室公布的数字，在三年内取消了几千项审批事项，2001年和2002年"两会"的中心议题都是审批制度改革。2003年8月，全国人民代表大会常务委员会颁布《中华人民共和国行政许可法》，严格限制设定行政审批的权力，规定只有全国人大及其常委会，省、

---

[1] 参见《尉健行强调从改革体制机制入手加大从源头上预防和治理腐败的力度》，新华社2000年4月24日。尉健行指出："这些年来一些领导干部严重违纪违法，其中不少的人就是滥用行政审批权力，个人违规批土地、批贷款、批建设工程项目等，从中收取巨额贿赂，走上了犯罪道路。"

[2] 参见《中国共产党第十五届中央纪律检查委员会第五次全体会议公报》。中纪委全体会议对行政审批制度改革的要求是，"可以取消的行政审批项目都要取消；可以用市场机制替代行政审批的，要通过市场机制来处理"，"确需保留的行政审批项目，要建立健全对权力的监督制约机制；要规范程序，减少审批环节，公开审批程序和结果，接受群众监督"。

自治区、直辖市人大及其常委会，国务院，省、自治区、直辖市人民政府才有权力设立行政许可。

但是，在2003年发生了"经济过热"。由于不是把过热的原因定为货币超发和过度投资，而是定为"局部（即部分行业）过热"，2004年开始了"有保有压"的所谓"宏观调控"，由国家发改委负责审核和压缩"过热行业"的投资。这样一来，审批又全面恢复，甚至比原来还要多。

现在我们一定要吸取教训。从方法上来说，我认为简政放权以审批权下放到地方政府为主的做法并不太好。一种可能是所谓"走了个王熙凤，来了个贾探春"[1]，地方政府对企业管得比中央部门还要细，还要紧。另外一种可能是，在反腐败的形势下，地方官员不作为。最近我们调查发现，部分企业觉得审批权从中央政府放到地方政府以后，由于地方官员怕担风险，遇事推诿，甚至避不见面，事情变得更加难办，交易成本非常之高。我认为，要借中美投资协定谈判[2]引进负面清单制度的东风，实现李克强总理所说的"让市场主体'法无禁止即可为'（负面清单）；让政府部门'法无授权不可为'（正面清单）"。当然这个原则要贯彻，也需要以更大的政治勇气和智慧克服既得利益的抵抗。

---

1 王熙凤和贾探春都是中国古典小说《红楼梦》中的人物。贾探春接替生病的王熙凤担任贾府事务的总管。她的管理风格较之王熙凤更加细密和严格。

2 中美投资协定谈判于2008年启动。2013年7月，双方同意以"准入前国民待遇加负面清单"的模式进行实质性谈判。2015年6月，第十九轮中美投资协定谈判正式开启负面清单谈判。

中国的市场经济改革仍然任重道远[*]

——对 N. 拉迪教授讲演的评论

（2015 年 5 月）

首先，我完全同意拉迪教授在刚才的讲演中做出的判断：中国经济高速增长的主要推动力量是市场和民营企业。这是一个很重要的论断，我自己也做过同样的论断。

与此同时，我也在以下三个问题上对拉迪教授的观点存在疑问：（1）市场是否已经在资源配置中起主导作用；（2）国有企业是否已经失去对国民经济的控制力；（3）关于中国民营企业的状况。

第一，市场是否已经在资源配置中起主导作用？

中国经济究竟是由市场主导，还是由政府主导？我认为，至少在 2012 年中共十八大召开之前，还是由政府主导的。

就此，我想首先提出一个问题：改革以来，中国在要建立什么样的经济体制的问题上，曾经有过些什么样的考虑？

---

[*] 本文是作者 2015 年 5 月 21 日在中国金融 40 人论坛（CF40）和美国彼得森国际经济研究所（PIIE）联合举办的"中美经济学家学术交流会之主题午餐会"上就 PIIE 高级研究员 N. 拉迪（Nicholas Lardy）主题演讲所作的点评。

20世纪80年代中期，中国计划建立的市场和经济被称为"公有制基础上的有计划的商品经济"，实际上就是东亚国家所说的"政府主导的市场经济"。1987年召开的中共十三大接受了国家计委几位领导干部提出的"国家调节市场，市场引导企业"的提法，把它确定为社会主义有计划商品经济的"运行机制"。这是80年代后期国内最高层的提法，包括我在内的很多人当时都认为这是对市场经济的婉转表达。后来，我逐渐认识到这个提法本身存在问题：企业由市场引导固然不错，但是这个市场却是受国家"调节"的，这就有问题了。在这种体制下的"市场"是市场社会主义所说的"政府管制下的市场"（regulated market）。实际上，市场社会主义所说的市场不是真正的市场，而是由计划机关模拟和管控的市场。

1992年中共十四大有了突破，提出了"建立社会主义市场经济"，使市场在资源配置中"起基础性作用"。怎样才能使市场在资源配置中起基础性作用？1993年召开的十四届三中全会要求"创造平等竞争的环境，形成统一、开放、竞争、有序的大市场"。这样的市场，才是一个真正能够在资源配置中起基础性作用的市场。

不过改革的进程经常十分曲折，有时候前进，有时候后退。在20世纪90年代曾经取得了一定的进展，但进入21世纪后，又开始强调政府对市场的控制。

2002年召开的中共十六大出现了一个新的提法，就是党和政府要"提高驾驭市场经济的能力"。据传闻，文件起草组内部对"驾驭"一词也有争议，因为"驾驭"的本意是驱使车马，它的引申意义则是使驾驭的对象服从于驾驭者的意志。如果这个"市场"要服从党政官员的意志，它还能叫"市场"吗？据说有人提出异议，认为这个说法不准确，但是后来也没有找到合适的说法，所以以后的文件继续用党和政府"提高驾驭市场经济的能力"的说法。例如2004年的中央经济工作会议公布的讲话中就曾提道,过去一年中,全党同志"增长了驾驭社会主义市场经济的本领",2005年要"进一步提高驾驭社会主义市场经济的能力"。

政府要"驾驭"市场并不仅仅是一个文字表达的问题。2004年在"经济过热"的大环境之下,宏观调控采取了"有保有压"的做法。从经济学的观点看,这种把"有保有压"叫作"宏观调控"的说法很不好理解,因为宏观经济调控是对总量的调控,而"有保有压"却是对微观经济活动的干预。2002年进行的行政审批制度改革,清理出约4000多个行政审批项目,但在2004年提出"有保有压"的调控之后,不同名义的行政许可就全面恢复了,数量甚至比过去还多。

2013年的中共十八届三中全会做出了一个很好的决定,它将市场在资源配置中的"基础性作用"提升为"决定性作用",并且明确提出"统一开放、竞争有序的市场体系,是使市场在资源配置中起决定性作用的基础"。十八届三中全会的《决定》与20年前十四届三中全会的《决定》中"统一、开放、竞争、有序"四个定语完全相同,不同之处在于十八届三中全会的《决定》中把两个顿号去掉了。

中共中央领导人在解释《决定》时指出,"经济体制改革的核心问题仍然是处理好政府和市场关系";"处理好政府和市场关系,实际上就是要处理好在资源配置中市场起决定性作用还是政府起决定性作用这个问题"[1]。十八届三中全会《决定》要求"建立统一开放、竞争有序的市场体系",以便"使市场在资源配置中起决定性作用"。这表明迄今为止,还是政府在资源配置中起着主导作用。改变这种情况,使市场在资源配置中起决定性的作用,是中共十八届三中全会规

---

[1] 习近平:《关于〈中共中央关于全面深化改革若干重大问题的决定〉的说明》,新华社2013年11月15日。

定的经济改革最基本的任务。

第二，国有企业是否已经失去对国民经济的控制力？

1997年的中共十五大决定，在原定的企业公司化之外，国有经济改革增加一项新的内容，这就是对国有经济布局进行"有进有退"、"有所不为有所为"的战略性调整。说得简单点，就是国有经济的主导作用只要求国有企业对关系国民经济命脉的重要行业和关键领域进行控制，而对一般性的竞争性行业原则上都可以退出；即使在竞争性领域中留下的国有企业，也要改制为多元持股的现代公司，即混合所有制的企业。

这两项改革是否已经实现？

从拉迪教授的新著《民有民享：中国私营经济的崛起》[1]看，他似乎认为，由于目前国有经济在国民经济中的比重已经下降到三分之一，甚至四分之一，在制造业中下降得更低，因此国有经济已经不再拥有控制地位。

在我看来，拉迪教授所说国有企业在国民经济中所占份额下降是确实的。但是，份额下降和是否处于控制地位并不是一回事。中共十五大要求的国有经济布局调整还没有实现。

中共十五大所说的国有经济布局的战略性调整，具体说来，就是改变过去国有经济在所有领域中都处于控制地位的状况，国家只控制"关系国民经济命脉的重要行业和关键领域"，至于其他领域，原则上都可以退出。"国有经济比重减少一些，不会影响我国的社会主义性质。"

那么，什么是"关系国民经济命脉的重要行业和关键领域"？拉迪教授解释得很清楚，"命脉"这一概念源于列宁提出的控制"制高点"，

---

[1] [美]尼古拉斯·拉迪著、郑小希译：《民有民享：中国私营经济的崛起》，北京：中国发展出版社，2015年。

在中国出版的《列宁全集》中，把"制高点"翻译为"命脉"。除了"制高点"以外，其他行业全都可以放开是一个突破。但是按照列宁的原意，"制高点"（"命脉"）的范围还是太过宽泛，所以1999年的中共十五届四中全会通过的《中共中央关于国有企业改革和发展若干重大问题的决定》中，把"关系国民经济命脉的重要行业和关键领域"的范围进一步规定为三个行业和一个领域，这就是：（1）涉及国家安全的行业；（2）自然垄断的行业；（3）提供重要公共产品和服务的行业；（4）支柱产业和高新技术产业中的重要骨干企业。

1999年以后，从"放小"（"放开搞活国有中小企业"）开始，国企改革取得了巨大突破，但是随着公司化改制进入改革国有大企业集团的"深水区"，改革明显放慢了。

2002年的中共十六大有了一个新的提法："两个毫不动摇"。这就是"毫不动摇地巩固和发展公有制经济"和"毫不动摇地鼓励、支持和引导非公有制经济发展"。有些人强调其中的前一点，即发展国有经济，强化国有经济对国民经济的控制。

2006年12月，国资委发布了《关于推进国有资本调整和国有企业重组的指导意见》。该文件要求"有关部门要抓紧研究确定具体的行业和领域"。随后，国资委负责人宣布，国有企业应当对包括军工、电网电力、石油石化、电信、煤炭、民航、航运等七个重要行业"保持绝对控制力"；对包括装备制造、汽车、电子信息、建筑、钢铁、有色金属、化工、勘察设计、科技等九个行业"保持较强控制力"。因此，就需要有各种各样的办法来加强控制。这一文件与过去中共中央提出的国有经济对三个行业、一个领域保持控制力相比，范围明显扩大。

在那以后，在石油、钢铁、煤炭等行业就发生了一些"国进民退"

的事例。在 2008 年全球金融危机发生以后，政府采取强刺激政策，大部分贷款都给了国有大企业。

正像 J. 科尔奈在讲"软预算约束"时所分析的那样，政府支持国有企业的办法还很多，不能光看表面报道和统计报告。例如，《新世纪周刊》有一篇文章《TD 式创新》中提道：为了支持一个国有企业发展 TD-SCDMA 移动通信，就花了 2000 亿元[1]。类似事件其实不少。在北京大学光华管理学院任教的美国教授佩蒂斯（Michael Pettis）2012 年写过一篇文章，其中引用天则经济研究所关于国有企业的报告指出，"过去十年中，中国的国有企业获得的政府补贴是其利润的 150%"。佩蒂斯说，他自己计算得到的数据高于这一结果，国有企业仅仅所获贷款的低利率补贴就达到它们盈利的 400%—500%[2]。

2013 年十八届三中全会前夕，中共中央领导人在武汉召开部分省市负责人座谈会时，对第一个"毫不动摇"的表述改变为"要坚持和完善基本经济制度，增强公有制经济特别是国有经济发展活力"[3]。但在十八届三中全会的《决定》中，这段话又改回了十六大报告的原有表述，要求"不断增强国有经济活力、控制力、影响力"。这说明，"不断增强国有企业的控制力"还是一种占有优势的意见。

第三，关于中国民营企业的状况。

中国的私营企业获得了很大发展，但是在市场进入、生产要素取得等方面是否已经获得平等权利，企业的微观经济决策是不是能够避免各级政府干预的影响？我认为还不能做全称肯定的答复。

---

1 覃敏：《TD 式创新》，《新世纪周刊》2014 年第 47 期。

2 ［美］迈克尔·佩蒂斯：《中国金融改革，路在何方？》，见上海金融与法律研究院网站 2012 年 7 月，http://think.sifl.org/?p=3903。

3 见新华社 2013 年 7 月 24 日。

的确，中共十六大以来，党政领导机关一再强调要在不同所有制企业之间实现平等竞争。例如，中共十七大在"两个毫不动摇"后面加上了这样一段话："坚持平等保护物权，形成各种所有制经济平等竞争、相互促进新格局。"[1] 中共十八大报告中，这段话改为："保证各种所有制经济依法平等使用生产要素、公开公平公正参与市场竞争、同等受到法律保护。"[2]

在企业与政府官员关系比较密切的情况下，不同的私有制企业的经营环境往往有很大的差别，所以需要分别讨论。部分与政府官员关系比较密切的企业，其经营环境可能很不错。从反腐败揭露出来的情况看，一些与官员有特殊关系的私营企业甚至可以获得超国有企业的待遇。但对于许多中小企业而言，它们的经营环境还很困难。

而且，对于私营企业是否应当与政府官员保持密切关系，不管在学界还是在商界都存在不同意见。例如，清华大学的钱颖一教授就写过文章认为企业应该与政府保持距离（at arm's length）。[3] 但是，一位著名企业家在对记者发表谈话时却指出："在中国，要远离政府，太假了。"一位记者评论说，这种意见"是清醒的"，因为"一个普通办事员能左右项目的落地，一个处长的权力能大到决定一个企业的死活……"[4]

---

[1] 胡锦涛：《高举中国特色社会主义伟大旗帜，为夺取全面建设小康社会新胜利而奋斗——在中国共产党第十七次全国代表大会上的报告》（2007年10月15日）。

[2] 胡锦涛：《坚定不移沿着中国特色社会主义道路前进，为全面建成小康社会而奋斗》（2012年11月8日）。

[3] 钱颖一：《市场与法治》，《经济社会体制比较》2000年第3期。

[4] 贾亮：《良性政商关系：有交集而无交易》，《中国纪检监察报》2015年5月17日。

第四，改革决定关键在于执行。

以上谈到的问题，都需要通过全面深化改革来解决。

事实上，中共十八大，特别是十八届三中全会对如何建立一个统一开放、竞争有序的市场已经做出了很好的决定，而且有切实可行的具体安排。现在的任务是切实地加以落实。根据过去的经验，正确的决定做出后还会遇到阻力和障碍，需要坚持不懈的努力才能贯彻落实。

体制变革和增长转型是必须面对的两个基本问题[*]

——《中国改革三部曲》总序

（2017 年 3 月）

当前，在中国经济的增长率仍然在世界范围内名列前茅的同时，不少人对经济增长的前景感到迷惘。

从供给侧观察，经济增长由三个基本驱动力量，即劳动、资本和效率推动。从 21 世纪初期开始，中国经济增长原先所依靠的驱动力量开始消退；粗放增长方式，即主要依靠投资驱动造成的经济结构扭曲和资源错配却愈演愈烈。中国经济的潜在增长率从 21 世纪第一个十年开始下降，出现了经济下行的趋势性变化。

国内和国际环境常常有不确定性，具体矛盾千变万化、层出不穷，许多问题需要解决。经济学家能做的事情，首先是对这些具体问题背后的基本问题做出说明。这也是我将 20 世纪 90 年代到 21 世纪第一个十年关于改革的三部专著《论竞争性市场体制》、《当代中国经济

---

[*] 本文是作者为《中国改革三部曲》（北京：中信出版集团，2017 年）所作的总序，收入本书时有删节。

改革》和《中国增长模式抉择》,结集为《中国改革三部曲》重新出版的原因。

这三部专著,系统地反映了我对中国改革问题的思考。从本质上说,中国的改革就是适应生产力发展的需要不断变革生产关系,并在变化了的经济基础上,对上层建筑进行相应的调整的过程。《当代中国经济改革》回顾了中国改革的整个历程,体制变革与增长转型是贯穿其中的两条主线,它们也分别是《论竞争性市场体制》和《中国增长模式抉择》讨论的主题。

三部专著,主线一以贯之,所论的问题承前启后,并伴随着改革的进程层次递进,均产生过较大的影响,获得过一系列奖项。《当代中国经济改革》还被翻译成多种语言在海外出版,成为国外了解中国经济的参考书。究其原因,一是随着中国经济的发展,越来越多的海内外人士需要了解和研究中国经济;一是中国改革的基本问题始终存在,书中提出的问题及对问题的分析总能因为对当前问题的关照引起读者的共鸣。

这三部专著初版的时间跨度为14年,讨论的内容从1956年中共八大提出进行"经济管理体制改革"起,到当下改革的走向,跨度60多年。为了方便读者阅读,将它们按照成书时间顺序结集为《中国改革三部曲》。

第一部《论竞争性市场体制》为我与刘吉瑞君的对话,成书于1991年邓小平"南方谈话"的前夕,它全面讨论了如何建立竞争性市场体制的问题。在今天看来,依然具有现实意义。

当前,中国面对的经济结构问题越来越突出,需要通过"三去一降一补"(去产能、去库存、去杠杆、降成本、补短板),来纠正资源的误配、实现经济结构的优化。要实现这一任务,必须依靠市场在资源配置中发挥决定性的作用。市场有两个主要的功能：一是能够有效地配置资源；二是能够建立起激发创新创业积极性的激励机制。说到底，"三去一降一补"，就是要靠这两个最重要的机制才能实现。比如，要压缩钢铁业的过剩产能，老办法是由行政机关规定计划指标，再层层分解下达到各个部门、各个地区和各个企业。压缩任务通常只能按企业的大小、设备的新旧等"硬指标""一刀切"，可是，根据这样的标准，被切掉的往往并不是效率最差的设备和企业，某些行政部门还有可能为保护自己的产业纵容企业保持和增加落后产能。再如，"补短板"，是为了加快效率较高、供不应求产业的发展。如果用行政手段，主要是靠政治动员和运用政府的财政、信贷、补贴等政策，扶植一些政府认定应该发展的产业和应当做强做大的企业，那么与依靠市场机制实现奖优罚劣，两者效果是迥异的。经济结构的调整也如此。一种方法是政府实施选择性的或称纵向的产业政策来框定哪些产业和企业应该上、哪些产业和企业应该下，用行政的手段，甚至直接下达计划指标来进行调整。另一种办法是通过市场机制，借助反映稀缺程度的价格机制引导资源的配置，使资源从效率低的地方流出，转到效率高的地方去。两相比较，前一种看起来简单易行、直接有效，但是，如果政府不知道什么样的结构才是好的结构，只是按照长官意志、用行政手段"调结构"，就会出现诸多不良后果。历史经验表明，弱化行政手段，通过市场的不断试错把资源引导到最合适的地方去，从中长期看是最有效的。政府的产业政策也应当有利于强化竞争，而不是削弱和压制竞争。当然，这个过程会有波动，有曲折。

理论分析和实践经验都表明，要完成经济结构调整和结构优化的目标，必须发挥市场在资源配置中的决定性作用。然而在当前的中国，能够发挥这种作用的市场体系还没有完全建立。所以，唯一的出路就是尽快通过改革,使市场在资源配置中起决定性作用的制度基础,即1993年十四届三中全会《中共中央关于建立社会主义市场经济体制若干问题的决定》和2013年十八届三中全会《中共中央关于全面深化改革若干重大问题的决定》中所说的统一、开放、竞争、有序的市场体系及其法治基础建立和完善起来。这也是重版《论竞争性市场体制》的意义所在。

第二部《当代中国经济改革》,首版于1999年1月问世,此后根据变化了的情况和发展了的认知,分别于2003年、2008年进行了两次大幅修订,并于2004年和2010年出版。由于最初是课程讲义,在2010年出版时更名为《当代中国经济改革教程》,并增加了一些教学的辅助性内容,此次收入《中国改革三部曲》恢复了其学术专著的原貌。

这本书,从当代人类社会演化变迁的两个基础性问题出发,对改革开放之前的中国经济进行了描述,特别是对其间某些改革尝试进行了讨论。这两个基础性问题是:(1)社会主义作为一种追求社会公正和共同富裕的社会理想,怎样一步步地具体化为国家主义主导的集权的中央计划经济制度?(2)为什么在这个被许诺为理想王国的经济制度建立起来之后,各社会主义国家又不约而同要求对它进行改革?中国经济改革是在之前30年计划经济体制的基础上进行的。不了解这个历史背景,就不能深刻理解改革的困难所在和改革策略的选取。在全面深化改革的今天,这一点尤为重要。

改革是涉及亿万人利益格局的大调整,它所要建立的现代市场经济是一个复杂而精巧的巨型系统,对专业水平和操作艺术有很高的要求,并且很容易由于这两方面的不足而产生困难。《当代中国经济改革》以比较制度分析为框架,较详细地分析了总体改革战略与农业、企业、价格、金融、财政、国际经济以及有关的社会政治等方面的制度变化,是相对完整的改革叙事,读者可以从中发现各领域制度演进的一般性规律,并更准确地认识中国的特殊性。应该说,中国经济在过去30多年经历了翻天覆地的变化,其中最为本质的变化是制度的变化,是经济运营机制和资源配置机制的变化。正是这个制度变化导致了中国经济的高速发展。

从某种程度上说,当代中国历史就是一部经济改革和国家体制演变的历史。因此,该书被一些大学用作讲授当代中国经济改革的教科书,并被引介到国外,出版了英文、日文、韩文等多种版本。作为学术专著,这本书的脚注比较充分,可以为前述《论竞争性市场体制》提供必要的补充。尽管近年来改革又出现了一些新情况,但基本问题并没有发生实质性的改变。

第三部《中国增长模式抉择》成书于 2005 年 11 月,后来陆续增补修订,到 2013 年 9 月,又出了第 4 版。

第十个五年计划(2001—2005 年)期间,经济增长方式转型出现了反复,经济结构有进一步恶化的趋势,引发了 2005 年到 2006 年制定"十一五"(2006—2010 年)规划期间的一场"要不要转变经济发展方式,怎样才能转变经济增长方式"的大讨论。这本书就是我参加这次大讨论的成果。

提高供给质量、优化经济结构、实现发展方式转型,并不是 21 世纪初才提出来的新要求。这一要求实际上已经提出几十年了,它涉及中国经济发展中的一个基本问题,就是从靠资源投入驱动的增长到靠效率驱动的增长转型。只不过这个问题一直没有得到解决,以至于在很长的历史时期中反复用不同语言提出。

早在 1981 年,全国人民代表大会就批准了国务院提出的"今后经济建设的十项方针"。"十项方针"包括多项优化产业结构和改革经济体制的要求,希望能够通过它们的贯彻,"围绕着提高经济效益,走出一条经济建设的新路子"。1995年制定的"九五"(1996—2000年)计划又正式提出了实现经济体制和经济增长方式的"两个根本性转变"的要求。其中"转变经济增长方式"的要求,即经济增长方式从粗放型到集约型的转变,意味着经济增长从主要靠资本等资源投入驱动转变到主要靠效率提高驱动。到2002年,中共十六大提出"走新型工业化道路"。2005年,在反思21世纪初"经济重型化"和海量投资的教训的基础上制定的"十一五"规划,重提"必须加快转变经济增长方式",努力实现从过度依赖资源投入的增长到以效率提高获取经济增长的转变。后来2007年十七大讲的"转变经济发展方式",2010年制定"十二五"(2011—2015年)规划时提出的"跨越中等收入陷阱",针对的其实都是同一个问题,就是优化经济结构和提高效率,但由于成效不大,而矛盾变得愈来愈突出,2014年和2015年相继提出"引领新常态"和"着力供给侧结构性改革"的要求。

《中国增长模式抉择》是制定"十一五"规划前大讨论的产物。我在书里介绍了当时讨论的情况,并深入探讨了为什么增长模式要转型以及转型不能取得预期成效的原因。具体的原因很多,归结起来,就是存在十六届三中全会《关于完善社会主义市场经济体制若干问题的决定》所指出的"体制性障碍",或者如十八届三中全会《关于全面深化改革若干重大问题的决定》所说:政府仍然在资源配置中起着决定性的作用,抑制甚至排斥了市场机制作用的发挥。这也是这场讨论得出的一个重要结论。

结集再版这三本书,常常让我在历史和现实中穿梭,促使我进一步思考当下及今后一段时期的供给侧结构性改革。需要明确的是,"结构性改革"讲的是针对体制机制架构进行的改革。通过这种改革，把统一开放、竞争有序的市场体系建立起来，并且通过市场奖优罚劣、优胜劣汰作用的发挥，来纠正资源错配，实现经济结构的优化和供给质量的提高。

进入近代以来，中国为了实现民族复兴，进行了政治、经济和社会制度改革的诸多试验和探索，从1978年开始的改革开放也是其中之一。近40年的改革开放，使得中国在进入21世纪后一跃成为举世瞩目的经济大国，这一点毋庸置疑。

站在新的历史起点上，真刀真枪地进行改革，这是包括我在内的大多数人的希望。改革的进程从来不会一帆风顺，曲折起伏是必然的。但建立市场化、法治化的社会是大势所趋，除此之外，中国别无出路。在此关键时刻，我们每个人都要做出努力。

我集结之前的专著并以《中国改革三部曲》的形式再版，就是想尽自己的一份力，并希望它能有助于全社会凝聚共识，坚定地走市场化、法治化改革道路，为中华民族争取更加美好的未来。

第五编

读书·怀人·记事

一位社会科学家追求真知的历程[*]

——J. 科尔奈《思想的力量》中文版序言

（2013 年 2 月）

对中国改革来说，若要问哪一位外国经济学家最值得铭记，恐怕非 J. 科尔奈莫属。就在中国刚刚从"文革"的大灾难中脱身出来，已经认识到必须改革却对改革什么和如何改革茫无头绪，只好用"摸着石头过河"的办法去探路的时候，科尔奈在 1980 年出版了奠定他经济学学术地位的力作《短缺经济学》。《短缺经济学》对集中计划经济及其变体"市场社会主义"[1]所做的深刻分析，引起了世界经济学界的震动。1985 年《短缺经济学》的中文译稿一问世，就在中国的中

---

[*] 本文是作者为匈牙利经济学家 J. 科尔奈（János Kornai）的自传《思想的力量》中文简体字版（安佳、张涵译，上海人民出版社，2013 年）所作的序言。

[1] "市场社会主义"是一种源于东欧社会主义国家，特别是波兰的社会思潮，按照它的一位倡导者 W. 布鲁斯的解释，市场社会主义是这样一种经济体制的理想模式，即生产资料属于国家集体所有，而资源配置则遵循市场规则。在东欧社会主义国家的现实生活中，市场社会主义意味着用"管制下的市场"（regulated market）取代指令性计划来配置稀缺资源。在中国改革的早期阶段，"市场社会主义"具有广泛影响。

青年经济学家中掀起了"科尔奈热"。他在这本书中提出的"短缺经济"、"扩张冲动"、"父爱主义"、"投资饥渴"、"软预算约束"等概念，也成为人们耳熟能详的名词。这本书也成为在中国改革中起了重要作用的"宏观经济管理国际讨论会"（"巴山轮会议"）的主要参考文献。

继《短缺经济学》中文版在 1986 年正式出版以后，他的其他重要著作的中文版也陆续出版[1]。此外，中国读者还可以从报刊上读到他的最新研究成果[2]。科尔奈本人在参加"巴山轮会议"以后，还多次访问中国。在 1999 年、2005 年的访问中，他不仅介绍了改革经济学的最新进展，还对中国改革提出了许多中肯的意见。科尔奈的所有这些著作和言论都为中国经济学的发展和中国经济改革的推进提供了重要的思想养分。

但是，还有一件事堪称美中不足。这就是科尔奈著作中在我看来

---

1 《短缺经济学》（1980），张晓光等译，北京：经济科学出版社，1986 年；《增长、短缺与效率》（1982），崔之元等译，成都：四川人民出版社，1986 年（北京：商务印书馆，1992 年）；《科尔奈经济改革理论》，何家成等译，长沙：湖南人民出版社，1987 年；《反均衡》（1971），刘吉瑞、邱树芳译，北京：中国社会科学出版社，1988 年；《转型中的福利、选择和一致性——东欧国家卫生部门改革》（与翁笙和合著，2001），裴宗燕译，北京：中信出版社，2003 年；《社会主义体制：共产主义政治经济学》（1992），张安译，北京：中央编译出版社，2007 年；《后社会主义转轨的思索》，肖梦编译，长春：吉林人民出版社，2003 年（2011 年）。

2 如《所有制形式与调节机制之间的亲和——社会主义改革的共同经验》，《经济社会体制比较》1992 年第 6 期；《〈通向自由经济之路〉出版十年之后：作者的自我评价》，《经济社会体制比较》2000 年第 5 期；《解读软预算约束》（与 Eric Maskin、Gerard Roland 合著），《比较》辑刊 2002 年第 4 辑；《诚实与信任：后社会主义转轨时期的视角》，《比较》辑刊 2003 年第 9 辑；《大转型》，《比较》辑刊 2005 年第 17 辑；《社会主义和资本主义：关于短缺和过剩的市场理论研究》，《比较》辑刊 2011 年第 6 辑；《创新与活力：制度与技术进步的相互影响》，《领导者》杂志总第 35—36 期，2010 年 9—10 月，等等。

最重要的一本，即现在放在我们面前的《思想的力量》的中文版还没有能够与中国内地的广大读者见面。

中国读者最熟悉的科尔奈著作是《短缺经济学》。如同我们知道的，科尔奈对这本书并不完全满意，原因是囿于当时匈牙利的社会政治环境，只好进行"自我审查"，避开那些涉及苏东关系的苏联基本制度的若干"敏感问题"。

东欧剧变以后，情况有了变化。在新的形势下，科尔奈用《社会主义体制》一书对苏联式社会主义基本制度的透彻分析，弥补了《短缺经济学》的不足。

然而，《社会主义体制》虽然向读者全面呈现了科尔奈分析社会主义体制时取得的学术成果，但是它并未回答这样卓越的学术成果从何而来：是什么力量推动科尔奈付出艰辛的努力，不畏艰险地攀升学术思想的高峰？所以，这本科尔奈称之为"另类自传"的书，不但讲述了他在何时发表哪些著述和言论，而且从主观的角度"解释在某时我为何有某种想法，哪些因素影响我的思考方式和行为，以及后来我的想法发生了怎样的变化"。而在这种求索后面的推动力量，则是一位社会科学家对于真知的追求。或如科尔奈在这本自传中所说："我这一生中，从来不曾为名利奔波，穷尽一生努力追求的，唯有深刻的思想。"诚如著名经济学家青木昌彦教授为《思想的力量》繁体字版所写的推荐语指出的，这本书是"我们这个时代最重要的社会科学家探讨科学创造的道德标准和心理过程的专著"。它告诉我们，一个社会科学家应当怎样为真理、为人民的福祉而奋斗。

我和科尔奈教授相识相知始于1981年。那年夏天，国际经济学会（International Economic Association，IEA）在雅典举行"相对价格圆桌会议"，我被中国经济学团体联合会主席于光远教授派往参加这次会议。在会上,科尔奈和苏联代表团团长、苏联经济学会主席哈恰图罗夫(V. R. Khatachurov)院士在短缺的制度根源问题上发生了激烈的争论,哈恰图罗夫认为,从长期来看,计划体制下并不存在系统性的短缺。而我认同科尔奈的观点,并以中国为例,说明了集中计划的社会主义体制存在着系统性的短缺。会后我们促膝长谈,结成了延续30多年的友谊。我在与科尔奈教授的交往中受益良多。我想和他接触的人都会与我有共同的感受。通过《思想的力量》的出版发行,更广大的读者,不论是同意科尔奈的人还是不同意这些结论的人,都有望和我们一样,分享科尔奈的思想成果。它将是中国经济学界乃至整个思想界的一大幸事。

学术勇气与社会担当*

——悼念挚友陆学艺

（2013 年 5 月）

就在 2013 年 5 月 11 日上午，我还在与社会学家陆学艺一起开会，听他慷慨陈词，申论社会科学研究对维护社会和谐、推动社会进步的重要作用。不想只隔了两天，5 月 13 日，就惊闻他去世的噩耗。学艺为人民福祉建言的诚意和自觉的社会担当勇气一直为我心仪。斯人逝矣，我心伤悲！

1975 年，我和中国科学院哲学社会科学部（下称"学部"，即中国社会科学院的前身）经济研究所的两位同事一起，奉邓小平复出后组建的国务院政治研究室之命，去山西昔阳县参加写作陷于困境的"大寨经济学"编写组。随后，学艺参加的学部哲学所"大寨哲学"编写组也来到这里。这两个写作组存在时间不长，在 1976 年"批邓"、"反击右倾翻案风"开始不久，就都被裁撤回到北京了。不过，由于学艺和我同属在学部"清查'五一六'运动"中被限制自由、名义上还没

---

* 本文发表于《新世纪周刊》2013 年第 20 期。

有解除管制的"重点审查对象",有对大寨状况实地观察得到的共同认识,还有对当局倒行逆施的共同反感,回京以后我们仍然时相往来,怀着对国势的深切忧虑议论时政。此后的30多年里,我们的研究重点并不一样,但同声相应,同气相求,一直相知相重。

粉碎"四人帮"后的最初几年,中国社会科学院的内刊《未定稿》和中共中央党校的内刊《理论动态》一样,是引领思想解放的重要阵地。我曾经在《未定稿》主持人林韦[1]的领导下,参加编写一部批判"四人帮"的专著,所以常常到院部去。学艺最热心从事的则是为包产到户翻案。他的这项工作风险极大,也极为重要。

就在那段时间,爆发了我国农村应当走所谓的"阳关道"(坚持集体经济)还是"独木桥"(实行包产到户)的重大政策争论[2]。一方面,在地方党政领导的默许下,安徽、四川、贵州等省的少数地方进行了包产到户的尝试。另一方面,中央层面并没有放开政策。例如1978年12月中共十一届三中全会原则通过的《中共中央关于加快农业发展若干问题的决定(草案)》就明确规定,"不许分田单干","不许包产到户";1979年9月中共十一届四中全会正式通过的《中共中央关于加快农业发展若干问题的决定》,仍然要求"不许分田单干","也不要包产到户"。放宽对包产到户的政策之所以遭遇强烈反对,是因为毛泽东对包产到户一贯采取反对态度。特别是他在1962年中共八届十中全会的讲话中,把搞包产到户提到"复辟资本主义"

---

[1] 林韦(1917—1990),1937年参加中国共产党,曾任抗日军政大学校刊主编。1946年以后历任《人民日报》记者、农村部主任、理论部主任。粉碎"四人帮"以后主持中国社会科学院的内部刊物《未定稿》和协助黎澍(1912—1988)创办《中国社会科学》杂志,为解放思想、拨乱反正做出了巨大贡献。

[2] 杜润生:《杜润生自述:中国农村体制变革重大决策纪实》,北京:人民出版社,2005年,第116—120页。

的政治高度，指责支持包产到户的干部"站在地主、富农、资产阶级的立场上反对社会主义"。1962年以后，反对"三自一包"（自留地、自由市场、自负盈亏和包产到户）成为"阶级斗争要年年讲、月月讲、天天讲"的重要内容。

正是在"两个凡是"（指"凡是毛主席做出的决策，我们都坚决拥护；凡是毛主席的指示，我们都始终不渝地遵循"）还影响着相当一部分领导干部头脑的形势下，学艺率先对主流思想提出了明确的质疑。1979年6月，学艺和两位同事到安徽调研，亲眼看到了包产到户地方的丰收形势，也感受到广大农村干部社员被"资本主义"这根大棒打怕了，正在面临"纠偏"的强大政治压力。返回北京不久，他写成《包产到户问题应当重新研究》这一调查报告，指出："包产到户促进了生产的发展，受到了绝大多数社员的欢迎，我们有什么理由说它是退步呢？"鉴于禁止包产到户政策源于毛泽东的指示，他在报告中专辟一节，指出对于这样一个涉及千百万人政治和经济生活的大问题，"大多数干部和群众对当时的结论有看法、有意见"，要求"对1962年包产到户的问题，要重新调查研究，实事求是地做出结论"。鉴于当时的形势，这篇与主流提法针锋相对的调查报告只是刊登在11月初的《未定稿》增刊，而不是《未定稿》正刊上。但学艺的文章还是不胫而走，得到越来越多的拥护，为日后的政策突破做了思想准备。

1980年春，已经取得实际控制权的邓小平明确表态，支持包产到户。9月，中央召开各省、市、自治区党委第一书记会，经过激烈争论后，对包产到户的禁令终于取消。在其后的两年内，土地家庭承包制在全国农村迅速普及，取代了人民公社"三级所有，队为基础"的旧体制，农村的面貌也为之一新。

在这场翻天覆地的农村大变革中，作为社会科学工作者的陆学艺表现了巨大的学术勇气，做出了杰出的贡献。他的安徽调研报告第一次明确要求重新评价包产到户，已经成为中国改革史上的重要文献。

随着农村大好形势的出现，特别是在1984年农业大丰收以后，对农村进一步改革懈怠松劲的情绪日益抬头。即使1985年棉花减产33%、粮食减产7%，也被有关方面看作计划安排的结果，不必过虑。学艺在深入调研的基础上，写成《农业面临比较严峻的形势》，指出要避免农业的徘徊、萎缩，发展农村大好形势，有必要"推进农村第二步改革"，"使城乡改革同步进行，互相促进"。他的研究报告在《中国社会科学院要报》上发表后，被指责为"散布农业悲观论"。邓小平倒是读到了这篇报告，并且在1986年6月10日和国务院几位领导干部的谈话中指出："有位专家说，农田基本建设投资少，农业生产水平降低，中国农业将进入新的徘徊时期。这是值得注意的。"[1]以后虽然有关部门提出了解决农业问题的八条措施，但农村"第二步改革"却再也不提了。而学艺依然反复讲，一直讲到去世。

他所说的"农村第二步改革"，核心是"进一步破除计划经济体制对农民的束缚"，要点包括抓紧改革户籍管理制度，承认农民对承包土地有永佃权，实行城乡一体的教育体制，调整头重脚轻的财政体制，真正走出"城乡分治，一国两制"的困境。这些建言是建立在深入调研基础上的真知灼见，它们未能得到足够的重视，使人不禁扼腕叹息。

1987年，学艺被任命为中国社会科学院社会学研究所副所长，由此进入了社会学界，同样做出了优异的成绩。特别是最近十几年来，

---

[1] 见邓小平（1986）：《在听取经济情况汇报时的谈话》，载《邓小平文选》第三卷，北京：人民出版社，1993年，第159页。

学艺倾心于中国社会结构变迁研究，他主持的《当代中国社会阶层研究报告》（2002），较早采用了现代社会学方法，研究当代中国社会分层的由来与发展趋势。报告出版后，引起了巨大的社会反响，但也被某些人士指责为"背离了马克思主义阶级分析法"，闹得满城风雨。学艺不改其志，坚持拓展这项研究，继续完成《当代中国社会流动》、《当代中国社会结构》研究报告。在他主持的一系列研究中，清楚地挑明了中国社会发展远远落后于经济发展的现实，希望加快社会建设的步伐。我和一些同道一年一度在无锡举办民间商会论坛，商讨如何建立和发展商会——行业协会这一重要的民间组织，学艺也积极参与其中。我想，这不仅因为学艺是无锡人，更因为他希望推动我国社会组织的健康成长，促进我国社会逐步走向成熟。

学艺1933年出生于无锡，先学工科，后学哲学，而终于在社会科学研究中安身立命，对本土社会科学的落后有深切的体会。去世前不久，他出席了我的《吴敬琏文集》首发式暨中国改革座谈会。在会上他借用"白马非马"的说法，对有些人至今不把社会科学当作科学的做法提出尖锐的批评，指出这直接造成了中国社会科学的严重落后。这让我想起30多年前，我国著名考古学家夏鼐在1978年社会科学院揭批"四人帮"炮制的"两个估计"（即"'文革'前17年教育战线是资产阶级专了无产阶级的政"和"知识分子的大多数是资产阶级知识分子"）座谈会上的发言。在那次会上，夏鼐深刻分析了人文社会科学研究与宣传鼓动之间的正确关系，指出"四人帮"不要社会科学研究、只要吹鼓手的做法"极为荒谬"，要求人文和社会科学工作者打破思想枷锁，坚持客观真理，有所发现，有所发明，有所创造，有所前进。当时主持会议的社会科学院领导也对宣传应建立在科学研究基础上的意见表示了赞同。30多年过去，学艺在去世前最后一次公开讲话中，又特别提出社会科学不被视为科学和不被重视的问题，仍然切中时弊。这实际上是许多社会问题积重难返的一个重要症结。

2012年，学艺荣获首届"费孝通学术成就奖"。颁奖辞指出：陆学艺在改革开放初期对家庭承包制实践的研究，在20世纪80年代中期对农村形势的判断，显示了他的学术勇气和社会担当，对社会实践产生了重大影响。他先后组织了"中国百县市经济社会调查"和"中国百村调查"等大型调查活动，开创并长期组织社会形势年度报告的研究与编写。他对中国社会结构和社会流动的研究，在学术界和社会上引起了广泛的反响，对于推动中国社会学的发展，扩大社会学在中国的影响做出了重要贡献。

诚哉斯言！坚持真理的学术勇气和顶住压力的社会担当，正是我们社会科学工作者需要认真向学艺学习的。

一位倾心助力中国改革和社会进步的外国友人*
——怀念青木昌彦教授
（2015年9月）

7月中旬到美国加州休假，我还在跟家人念叨：青木教授应该已经回到斯坦福了。什么时候到旧金山湾区，可以到他家看望。没有想到，17日偶然浏览中国网站，忽然有一条消息映入我的眼帘：著名经济学家、美国斯坦福大学教授青木昌彦于2015年7月16日在该校医院病逝。这条消息使我受到电击一般的打击，整日惚惚若有所失。我怎么也不能想象，不久之前我们还在北京兴致勃勃地探讨中日两国的经济发展，共同主持清华大学产业发展与环境治理研究中心的学术委员会，怎么突然就阴阳两隔，再也见不到他了呢！后来听说青木教授似乎有患肺部疾病的家族史，这使我深切地悔恨自己的大意。近年来，青木教授一直不知疲倦地奔波于美、日、中三国之间，特别是今年，在一个月的时间内三次到中国参加各种学术活动，日程排得非常紧。我们当时就应当想到，这对于一个77岁的老人来说是存在危险的，

---

* 本文写于2015年9月9日。

需要提醒有关方面注意。可是现在已经追悔莫及了。我们永远失去了这样一位具有巨大学术成就和国际声誉，却能够对中国的经济发展和学术进步毫无保留地倾力相助的外国友人，这无疑也是中国学术界的巨大损失。

青木教授早年受到马克思主义的影响，曾经是20世纪60年代日本学生运动核心组织"日本共产主义者同盟"（BUND）的著名思想领袖。之后在美国明尼苏达大学师从后来获得诺贝尔经济学奖的赫维茨，并获得博士学位。"文革"还没有结束，他就在日本著名对华友好人士冈崎嘉平太的推荐下来华访问。[1] 由于我曾经热心于比较经济学的研究，对比较经济学的第三代、比较制度分析（Comparative Institutional Analysis）范式的主要倡导者青木教授自然倾慕已久，但一直未曾谋面。和青木教授相识，已经是1994年8月的事情了。

当时中国正处于90年代多项改革密集出台的重要时刻。1993年11月，中共十四届三中全会通过了《关于建立社会主义市场经济体制若干问题的决定》（"50条"决定），为中国的市场经济改革制定了总体方案和行动纲领。从1994年初开始，各项改革就按照《决定》的要求次第展开。不过，《决定》对有些改革项目的方案设计还有待完善。这特别表现在国企改革的问题上。一方面虽然《决定》接受了要用现代公司制度（"现代企业制度"）改造国有企业的思想，但是公司治理（corporate governance，当时译为"法人治理结构"）的概念没有被广泛接受，失去了这个能够在股东、高层经理人员和员工三者之间建立起制衡关系的核心架构，公司制度也就变得徒有其表，难以正常发挥作用；另一方面，由于"放权让利"这种国企改革主流思

---

[1] 参见［日］青木昌彦著、赵银华译：《我的履历书》，北京：中信出版社，2009年。

想的影响，许多人特别是国企领导人更心仪设立"授权投资机构"对企业控股的做法。这些都会使国企改革的效果大打折扣。

有鉴于此，1994年8月"中国经济体制改革的总体设计"、"中国税制体系和公共财政的综合分析与改革设计"课题组联合政府主管国企改革的国家经济贸易委员会，共同在北京京伦饭店召开了"中国经济体制的下一步改革国际研讨会"（被称为"京伦会议"），着重以现代微观经济学为分析手段讨论国企改革和债务重组问题。在这次有哈特（Oliver Hart）[1]、麦金农（Ronald McKinnon）[2]、米格罗姆（Paul Milgrom）[3]等大师级专家出席，中方也有近百名专家参加的学术盛会中，青木教授提交了两篇论文：《对内部人控制的控制：转轨经济中的公司治理结构的若干问题》和《关于中国公司治理结构改革的几点思考》[4]。这位早已因为在公司治理问题上提出了"企业的合作博弈模型"而蜚声国际经济学界的学者的精湛分析，引起了与会专家的极大兴趣。

青木教授的论文，以他对于现代企业制度的深厚学术积淀和对苏

---

[1] 奥利弗·哈特（1946— ），美国哈佛大学经济学教授，他和格罗斯曼（Sanford J. Grossman）在企业整合理论上取得了突破性进展，在20世纪80年代后期提出不完全合同理论，至今仍是这一领域的领军人物。2016年，哈特与芬兰经济学家本特·霍姆斯特罗姆共同获得当年的诺贝尔经济学奖。

[2] 罗纳德·麦金农（1935—2014），美国斯坦福大学教授，金融自由化发展理论的重要奠基人。他的著作《经济自由化的顺序——向市场经济转型中的金融控制》（1993）一书中提出了金融自由化的政策顺序，对发展中国家金融转型产生了重要影响。1997年亚洲金融危机后，他提出"东亚货币锚定美元"的主张。

[3] 保尔·米格罗姆（1948— ），美国斯坦福大学教授，在拍卖理论和机制设计理论方面享有盛誉，领导包括美国、德国、墨西哥、加拿大等国的设计频道、公用事业拍卖机制。

[4] 载吴敬琏、周小川等（1994）：《公司治理结构、债务重组和破产程序——重温1994年京伦会议》，北京：中央编译出版社，1999年，第14—42页、第43—48页。

联国企改革实际情况的深入把握为基础,运用对中国专家来说全新的理论框架,来回答中国国企改革面对的棘手问题。他强调指出,转轨国家的国有企业改革普遍存在"内部人控制",即经理层或工人等内部人在改革后的公司中掌握了企业的实际控制权的现象,而所有者即全民或国家的利益却未能得到尊重。针对中国的国企改革,他建议建立能够容纳多种所有权安排的制度框架,并提出让类似于日本主银行制度[1]的架构在公司治理中发挥重要作用,而不要采取"授权投资机构"控股这类带有某种内部人控制性质的结构。他的论述,使中国国有企业改革的讨论提高到一个更高的境界,也帮助中国领导部门接受必须在公司中建立有效治理结构的观点,并在1999年最终写入有关文件。在"京伦会议"的影响下,青木教授为会议提交的论文,以及他和他在斯坦福大学的同事钱颖一教授在会后共同主编的《转轨经济中的公司治理结构:内部人控制和银行的作用》[2]一书,就成为中国国企改革的研究者的必读书。虽然他所提出的内部人控制问题至今还没有得到彻底解决,可是他的这些著作已经为解决实际问题提供了坚实可靠的理论基础。青木教授本人也一直关注中国的国企改革,以至于他生前最后一次访问中国,于4月23日会见中共中央纪委领导人时,还不忘向这位领导人提出划拨国有资本充实社会保障基金的建议。[3]

---

1 1994年日本通产省委托富士综合研究所作的关于主银行制的研究报告中,日本主银行制度是指:"在主银行制度下,银行不是单纯作为提供资金的金融机构,而是与作为其主银行的企业结成很深的、几乎成为一体的关系。同时,从全社会筹措资金的方法来看,实行主银行制的企业和银行采用'间接金融·相对型'(即企业主要从特定的银行融资)的比重很高也是主银行制的重要特征之一"。

2 [日]青木昌彦、钱颖一主编:《转轨经济中的公司治理结构:内部人控制和银行的作用》,北京:中国经济出版社,1995年。

3 见德地立人:《难忘的会谈——记王岐山与福山、青木的会见》(2015年4月28日),新浪博客2015年5月20日。

一位倾心助力中国改革和社会进步的外国友人　　413

在"京伦会议"上认识以后，我们就有更多的机会就共同关心的理论和政策问题交换意见。青木教授无论在微观经济理论还是宏观经济理论方面都有很深的造诣，使我能够从他那里获得很多教益。另一方面，他也十分关注我的学术成果。每当觉得其中有可取之处，就组织力量翻译成日文，使日本读者能够分享这些成果。例如，青木教授访问北京时，购得刚刚出版的拙著《当代中国经济改革》，读了之后感到值得关心中国的人们阅读，就组织学者翻译成日文出版，并且亲自担任此书的监译，对译文做最终的校阅。2013年麻省理工学院出版社出版了美国加州大学中国问题专家诺顿教授（Barry Naughton）编译的 *Wu Jinglian: Voice of Reform in China*[1]。青木教授读后又组织人力将这本书翻译成日文出版，还在今年3月25日的"中日经济学家学术交流会"上请主办方安排了一个日文本出版仪式，给大家一个小小的惊喜。2013年我去斯坦福大学发表讲演，顺便去青木教授家拜访。我好奇地发现，他正在读我于2006年发表的讨论中国增长模式的专著《中国增长模式抉择》。据我观察，阅读中文书籍对于青木教授来说并不是一件轻而易举的事情。然而为了深入研究中国的经济问题和与中国学者交流，青木教授不惮付出宝贵的时间和精力去"啃"中文著作。他的诚心和至意实在令人感佩。

最近几年，我们之间讨论得最多的，也正是中国经济增长模式转型的问题。青木教授在日本发展模式的研究上有很高的成就，再加上近年来对中国中长期发展存在的问题进行过深入的研究，因而提出了一系列中肯的分析和建议。他在今年3月21日的"中国发展高层论坛"、3月25日的"中日经济学家学术交流会"和4月21日在清华大学产

1　Barry J. Naughton, ed. *Wu Jinglian: Voice of Reform in China*（《吴敬琏：中国改革之声》）. The MIT Press，2013.

业发展与环境治理研究中心举办的"国家治理与公司治理"讲座上，都以这个问题作为讲演的主题[1]。青木教授支持我对用凯恩斯主义的短期分析框架去分析长期增长问题的流行方法的批评，指出长期经济问题是很难用消费＋投资＋净出口的"三驾马车"分析框架去处理的，需要将讨论重点转向供给端增长驱动力量的分析。

对于供给端增长动力的分析，青木教授在诺贝尔经济学奖获得者库兹涅茨（Simon Kuznets）[2]对各国发展过程所做的研究和新近发展起来的统一增长理论（Unified Growth Theory）的基础上，将经济增长过程划分为三个阶段：以农业为主的增长阶段，以现代制造业、服务业为主的增长阶段，以及基于人力资本（人的知识和技能）的增长阶段。在增长的第二阶段，经济增长首先是劳动力从低生产率行业流动到高生产率行业，特别是从传统农业经济过渡到以工业和服务业为主，由于生产率的提高，直接提升经济增长速度的过程，即"库兹涅茨过程"（Kuznets Process）。由于中国沿海地区的农业就业人口实际上已经低于总劳动人口的20%，他认为中国的这一经济增长阶段已告结束。推动这一阶段经济增长的另一个因素是"人口红利"。当生育高峰出生的人口成为劳动力的时候，新增劳动力就成为经济增长的重要动力。而当库兹涅茨过程临近结束和人口红利减少的时候，经济增长的主要动力就应当来自人力资本作用的增长和全要素生产率

---

1 参见[日]青木昌彦：《对中国经济新常态的比较经济学观察》，《比较》辑刊2015年第2辑。
2 西蒙·史密斯·库兹涅茨（1901—1985），俄裔美国著名经济学家，他力图利用历史数据抽象出一般规律，描绘经济增长与不同国家、不同时间的收入分配关系，由此产生了库兹涅茨曲线、库兹涅茨经济周期、国民收入核算理论以及非均衡增长理论。库兹涅茨加深了人们对于经济、社会结构和发展过程的理解，1971年被授予诺贝尔经济学奖。

（TFP）的提高了。近年来中国资本回报率大幅下降，如果人力资本的作用没有增长、TFP 没有提高，就会导致增长率进一步降低。所以，人力资本积累、劳动者素质提高的问题非常值得关注。

青木教授不仅用自己的作品对中国相关研究发挥重要作用，还诚挚热情地关心着中国经济改革和中国社会进步。为吸取日本在产业发展过程中环境一度遭到严重破坏的教训，在青木教授的倡议下，清华大学设立了由他的另一位老友陈清泰任主任的产业发展与环境治理研究中心（CIDEG），青木教授和我共同担任这个中心学术委员会的联席主席。在 CIDEG 的工作中，青木教授一直以日本学者特有的谨慎和细心，从筹资、组建到研究课题和书籍出版计划的确定，无不亲力亲为，务求达到最完善的程度。

回顾往事，青木教授的笑容还历历在目，我们却再也见不到他本人了！一念及此，不能不使人悲痛伤感。愿青木教授安息。他将永远活在我们心中。

路径依赖与中国改革[*]

——缅怀诺思教授

（2015 年 11 月）

惊闻著名经济学家道格拉斯·诺思教授（Douglass North）[1] 去世，不胜悲悼。1995 年，诺思教授曾到访中国，在北京大学中国经济研究中心成立大会上发表演讲。我作为与会嘉宾，曾做过一个评论。现在检视当年的评论，深感诺思教授当时的演讲对今日的中国仍然不乏现实意义。

1992 年中国明确提出改革目标是"建立社会主义市场经济体制"。从 1994 年开始实施新的改革战略，从整体上推进市场经济制度的建设。我在评论时提醒人们注意诺思教授的制度演进理论对中国的意义。20 年过去，中国初步建立起来的新经济体制，既有市场经济因素，又有大量旧体制残余，是一种过渡性的经济体制，距离最初的设计还有

---

[*] 本文发表于《财经》杂志 2015 年第 30 期。

[1] 道格拉斯·诺思（1920—2015），美国经济学家，在经济思想史研究上，他建立了包括产权理论、国家理论和意识形态理论在内的"制度变迁理论"，并因此于 1993 年与罗伯特·福格（Robert W. Fogel）共同获得诺贝尔经济学奖。

不小的差别。

艰难的改革历程印证了诺思教授路径依赖的洞见，它警示我们在改革进程中戒慎戒惧，选择正确的改革路径。因为保留命令经济政府配置资源和粗放经济增长模式的遗产虽然为短期增长带来好处，也很容易形成对过渡性经济体制的"路径依赖"，为下一步改革和发展积累困难。诺思教授警告说，一旦有偏差的路径被锁定，除非经过大的社会震荡，否则很难退出。怎样以更大的政治勇气和智慧全面深化改革，避免这种结局，是我们不能不正视和思考的。

以下是1995年我评论诺思教授学术思想的文章，后刊发于《改革》杂志1995年第3期，题为《路径依赖与中国改革》：

> 诺思教授的讲演用简明扼要的语言对制度演进理论，特别是他在《制度、制度变迁与经济绩效》[1]一书中发展了的制度演进理论，做出了清晰的说明。显然，这一理论对于正在进行重大制度变革的中国具有极为重要的意义。在当前中国经济改革的关键时刻，我特别感兴趣的是他关于制度变迁具有路径依赖（path dependence）性质的论述。正如他所说，路径依赖是对长期经济变化做分析性理解的关键。
>
> 如同我们所知道的，关于技术演变过程的自我增强和路径依赖性质的开创性研究，是由布莱恩·阿瑟（W. Brian Arthur）[2]做

---

[1] ［美］道格拉斯·C.诺思著、杭行译：《制度、制度变迁与经济绩效》，上海：格致出版社、上海三联书店、上海人民出版社，2008年。
[2] 布莱恩·阿瑟（1946— ），美国经济学家，研究经济正反馈机制的先驱。布莱恩的经济正反馈机制适用于科技和诸多其他行业，他的理论不仅被很多学者推崇，也成为很多商业人士的理论依据。

出的。他指出，新技术的采用往往具有回报递增的性质。由于某种原因首先发展起来的技术通常可以凭借先占的优势地位、利用规模巨大促成的单位成本降低、普遍流行导致的学习效应提高、许多行为者采取相同技术产生的协调效应、在市场上越是流行就促使人们产生相信它会进一步流行的预期等，实现自我增强的良性循环，从而在竞争中胜过自己的对手。相反，一种具有较之其他技术更优良的品质的技术却可能由于晚人一步、没有能获得足够的追随者而陷于恶性循环，甚至"锁定"在某种被动状态之下，难以自拔。总之，细小的事件和偶然的情况常常会把技术发展引入特定的路径，而不同的路径最终会导致完全不同的结果。[1]

诺思教授把前人关于技术演变过程中的自我强化现象的论证推广到制度变迁方面来。他指出，在制度变迁中，同样存在着回报递增和自我强化的机制。这种机制使制度变迁一旦走上了某一条路径，它的既定方向就会在往后的发展中得到自我强化。所以，"人们过去做出的选择决定了他们现在可能的选择"。沿着既定的路径，经济和政治制度的变迁可能进入良性循环的轨道，迅速优化；也可能顺着原来的错误路径往下滑；弄得不好，它们还会被锁定在某种无效率的状态之下。一旦进入了锁定状态，要脱身而出就会变得十分困难。正如诺思所说，既有方向的扭转，往往要借助于外部效应，引入外生变量或依靠政权的变化。在《制度、制度变迁与经济绩效》中，诺思运用这一套分析框架，令人信服地回答了英国和西班牙、英属北美和西属拉丁美洲的历史殊途是

---

[1] W. Brian Arthur. Competing Technologies, Increasing Returns and Lock-in by Historical Event（《相互竞争的技术、递增的回报和为历史事件所锁定》）. *Economic Journal*, 99, 1989.

怎样形成的问题。

英国和西班牙都在 17 世纪遇到了财政危机，都力图采取与选民对话的方式来克服困难，但是到头来却得到极不相同的结果：一个确立了议会的权威和民法体系，并在此基础上迅速走上了繁荣昌盛的道路；另一个则一直保持着集中的王权，只把议会当作可有可无的摆设。在后一制度下，人们虽然面对人所共知的种种弊端，改革却只在细枝末节上实现，例如，贵族废弃了带褶裙的衣领。在现有制度范围内实行的克制财政危机措施是实行价格管制、增加税收和一再把商人的资产没收入官。这些做法导致了西班牙将近三个世纪的经济停滞，并使它由一个西方世界的头等强国降为二流国家。

无独有偶，英国在北美的殖民地和西班牙在拉丁美洲的殖民地几乎同时在 18 世纪末期取得了独立，19 世纪许多拉美国家还制定了类似于美国的宪法，但是，结果却是天差地别。为什么会有这样的差别？诺思的回答是：英国和西班牙 17 至 19 世纪发展过程的差异，主要源于它们所由以出发的初始制度条件极不相同。从 13 世纪开始，英国的民间社会和清晰的产权制度就逐渐形成，而西班牙在长达几百年的时期中有效的土地产权制度始终没能建立起来，征税权牢牢地掌握在王室手中，国家转让垄断权成为主要的财政收入来源。主要由于有极不相同的原有制度背景，17 世纪的英国和西班牙虽然面对着相同的经济问题，其制度演变的方向却大相径庭，便是一件完全可以理解的事情了。至于 19 世纪在两国的美洲殖民地发生的故事，显然又导源于宗主国当时既存的制度和文化的影响。

我国正在经历一个伟大的改革时代。改革，或者说从计划经济向市场经济的转轨,是一个重大的制度变化过程。这种过程具有路径依赖的特征是不言而喻的。这就是说,第一,初始的体制选择会提供强化现存体制的刺激和惯性,因为沿着原有的体制变化路径和既定方向往前走,总比另辟蹊径要来得方便一些。第二,一种体制形成以后,会形成某种在现存体制中有既得利益的压力集团。他们力求巩固现有制度,阻碍进一步的改革;他们也会力求使变革有利于巩固和扩大他们的既得利益。于是,初始的改革倾向为后续的改革划定范围。就像在电脑资料库中存取文件时,访查范围是由初始的路径选择决定的。如果路径已经选定了A驱动器,就只能沿着A盘——A盘中的某一子目录——存于该子目录中的文件的路径访查文件。如果要想访查在C盘上某一子目录中的文件,必须首先退出A驱动器,进入C驱动器,然后选取该文件所属子目录,最后才能找到该文件。

这样看来,改革能否成功,能不能实现市场经济的改革目标,把有效率的经济体制建立起来,就不仅取决于改革者的主观愿望和最终目标,而且依赖于一开始时选择的路径。哪怕目标是清楚的,具体措施的大方向也是正确的,可是只要在初始的路径选择上有一些细微的差错,在往后的发展中,它就会按本身的逻辑,偏离原来的目标,演进到远离原来设计的另一种体制去。这就是俗话所说的"差之毫厘,谬以千里"。

在我们的改革工作里,常常会出现这样的情况。例如价格改革的重要目标,是实现竞争性部门价格的自由化,但是考虑到其他方面(主要是部分国有企业)条件尚不具备和保护它们的既得利益,采取了双轨并存、逐步过渡的方法。采取这种办法,一方面固然使人们易于接受部分放开价格的措施,另一方面却由于部分人可以从商品和要素的双轨价格中得到巨额租金,而形成某种力图保持甚至扩大这种寻租环境的压力集团,形成价格制度彻底改革的阻力。拿企业改革来说,从改革一开始就设想把国有企业改造成为独立的商品经营者,这个目标大体上是不错的。但是在70年代末期改革时,为了有利于推行,采取了在原有企业制度不做根本改变的条件下"放权让利"的办法。这种做法在当时的确受到了人们的欢迎,但是一旦选取了这一路径,放权让利便以要求进一步放权让利的形式自我强化。其结果是形成了目前这种一方面企业受到各类上级机关的多方面干预,缺乏应有的自主权,另一方面在企业治理结构上对"内部人控制"失去控制的局面。其他方面的改革也有类似的情况。

由此可以得出的结论是,在整个改革的历程中,我们都切不可以麻痹大意,千万不要以为既然建立社会主义市场经济的目标是明确的,大方向是正确的,只要不断地"变"下去,或迟或早总会实现既定的目标。事实上,如果某一个措施有某种偏差,就会对后续改革带来困难,甚至会使改革走入死胡同,或者得到南辕北辙的结果。因此,我们必须做到以下两点:第一,我们在做出任何一项改革决策时,都要慎之又慎,不仅要考虑将要采取的措施的直接后果,还要研究它的长远影响。不要为了取得某些短期效果而造成对下一步改革的障碍。例如,过去常常使用的给试点单位"吃偏饭"、"给特殊政策"的做法,就常常在取得短期效果的同时,陷于长期的被动。

第二,要随时密切观察,看改革是否选取了不正确的路径,或者现时的体制已在多大程度上偏离了目标。如果发现了路径偏离,要尽快采取措施加以纠正,把它拉回到正确轨道上来,以免出现积重难返的情形。例如，由于商品价格和要素价格双轨并存而形成的"权力揽买卖"的寻租环境，就属于这种制度偏离，应当及时加以消除。

中国经济体制经过十几年以"体制外"为重点的非国有部门改革，现在已经推进到了经济原有体制的核心部分。改革的任务十分艰巨。而前期不规范、不彻底的改革，又使现有体制存在许多不利于进一步改革的缺陷。可以认为，中国经济体制转轨的临界点面对着根本性的结构改造，需要政府领导的胆略（在这里，胆略又是以见识为基础的），不失时机地把现有体制中偏离市场经济目标的部分扭转过来，把改革滞后的部门的改革迅速抓上去，早日实现向市场经济的转轨。

一个伟大公司的绿色之路[*]

——《台积电的绿色行动》和《台积电的绿色力量》的序言

（2014年5月）

说起台湾积体电路制造股份有限公司（TSMC，业界通称"台积电"），在人们脑际浮现出来的，是一个规模巨大、技术精湛、盈利丰厚的制造业公司的形象。读了《台积电的绿色行动》和《台积电的绿色力量》两本书才知道，台积电更加可敬可佩之处，在于在不到十年的时间里将自己从一个单纯的制造业公司建设成为一个台积电董事长张忠谋所说的"伟大公司"（A Great Company），一个热心公益、推进永续发展和关注人类未来的绿色企业。

从这两本书可以看到，台积电的绿色之路是沿着以下三条路径进行的：

第一，从绿色建筑到绿色园区。

从2006年张忠谋董事长与台积电高管人员分享《纽约时报》一

---

[*] 本文是作者为《台积电的绿色行动》和《台积电的绿色力量》所作的序言，两书2014年6月由中央编译出版社出版。

则关于得州仪器公司（TI）建设绿色厂房的报道为滥觞，台积电人展现了超强的执行力，只用了一年的时间就建设出高效节能的绿色厂房。台机电的绿色厂房建设打破了改善环境与降低成本不可得兼的陈言旧说，不但达到了半导体产业主要污染物全氟化碳（PFCs）零排放的高标准，而且由于节水节电，大大降低了集成电路芯片的生产成本。

在绿色厂房建设成功的基础上，台积电进一步打造了融合生态、生活和生产为一体的绿色园区，为员工提供了生活和工作的绿色环境，使员工能够在和大自然相近的愉悦环境中生活和工作。

第二，从绿色生产路线到绿色产业链。

台积电在21世纪初开始践行环保路线，把自己建设成为绿色生产企业。到2012年，已经连续12年名列道琼斯（Dow Jones）和瑞士永续资产管理公司（Sustainable Asset Management）为在经济、环保和社会层面上表现最好的公司设立的"道琼斯永续指数"（DJSI）成分股。

不过，台积电并不满足于独善其身，它还利用在供应链中的龙头地位和已经积累起来的绿色建设知识与技术，把企业自身的绿色生产扩展到整个供应链，帮助外部的战略伙伴企业，包括上游供应商和下游客户都成为绿色企业。

第三，通过"志工"（志愿者），把员工、企业和社会联结起来，实现从"我绿"（I Green）个人行动到"我们绿"（We Green）社会行动的提升。

2004年，台积电在原有的台积电文教基金的基础上正式成立员工自愿参加的台积电志工社。2010年，阿里山地区遭到强台风的袭击，造成严重的损失。在亟需社会帮助进行灾后重建工作的情况下，张忠谋夫人张淑芬女士自愿担任台积电志工社社长，迅速展开了阿里山少数民族村落重建和产业提升,以及灾区学校重建复课的工作,取得了很大的成效。志工社先后成立了导览志工、小区志工、节能志工、生态志工等团组,通过人才培育、小区营造、艺文推广和企业志工等四项主要项目,为社会服务。现在,志工社有1600名社员。他们既满怀绿色发展热情,又掌握绿色专业技能,成为台积电发挥绿色力量的一支生力军。

就这样,台积电人在人文和环保的考量下,达成了生态、生活和生产的"三生平衡",创造了企业利润、自然资源和人类社群的"三重盈余"。

讲到台积电人在绿色旅程中做出的业绩,不能不提到他们领导人的理念和追求。我和张忠谋董事长是抗日战争时期重庆南开中学的先后同学。我们的校长张伯苓说过,南开的全部教育"以'公能'二字为依归,目的在培养学生爱国爱群之公德,与夫服务社会之能力"[1]。前几年在台北和张忠谋董事长会面时,我们不约而同地讲起南开教育对我们的影响。虽然我们两人都只在南开念了两年书,但这短短两年的教育却使我们受用终生。张忠谋董事长领导台积电人创下的这些业绩,不正是南开"允公允能"校训的鲜明体现吗?

和台湾的情况相同,人们对于大陆面临的生态环境挑战怀着深切的忧虑。从21世纪初开始,就有愈来愈多的有识之士自愿捐赠,组成社会公益组织,努力改善日趋恶化的生态环境。但是十年以后,他们却发现,大陆生态状况的下行态势并没有因为这类努力而有所扭转,主要原因在于在现有的商业模式下,经济增长的成就是建立在巨大的环境成本之上的。因此,由企业家组成的阿拉善SEE生态协会联合一

---

[1] 张伯苓:《四十年南开学校之回顾》,载《南开四十周年纪念》,1944年。

些民间组织发布了《中国企业绿色契约2012宣言》，《宣言》指出，"与生态环境相友好的经营模式是商业发展的必然趋势，可持续发展是引领我们走向未来的正确方向"，号召"积极探索绿色转型和发展之路，寻求自然和商业共赢的解决方案"。

根据这一《宣言》的要求，不少大陆企业进行了有意义的探索。但是迄今为止，大陆环境恶化的趋势并没有得到扼制，以致人类生存的基本条件：未受污染的土地、淡水和空气，都受到了威胁。对比《台积电的绿色行动》和《台积电的绿色力量》所讲述的经验，我深切地感到，我们在许多方面都应当向台积电的朋友学习，来改进我们的绿色努力。

例如，《台积电的绿色力量》讲述了台积电的21项绿色行动，其中包括："追求永续境界的企业使命"、"为永续家园做对的事"、"聚焦有限资源、长期投入'爱'"、"成为专业付出者、用技能给予他人力量"、"启动绿色新关系、成立生态志工"、"从绿建筑走向绿色永续"、"参与全球绿建筑革命"、"导入各项创新技术，大幅节能"、"结合官产学、催生全球第一个绿色工厂"、"打造生态、生活与生产融为一体的三大绿园区"、"化身科技农夫，跟着环境共同呼吸"、"整合供货商评核制度，建立绿色供应链"、"与供货商一同许下绿色承诺"、"用绿色价值链串起社会责任"，等等。其中许多行动，都是大陆企业应该也完全能够采取的。

《台积电的绿色行动》这本书集中讲述了台积电在设计和建设高效绿色厂房方面的经验。例如，他们详细列出了美国绿色建筑协会制订的能源与环境设计先导（LEED）的各类评估指标和认证标准。虽然这些论述比较专业，但是它们对于绿色园区的建设者来说，具有重要的参考价值。

总之，"永续发展、公平正义、安居乐业的社会"，不但是台积电绿色行动者的愿景，也是我们共同的愿景。我热忱地向大陆读者推荐这两本书。矢志探寻"绿色、健康的可持续发展之路，为下一代成就更有生命力的未来"（《中国企业绿色契约2012宣言》）的大陆企业家，也一定能够从这两本书中汲取智慧和力量，把我们共同的绿色事业更好地推向前进。

大家一同走上光明之路[*]

——母校琅琊路小学八十周年校庆献词

（2014年11月）

    我六岁时进的第一个学校是南京"新住宅区"的山西路小学（即现在的琅琊路小学）。1936到1937年期间，我在那里读小学一年级。台湾文学家齐邦媛也在1936年从鼓楼小学转学到了山西路小学。她读的是六年级。齐邦媛写过一本在海峡两岸都十分畅销的自传《巨流河》。在那本书里，她回忆了当年在南京的小学生活。齐邦媛写道：那时到处都在推动新建设，到处都充满了新气象和新希望。她在山西路小学和同学相处得很好，老师对她也很照顾，身体也渐渐健康起来。这样，无忧无愁地就小学毕业了。"那一年有很多可爱的回忆。"[1]

    我自己也是这样。现年85岁的我对于童年往事绝大部分已经忘怀，但当年愉悦欢快、积极向上的氛围还是深深地刻印在我的脑际。我还记得最能够代表当时心情、几十年来一直在心中默默吟唱的山西

---

[*] 本文是作者2014年11月11日为母校山西路小学（现称琅琊路小学）八十年校庆所写的校庆献词。

[1] 齐邦媛：《巨流河》，北京：生活·读书·新知三联书店，2010年。

路小学校歌。那是用海顿的C大调弦乐四重奏，即后来的奥匈帝国国歌和德国国歌的曲调填词写成的。我记得的残句包括"巍巍我校在山西路"、"学问本无穷"，和最有力量的最后三句："爱我山西路，进我山西路，大家一同走上光明之路！"

邓小平说得对：中国的教育要"面向现代化，面向世界，面向未来"。在这庆祝母校成立八十周年的时刻，我祝愿母校越办越好，"爱我琅琊路，进我琅琊路，大家一同走上光明之路！"

"学术独立，思想自由，政罗教网无羁绊"[*]

（2015 年 10 月）

非常高兴回到母校。参加经济学院复建三十周年的庆典，使我可以重温当年学习的岁月，向老师们致谢，缅怀老师们对我们的教育。

我想说两点。

第一，回顾过去，人们往往爱说"无怨无悔"。不过，我对这四个字还是不太认同。我觉得在自己的经济学生涯中还是有很多教训需要吸取的，而记住这些教训，正是推动我们前进的动力。比如，我在复旦经济系学习，当然获得到了很多知识，可是我所形成的经济学理念却是有很大问题的。

1983 年，有一个江苏的出版社组织一批经济学家撰写"我的经济观"。当时我把在复旦学习两年政治经济学（社会主义部分）所建立的经济观概括为："苏联的今天，就是我们的明天！"这本书在 1984 年十二届三中全会后由江苏人民出版社出版。出版前，审稿编辑一看小标题就表示，你这句话必须删掉。因为这个时候苏联已经日落西山

---

[*] 本文是作者 2015 年 10 月 11 日在"复旦大学经济学院传承、创新与发展大会"上代表校友所作的致辞。

了。我们也正在讨论如何走出苏联式体制造成的困境。其实承认历史上犯过的错误不是什么坏事，只要积极地去对待，从中总结经验教训，是可以成为前进动力的。

"文革"之后，我们国家为什么能够上下一心进行改革开放呢？是因为"文革"给我们的国家、我们的人民带来了巨大的灾难。为什么我们能够沿着改革开放的道路往前走呢？是因为我们看到了苏联模式的问题，而且我们对苏联在这种模式下尝到的苦果是感同身受的。

在30多年的改革过程中，不断地出现关于"中国向何处去"问题的讨论。要解答这个问题，一方面要总结过去的经验和教训，从中找到力量往前走；另一方面要学习新知识，用新的思想武器去分析问题。

当然，现在同学们和我们当年所处的学习环境不一样了。你们要顺利得多，但是也不能说就没有疑问、没有"中国向何处去"的问题了。哪怕在今天，中共十八届三中全会明确了改革方向之后，我们仍然会碰到许多疑难问题，要用新的经济学分析工具去解答。

但是很重要的一点是，回顾过去，审视前人走过的弯路，避免重蹈覆辙。"以人为鉴，可以知得失。"我们这一代经济学人走了很多弯路。现在的同学们当然比我们掌握了更多的新知识，但是不能保证诸位不会走弯路。

第二，这次会提出了一个鼓舞人心的口号——努力创建经济学的复旦学派。这是一个辉煌远大的目标，但是怎么达到呢？我认为，是不是可以先从培育复旦的经济学人做起。如果一些有杰出贡献的科学家正好都出自某所学校，他们就有可能被命名为某校学派了。

用学校命名的学派，早一点有"剑桥学派"，现在比较有名的就是"芝加哥学派",但是你看,芝加哥大学出来的经济学家里不同意芝加哥学派新自由主义观点者大有人在。我们熟悉的毕业于芝加哥大学的中国经济学家,是不是都同意芝加哥学派的学术思想呢?很明显不是这样。

有一些很重要的经济院校,比如全世界最好的经济系——伦敦政治经济学院(通常也被称为"伦敦经济学院",LSE)的经济系,也并没有形成以学校命名的学派。在欧洲,它被认为是全世界最好的经济学院,奥地利学派的大师哈耶克(Friedrich Hayek)[1]就在那里教书,但是因为伦敦经济学院(LSE)是由费边社会主义者建立的,它所拥有的经济学家也有很不相同的学术观点,因此很难有一个"伦敦政治经济学派"。

从美国来说,公认的主流经济学最集中地出自麻省理工学院(MIT)。你到他们经济系的楼里看一看,诺贝尔奖获得者的办公室一排一排的。我也想过,为什么没有"MIT学派"呢?因为原来的主流经济学、新古典经济学的杰出代表不只是在MIT,所以就不能叫"MIT学派"了。

因此,我认为首先要能够涌现出一批复旦经济学人,一批具有复旦理想、复旦风格的经济学人。如果碰巧某个流派更多的学人集中在复旦,也许就能叫"复旦学派"了。那么,我们应该怎么做呢?还是要营造好的环境,让人才能够脱颖而出。人才和学派是不可设计的。

---

[1] 弗·冯·哈耶克(1899—1992),英籍奥地利经济学家和政治学家,奥地利经济学派的领袖、当代新自由主义思潮的代表人物。由于他在货币理论与经济波动领域所取得的成就,以及对经济、社会与制度间相互依存关系的重要分析,1974年和瑞典经济学家甘纳·米尔达尔(Gunnar Myrdal)共同获得诺贝尔经济学奖。主要著作有《通往奴役之路》(1944)、《个人主义和经济秩序》(1949)、《自由宪章》(1960)等。

不可能先设计这么一个学派,但是可以营造一个好的环境。什么环境呢?就是复旦校歌里的话:"学术独立、思想自由,政罗教网无羁绊,无羁绊,前程远,向前,向前,向前进展。"[1]有了这样的环境和氛围,人才就可以脱颖而出,就有大批复旦学人,就有可能出现"复旦学派"。

说得不对的地方,请诸位批评。

---

1 2005年复旦大学百年校庆的时候,根据绝大多数师生的要求,复旦大学党政联席会议决定恢复创作于1925年的老校歌。这首刘大白作词、丰子恺作曲的复旦大学校歌全文如下:

复旦复旦旦复旦,巍巍学府文章焕,学术独立,思想自由,政罗教网无羁绊,无羁绊,前程远,向前,向前,向前进展。复旦复旦旦复旦,日月光华同灿烂。
复旦复旦旦复旦,师生一德精神贯,巩固学校,维护国家,先忧后乐交相勉,交相勉,前程远,向前,向前,向前进展。复旦复旦旦复旦,日月光华同灿烂。
复旦复旦旦复旦,沪滨屹立东南冠,作育国士,恢廓学风,震欧铄美声名满,声名满,前程远,向前,向前,向前进展。复旦复旦旦复旦,日月光华同灿烂。

执着专业精神，砥砺理论勇气*

——钱颖一、许成钢教授获奖贺词

（2016年12月）

很高兴今天参加北京当代经济学基金会"2016中国经济学奖"的颁奖典礼，热烈祝贺两位获奖人实至名归，获得这一殊荣。

首先我想讲的是，北京当代经济学基金会决定把"2016中国经济学奖"授予钱颖一和许成钢两位教授，以表彰"他们在转轨经济中作用于政府和企业激励机制的研究所做出的贡献"，这是一个恰如其分的选择，也完全符合许多经济学家的预期。

在过去将近40年改革的推动下，中国经济发展取得了巨大的成就。为了推动改革开放，好几代中国经济学家做出了自己的贡献。与此同时，由于经济改革和政治改革远未完全到位，中国也面临着许多严峻的挑战。当前经济学家群体正在为战胜这些困难殚精竭虑，为中国经济的持续稳定发展和社会进步排忧解难。不管是推动过去的改革，

---

* 本文是作者2016年12月4日在当代经济学基金会"2016中国经济学奖"颁奖大会上所致的贺词。

还是排除当前的障碍，钱颖一教授和许成钢教授都是经济学家群体的杰出代表。所以，他们的获奖是理所当然的。而且北京当代经济学基金会的这个奖励不仅奖给了两位教授，也是对为中国改革做出了专业贡献的经济学家群体的肯定和表扬。

我认为，颖一和成钢有两个突出的特点最值得赞许和效法。

第一个特点是他们都有强烈的专业主义精神，竭尽所能地追求学术成果的完美。

他们两位都受过严格的经济学训练，有深厚的专业学养。但是，能否在此基础上坚持专业主义精神，执着于经济学的学术规范和专业要求，仍然是一个事关重大的选择。

除了概念明确、说理清晰、论证符合逻辑规则等科学工作者必须遵守的基本要求之外，经济学还有一些自己的特殊要求。

由于经济学的研究对象是由众多因素互动形成的复杂大系统，要成功剖析这样的大系统，需要特殊的工具。其中一个重要的手段，就是进行马克思称之为"抽象法"的控制观察思想试验，把相对次要的因素通过设定严格的假设条件固定下来，从纷繁复杂的现实中抽取最本质的因素，形成理想化的简化形态的理论模型，用以作为观察现实的基准点（benchmark）和参照系（reference），以便揭示矛盾和推进理论的发展。经济学在过去300多年的发展过程中积累了大量的经济学智慧，形成了一系列被称为"模型"、"定理"等的基础理论模型。这些基础理论模型并不是现实世界的直接描述，却是经济学研究现实世界的必备利器。经济学的研究要求透彻掌握原有的基础理论，这样才能站在前人的肩膀上去观察现实和提出自己的理论创见。正像成钢后来发表在《比较》辑刊2002年第1辑上的《经济学、经济学家与经济学教育》一文中所说，对经济学家来说，特别重要的是对原有基准的透彻掌握,以之作为观察现实的基准和标尺,只有这样,才能抓准问题和推进理论。颖一也在同时发表的《理解现代经济学》[1]一文中论及这个问题。他指出,经济学家研究问题时,头脑中必须有几个相关问题的基准点和参照系,这样分析问题时,才不会零敲碎打,就事论事,缺乏主线和深度。

可惜的是,在中国,人们常常把人类掌握的知识归根到底都是来源于实践误解为每一个个体的知识都只是来源于自己的亲见亲知,因而轻视前人的知识积累;并且认为理论概括只要与现实细节有差别就犯了"脱离实际"的错误,因而否认原有基准包含着真理。于是我们的学术讨论往往变成没有共同基准的乱仗,通常只能得出"公说公有理,婆说婆有理"、"此亦一是非,彼亦一是非"的结果。

我第一次同成钢讨论这个问题是在1993年。当时,他刚刚在海南参加了留美经济学会的年会后回到北京。在那次会议对证券市场的讨论中,国内经济学家分成两派:一派根据阿罗-德布鲁一般均衡模型,认为只要开放股票市场,就能实现它对经济发展的各种积极功能;另一派则说,中国股票市场已经放开了,但得到的却是一片混乱,可见阿罗-德布鲁一般均衡模型是一套脱离实际的错误理论。成钢感到,如果经济学家对经济学基本理论和研究方法的认识处于这种状态,中国经济学的发展前景就十分值得担忧。

当然,作为一个负责任的经济学家,成钢和颖一不把自己的思虑止于担忧上。他们还尽自己的努力改变经济学研究的这种不理想的状态。

当年成钢就曾经从微观经济学的最新发展论述证券市场的特性和

---

1 钱颖一:《理解现代经济学》,《经济社会体制比较》2002年第2期。

中国证券市场存在问题的根源[1]。2002年,他还发表了前面讲到的那篇文章,全面论述现代经济学的方法。他把对阿罗-德布鲁的一般均衡模型、莫迪格里亚尼-米勒定理、科斯定理、卢卡斯关于货币中性的理论、贝克尔-施蒂格勒关于最优阻吓司法制度的理论等五个"不相关性理论"称作研究制度问题最重要的基准理论,并且逐一论述了它们对于制度研究的意义,澄清了在中国常见的误解。例如,阿罗-德布鲁的一般均衡模型,就是一个在市场完备、不存在信息不对称等严格假设条件下建立起来的理论模型。换句话说,只有在阿罗-德布鲁的假设条件下,才能实现具有帕累托效率的均衡。以此为基准,就能导出对计划经济与市场经济差别的制度性解释。颖一也在《理解现代经济学》中讲述了同样的道理。

他们的这些论述,道出了经济学方法的精髓,所以理所当然地成为研究生必读的入门参考。

颖一和成钢在自己的研究工作中严格遵循现代经济学的这些规范和要求,做出了令人赞叹的成绩。他们两位对于中国民营企业为何能异军突起并带动了中国经济发展所做的制度性解释,就是其中一个生动的例子。

在21世纪初期,为什么中国经济没有像人们在20世纪90年代所预料的那样走向衰退而是蒸蒸日上,是一个引起全世界热议的问题。其中一个关键问题是,为什么民营企业在苏联经济改革中无法发展起来,而在中国能够发展壮大?许多就事论事的研究并没有给出令人信服的答案。颖一和成钢从制度环境为企业发展提供最重要的激励这一视角出发,比较了苏联和中国民营企业生存与发展的不同制度环境,

---

[1] 参见肖梦:《中国经济改革与现代微观经济学理论——许成钢博士访谈录》,《改革》杂志1993年第5期。

在《中国的经济改革为何与众不同》[1]这篇文章中，提出了"M层级制"的理论，对中国非国有企业的发展壮大做出了制度性的解释。我们知道，列宁把计划经济形容为一个"国家辛迪加"，即国家大公司或 Party-State Inc.。这种国家大公司的典型结构是高度集权的单一型（unitary-form，简称 U-form）。颖一和成钢就以 U-form 的国家大公司作为参照系，与中国经济进行对比。从这种对比中可以看到，当时中国经济虽然仍旧保持着国家大公司的特点，但是，随着1958年以后的几次地方分权改革，中国这个国家大公司已经不是一个 U-form 而是一个多部门型（multi-divisional form，简称 M-form）的大公司了。在这种经济下，每一个地方政府都有自己有别于全国整体利益的独立利益，都存在帮助本地企业发展的激励。这就使乡镇企业取得了一定的发展空间。虽然我自己觉得与其说当时的中国经济是一个 M 型的大公司，不如说它是一个 H 型（即控股型，holding-form，简称 H-form）的大公司，因为 M 型大公司中的事业部是所谓"收支两条线"的，并没有自己的资产负债表，但是，颖一和成钢指出改革初期的中国经济有别于苏联经济 U 型结构的特点，无疑为解答中国改革的结果为何与苏东不同提供了一把钥匙。

在我看来，颖一教授和成钢教授第二个可贵之处是具有很大的理论勇气。

以基准性的参照系和现实相对照，就会发现一些矛盾，由此就需要修改或放松假设条件，提出进一步的理论解释。这就需要对原有的

---

[1] 钱颖一和许成钢：Why China's Economic Reforms Differ: The M-form Hierarchy and Entry / Expansion of the Non-State Sector（《中国的经济改革为何与众不同：M 型组织结构与非国有部门的进入和扩展》），*Economics of Transition*，1993, 1(2)，pp.135-170。

理论和观点提出挑战,包括对占统治地位的理论、社会流行的观点,甚至原来自己认为正确的理论提出挑战。提出这类挑战,往往是需要理论勇气的。

一个突出的事例是成钢关于分权式威权体制理论的提出。在相当长的时期内,占主流地位的观点认为,地方分权的体制和地方政府主导的竞争是推动中国经济发展的主要力量。有人甚至认为这种体制是世界上最好的体制。经过研究整个中国改革历程和面对的官僚体制问题,成钢用分权式威权体制来对中国过去 30 多年经济增长的成就和当前面临的困境给出了制度上的解释[1]。他指出,由地方分权改革形成的分权式威权制是中国最基本的体制结构,也是地方政府主导的地区竞争和进行地区试验的制度基础。在改革开放的早期阶段,由于这种体制激发了各级地方政府发展地方经济的强劲动力,造就了中国经济多年的快速增长。但是随着经济的发展,大量超出 GDP 范围的社会经济问题变得越来越重要,地区竞争由于丧失了解决激励问题和信息问题的效力,反倒成为发展的一大障碍。而且,由于各级政府掌握着大量的经济资源,腐败成了分权式威权制的痼疾。因此,只有彻底改变这种体制,才能推动中国的经济发展和社会进步。

由于这种体制与众多机构和一大批人的既得利益联系紧密,提出这一理论需要很大的勇气,显然是不言自明的。

1993 年,中共十四届三中全会通过了《关于建立社会主义市场经济体制若干问题的决定》以后,整体改革开始向前推进。最先引起颖一关注的是国有企业的改革问题。在当时,国内对企业改革目标占统治地位的观点有两种:一种是由国家股、企业法人股、公众股组成的

---

[1] 见《中国改革和发展的制度基础》,*The Journal of Economic Literature*,2011,49:4。

"股份制公司";另外一种是由原有经理人员承包经营的企业承包制。用现代企业理论[1]去分析这两种企业制度,可以看得很清楚,它们存在很大的制度漏洞,这就是在"所有权与经营权分离"(经济学中"所有与控制分离"的中译)的名义下,把企业有产权的两项基本内容,即剩余控制权和剩余索取权,在相当大的程度上都交给了内部人。这种做法还被1988年的《全民所有制工业企业法》肯定为法定制度,实际上为"内部人控制"提供了理论基础和法律依据。为了澄清这一重大理论和政策问题,颖一和我在1993年写过一篇《关于公司化》的文章[2],说明公司制的本质,强调能够在所有者与经营者之间建立起制衡关系的公司治理结构(或称"法人治理结构")的重要性。其中的主要观点后来被1993年的十四届三中全会和1999年的十五届四中全会所接受,成为进行公司化改制的理论说明。颖一还在1994年和青木昌彦教授合编了《转轨经济中的公司治理结构:内部人控制和银行的作用》一书,介绍了国外的有关经验和论述。这些努力虽然没有完全解决国有企业改革中内部人控制失控的问题(直到最近发布的《中共中央国务院关于完善产权保护制度依法保护产权的意见》,仍然把"国有产权由于所有者和代理人关系不够清晰,存在内部人控制、关联交易等导致国有资产流失的问题"作为我国产权制度存在的一个重要缺陷),但还是对提醒国人整饬内部人控制失控起到了一定的预警作用。

这些年来,颖一忙于清华经管学院的院务管理,这无疑减少了他

---

[1] 钱颖一对现代企业理论所做的文献综述,见钱颖一:《企业理论》,载汤敏、茅于轼主编:《现代经济学前沿专题(第一集)》,北京:商务印书馆,1989年,第1—30页。

[2] 吴敬琏、钱颖一:《关于公司化》,《经济日报》1993年8月24日。

能够用在经济学上的精力,也减少了我们从他的经济学研究中得到的享受,但我们还是有失有得,在失去部分可能的经济学理论成果的同时,收获了一位教育家。颖一以经济学家严谨的治学态度来研究中国的教育问题,对大学教育的使命、现代大学制度建设等形成了"'无用'知识的有用性","'好学'比'学好'更重要","育'人'比育'才'更根本"三位一体的教学观,对"学什么"、"怎样学"和"为什么学"这三个教育学的基本问题做出了系统回答。用颖一自己的话来说,这是他"对多数人赞同的、听上去理所当然的教育理念提出的不同思考"。也就是说,他对长期形成而且愈来愈变得不容置疑的教育思想和教育体制提出了挑战。

最后,我想借这个讲坛祝愿两位获奖人精进不休,为经济学的进步不断做出新的贡献。

让美好的音乐陪伴我们*

（2017 年 6 月）

参加资中筠先生新书《有琴一张》的发布会，我的最大感受是：我们应当学习资先生，让美好的音乐陪伴我们，丰富我们的精神生活，提高我们的生活质量。

我有一个学经济学的学生，他后来着迷于演化社会理论，读了很多书，我也很愿意和他讨论有关的问题。按照演化经济学的一般理解，在人类、社会和自然界的协同演化过程中，人们会把自己对外部世界的认知，包括对社会的感悟、对未来的期望，通过一定的信息载体传输给自己的头脑，经过多次重复，就会形成稳定的偏好和行为习惯，甚至改变遗传基因，成为人的"天性"。

由于理性思维是在语言信号的基础上进行的，语言的作用就变得非常重要。在这个领域中，人的认知、感悟和期望都通过语言表达出来，所以许多政治人物都认为，运用"笔杆子"这种宣传工具来影响和改变人的思想，有时比"枪杆子"还有力量。不过我的这位学生告诉我，

---

* 本文是作者 2017 年 6 月 21 日在北京出版集团为资中筠先生新书《有琴一张》举行的发布会上的即席发言。

其实在高等动物的演化过程中，最先形成的认知不是体现为语言，而是体现为乐声，因为主管情感问题的脑区（中脑）是先于处理语言信号的人的大脑皮层而在哺乳动物阶段就形成的。

开始时我认为这种说法很不好理解，后来我读了齐邦媛的自传《巨流河》，根据自己的体验，才觉得这位学生所说很有道理。根据《巨流河》的记载，齐邦媛在 1936 年和我进了同一所小学：南京"新住宅区"的山西路小学（现在叫作琅琊路小学，是南京市的一所重点小学）。不过她进的是六年级，我进的是一年级。齐邦媛在书中对自己在山西路小学的生活做了生动的记述。她说，在当时整个社会积极向上的气氛中，同学们相处得很不错，老师又很照顾她，所以她无忧无虑地从山西路小学毕业，留下了很多可爱的回忆。对我这样一个六七岁的小孩儿来说，当然不可能对当时的社会状况有什么认知，对她所说的"到处都在推动建设"之类的事情也完全没有印象。但是她描述的积极向上的氛围、可爱的学校环境，我却是感同身受的。唯一留在我的记忆里可以佐证这一感受的，是一首歌，就是我们山西路小学的校歌。那是用海顿的 C 大调弦乐四重奏（即后来的奥匈帝国和德国国歌）曲调填词而成的。我一直记得这首歌，也喜欢哼唱这首歌。（唱）"爱我山西路，进我山西路，大家一同走上光明之路。"每次唱起这首歌，都能带来愉悦的感受。

所以回想起来，我对儿时环境的最先认知，就是保存在歌曲之中的。自那以后，我一直都喜欢音乐，特别是喜欢唱歌。有些歌曲，比如萧友梅的《问》[1]，甚至对所谓"三观"的形成也产生了影响。后

---

1 萧友梅作曲、易韦斋作词的《问》第一段歌词是："你知道你是谁？你知道华年如水？你知道秋声，添得几分憔悴？垂！垂！垂！垂！你知道今日的江山，有多少凄惶的泪？你想想呵：对！对！对！"

来因为咽炎久治不愈,也就不唱了,改为音乐欣赏。

在古典作曲家中,我最喜欢的是莫扎特。一次在中央电视台做节目的时候,有人问我为什么欣赏莫扎特甚于贝多芬。我当时的回答是,贝多芬不屈不挠地与命运搏斗的精神固然值得崇敬和效法,但是在我们的现实生活中并不缺乏推动人们去斗争的力量,问题在于斗争本身并不是目的,为什么目的而斗争才是一个必须明确回答的问题。莫扎特的作品,特别是早期和中期的作品,通常体现出他对和谐美好生活的向往。当你聆听他的那些纯真、舒朗、优美的乐曲时,你会感到,为了使梦想成真,付出多大的努力乃至牺牲都是值得的。莫扎特处在社会大转变、人类跨入新时代的历史时期,他的乐曲直到今天仍然可以成为激励我们去争取美好未来的积极推动力量。

"文革"后期,小孩子学琴很普遍。我也积极鼓励自己的孩子学琴。没有乐谱,还帮着抄谱。为什么呢?也许有人是为了给孩子营造一条谋生的底线,而我的想法超越这一最低要求,是对美好的日子终将到来保留一线希望。到了70年代末期,转机终于出现。不过道路依然坎坷曲折。时至今日,我们在生活中还不免有很多困惑,甚至充满焦虑。但是我们必须保持对未来的期待,所以要让音乐陪伴着我们,使我们的生活状态得到改善。